# プレアデス
# 人類と惑星の物語

PLEIADIAN PERSPECTIVES ON HUMAN EVOLUTION

アモラ・クァン・イン＝著
Amorah Quan Yin
鈴木純子＝訳

太陽出版

PLEIADIAN PERSPECTIVES
ON HUMAN EVOLUTION
by Amorah Quan Yin


First published in the USA by Bear & Company,
a division of Inner Traditions International, Rochester, Vermont.
Japanese translation rights arranged with Inner Traditions International.
through Japan UNI Agency, Inc.

# プレアデス 人類と惑星の物語――目次

## 第3部　マルデック

## 第4部　地球……253



## 第5部　浄化と霊的な結びつきのために……309



巻末付録

# 序文

アモラ・クァン・インは『プレアデス人類と惑星の物語』(*Pleiadian Perspectives on Human Evolution*)のはじめの部分で、金星、火星、マルデック(破壊されて小惑星帯となった、かつて火星と木星のあいだにあった惑星)、そして地球の進化の歴史の物語をあなた自身の物語として読むよう求めています。私は彼女から、この時間を押し流すような鮮やかでファンタスティックな旅のための序文を書いてほしいとの依頼を受けました。正直いってこの真に驚異的な旅にそなえる手助けをできる人というのは、これが非常に進歩的なプレアデスの情報であるがゆえに、私もほかにだれも思い浮かびませんでした。

私の著書である『プレアデス銀河の夜明け』(太陽出版刊)を読まれた人は、クァン・インと私が他の人々と同様にプレアデスの光の使者たちであることを知っているでしょう。事実あなたがたのなかにも、多くの平行現実からの光の使者が大勢います。ただそれらの人々と私たちの違いとは、アモラと私はこうした自分自身の魂の本質的な部分を幼いころに認識し、そこから創造性を発揮しはじめたという点です。アモラと私はともに、彼女を「誕生の導管」を通して援助するために、私たちが地球にやってきたことを記憶しています。地球の「誕生の導管」とはいったい何でしょうか。それは私たち人間のことです。人間の身体には、地球を束縛する古代のパターンが宿されているのです。

アステカの五番目の太陽の暦にも記録されているように、一〇万四〇〇〇年以上も前にプレアデス人たちはいまみなさんの現実ににじみでている「超越」とまったく同じものを通過しました。そして西暦二〇一二年に肉体にとどまっている人々のすべてが、地球本来のエクスタシーを遮断するコントロール・パターンを解放することになっています。そのときあなたは、銀河の高い知性とつながり完全にグラウンディングした存在として、地球の進化にかかわりながら生きていくでしょう。あなたは肉体から出ていく代わりに、最終的に肉体に完全に宿ることを選んだのです。

　地球が銀河に偉大な叫びを解き放ったために、いま私たちはあなたがたとつながることができます。地球はあなたの制限された自己という感覚を「嘆き悲しんで」います。そして私たちプレアデス人は、あなたがめざめて地球の望みを意識的に表現し、あきらかにするのを感じて興奮しています。というのも、私たちをつねに楽しませてくれる宇宙の大いなるエクスタシーをあなたも記憶していることを私たちは知っているからです。なぜかといえば、制限のない生き方を発見したのは私たちだからです。あなたがたに質問しましょう。いったいだれが地球が制限されていると言ったのでしょうか？　私たちプレアデスの使者は、あなたがたが暗闇の物質として定義した宇宙を光の宇宙として見るのを援助するために、あるいは創造性と思考が表明された意識的存在として地球を見るのを助けるために、そのガイド役としてここにいるのです。いま、その地球の「花園」であなたが自由に遊びまわる準備がととのっています。

　アモラと同様に自分自身のプレアデスの遺産を意識する人間として、私は火星、金星、マルデック、地球の進化に関する内なる記録を保有しています。けれども誕生と同時に、私はそれらの荘厳な二元性と偉大なドラマを忘れてしまいました。クァン・インの物語を読みながら、私は自分が人生において処理してきた内なる葛藤の源となるものを確認するプロセスを数多く体験しました。そしてくり返し襲ってくる葛藤が、人間の思考をまどわせる意識のゴミの残留物にすぎないことをより明確に理解するようになりました。この「残留物にすぎない」という言葉を、私はたくさんの皮肉をこめて言っています。それこそが地球のあちこちに山積みされた毒性の廃棄物として物理的に表現されるものだからです。おそらく私はプレアデスの目が開かれているために、本書のさまざまな物語がどのように人間の思考の潜在意識のパターンの土台となっているのかをたやすく理解することができます。本書を読むことが、ともにこの惑星に住むあなたにとっても同様の体験になるように願っています。

あなたがたの脳の思考のゴミ箱からは毒性の廃棄物が放射され、地球の花園を汚染しています。私はみなさんにそれらの古代の記録を熟視するよう言うつもりです。なぜなら、それはあなたの故郷をおびやかす潜在意識のパターンを明らかにしてくれるものだからです。やがて読みすすむうちに、ただ読書するという行為によって、それらの潜在意識のパターンの崩壊が引き起こされるでしょう。そのとき新しく勢いのある進化の螺旋が台頭するための空間が開かれるのです。それはあなたの思考があなたの世界を創造するのだということをはっきりと認識する時間であり、あなたの内なる脳がまさにゴミ置き場に見える時間なのです。

この本の内容に関する私の専門的知識は、「心の三部作」の執筆によって得られたものです。それらの本の執筆にあたった一九八四年から一九九二年のあいだ、私は古代の物語のなかの情報と効果的につながって選り分けるまったく新しい方法を発見しました。クァン・インがこの本の過去、現在、未来を見る視点役であるプレアデスの大天使のラーについて述べているように、この「ラーの視点」を通してあなたがどのように本書を見るかによって、あなた自身の奥深くに横たわる潜在意識のパターンをどのくらい本当に見ることができるかが決まってきます。地球はいまそこで生きているあなたにむかって、この銀河の視点を獲得するようにと大声で叫んでいます。そして潜在意識のパターンを超越するあなたがたの一人ひとりに、地球がふたたび呼吸するための空間を実際につくってほしいと訴えているのです。

三部作の第一作目である“*Eye of the Centaur*”（ケンタウルスの眼）を生みだすことによって、私は自分自身の記憶の集積を投げ捨てて「いま」という瞬間に入っていきました。また二作目の“*Heart of the Christos*”（クリストスのハート）では、私自身がかつてしてきたすべての行為に対して自分をゆるし、それらの体験のすべてをよみがらせて私のハートにとり込みました。さらに三作目の“*Signet of Atlantis*”（アトランティスの印章）の創作過程においてはそれらの潜在意識のパターンの発端となった源、すなわち意識的かつ内省的になることを選択したために人類の進化にかかわった地球外の種族について、深く考えることができました。原初的な自己の感覚というものがひとたび浮かびあがってくると、その他の知的生命体が私たちと接触をもとうとして入ってきます。というのも自己の感覚とは、どんな存在にも関係する可能性を開くものだからです。そしていまこそ地球の花園でそれらのパートナーたちと出会うときなのです。

この『プレアデス人類と惑星の物語』は、私たちのすべてが人類の歴史と行為のあらゆる領域を体験したことを示しています。これらの物語を読みながら自分自身の進化への関与の記憶を思いだしたときには、それを理解することができる能力はあなたの地上の責任であり、あなたの感応力だと考えてください。クァン・インが言っているように、「すべてのものの一面があなたの内側に存在する」のです。これはときにあなたの命をねらいます。なぜなら「あなたが人を判断するなら、同じことをしたあなたのその部分が判断されて苦しむ」からです。この苦しみの波動こそが、いま重荷となって地球に謀反を起こさせている原因なのです。つまりクァン・インがまさに「障害物」と呼んだ、そのような「姿勢からくるエネルギー」をあなたが超越しさえすれば、地球は呼吸し、光を見て、あなたを包みこんでくれるのです。

「心の三部作」は「シャーマニック・リーディング」という、判断を超えた動きの新しい手法を私が生みだすのを助けてくれました。これこそ私があなたがたと分かちあいたかったものです。この本を買ったあなたがたの多くは読むことを愛する人々でしょう。それは一人になり、他の刺激から遠ざかって自分の心を見つめ直すためのもっとも貴重な機会です。読むというのは純粋な思索になりえます。あなたが正しく読むとき、その意識が刺激を受けて感情の流入をゆるすことによって肉体が実際に変化します。あなたがまったく一人で本を読み、ほかからの波動に影響されないとき、正しく読んでいるとするならあなたは自由です。

　では「正しい読み方」とは何でしょう。それは提供されたひとつひとつの考え方に貪欲に注意を払い、その後あなたがその考え方に同意してそれを記憶に刻み込むか、またはひとつの概念としてそれをとらえ、時間をかけて熟考したりそれに同意しないと決めることです。そしてさらに新しい概念を熟考した結果として、あなたの思考のそれに関する部分や思考の貯蔵庫のなかで変化する可能性のあるすべてを浄化することです。あなたがいくつかの考え方を新たな概念の可能性としてもっているとき、あなたの意識は感情的な反応を探求することを許容しながら、それらの考え方を創造的な緊張のなかで保持するために貯蔵されてあったパワーを利用します。そしてひとたび何かが正しいと「感じ」ることができると、あなたは結論に到達します。また、あなたがなんらかの考え方をはっきり拒否するときには、思考の大掃除を行っているのです。

　つまりシャーマニック・リーディングとは、潜在意識のパターンを攪拌するパワーをもった概念で創造的な緊張を積みあげていきながら、あなたが真実だと感じたり知っている考え方であなたの思考を強化または浄化することによって、情報の貯蔵庫を満たしていく作業なのです。潜在意識のパターンが光に照らされてそれを超越できるというのは、この創造的な緊張のおかげです。それが思考の錬金術であり、まだ出会ったことのない知的生命体への玄関口なのです。アモラ・クァン・インはまさにこの種の読書のための書き手であり、そして思考が現実を創造するがゆえに、あなたが読みすすめるにつれて世界が変化していく可能性があります。

　あなたの脳の九〇パーセントが未開発だというのは、ただ単に脳の九〇パーセントが潜在意識レベルのさまざまな判断でとり散らかされているということです。たとえあとからこの本があなたにとって真実ではないと決めたとしても、あなたの脳のまだ開発されていない領域に踏みこむための鍵となるものを、本書の四つの物語のなかに探し求めながら読むことを私はおすすめします。シャーマニック・リーディングを成功させる第一の秘訣とは、著者から読者へと提供された精巧なコミュニケーションのきずなに対して自分自身を完全に開くことによって、提供してもらったものに敬意を払うことです。それが少なくとも、みずからを犠牲にしてこの本を出版した樹木のためにあなたができることなのです。

この贈り物に対する心からの敬意をこめて、著者に対するあなたの判断はあとまで保留しておいてください。ちょうどあなたがだれかに性的な魅力を感じて、追いかけるのが適切かどうかわかるまで判断をとどめておくのと同じです。それはあなたが注意深くデートの相手を選ぶように、この本を注意深く選んだと憶測したうえでの要請です。あなたの恋人になることを望んでいる人に対するのと同様に、その本があなたに何ももたらさないと結論づけたのなら、ただちに読むのをやめてそれを人にあげてしまうこともできます。けれどもある視点から見れば、読書のほうがセックスよりもはるかにすばらしいといえるでしょう。つまり本の図書館はすばらしいものですが、恋人の集積にはもっとも注意が必要だからです。

本書が実際にあなたの隠された脳のパワーの栓を開けて、あなたの思考を強化することができると想定しながら、本書にむかって子供のように自分自身を開いてください。あなたの大人の心に蓄積された固い殻を手放して、ただいろいろな概念と遊ぶ方法を思いだすようにしてみてください。いまこそ深く埋もれた古代の記憶をあなたの意識の表面に浮かびあがらせるチャンスであり、そうすることで、あなたが数千年にわたって学んできたことのすべてを光のなかで熟考することができるのです。もしかしたら、古いジレンマと自分がほとんど結びつかないことを発見するかもしれませんし、新しい世界を創造するための新しいイメージを創造（すなわちイマジネート）しようとして、それらを気にもとめないかもしれません。

そうしてあなたは充分に開かれるのです。なかには読書のための魔術的な空間を用意することを望む人もいるでしょう。キャンドル、お香、占いのカードやルーンをはじめ、あなた自身の感覚的な心を触発するその他の魔術的な品々をそろえるのもいいでしょう。その理由を正直にいえば、これはかなり重たい本なので、魔術的な品で遊ぶことはあなたの気持ちをほぐし、この物語を理解しやすくしてくれるだろうからです。呼吸することを忘れないでください。私たちの内省的な知性へと向かうアセンションから生みだされた螺旋状の苦闘について深く考えるのは、決してたやすいことではありません。また私たちの行為が、聖なるものを追い求めようとする衝動から生じていると見なすのも決して簡単なことではないのです。

私に関していえば、この本を読みながら涙が流れました。この本はテレビのフットボールの試合を見ることさえ困難にしました(もっともいままでにも一度も見たことはないのですが)。なぜなら私にとってフットボールは、火星人の戦争ゲームを思いださせるからです。単純な遊び心にあふれた火星人のエクスタシーが、今日の地球ではいかにまれなものかを考えるのは耐えがたいことです。

シャーマニック・リーディングとは、あなた自身を現実の生活から逃避させるのではなく、その本を「感じる」ことを意味します。けれども読書は知的な行為でもあり、知的な作業に従事しないかぎり読むことは不可能です。そこでふたたび、あなたがすでに知っている真実と一致する新しい素材を注意深く探しながら、あなた自身の情報の貯蔵庫に対して責任をもつことが大切になってきます。そして概念レベルで定かでないものを保留にして、自分がどう感じるかを観察するのです。その素材があなたを奮い立たせてあなたの内臓に染みていくようならば、プレアデス人やアモラ・クァン・インとの知的な議論とか、頭のなかの昔の恩師や学校の教師からの声などを飛び越えて、ただ感じてみてください。感覚を意味づけしようとする心理主義を手放して、あなたが受けとったものをただ感じてみましょう。あなた自身を開いて、必要があれば立ちどまって泣くことです。

あなたの精神が開かれるにつれて風が感応するように感じるなら、キャンドルに火をともしましょう。かつてあなたを投獄したり、殺人の被害者となることをもたらした何かしらの記憶をとり戻すための時間と空間を自分自身に与えてください。そのうえで、あなたのいまの現実のなかの同じような感情的ジレンマに関して、そうした姿勢から生まれるエネルギーがあなたの脳のなかにどのようにブロックとして存在するのかを見てみるのです。

あなたの神経、感情、内臓を突き破って、それらの感覚をあらわにしてください。そして発見したその恐ろしい真実を、あなたのブロックされた脳の窓が開くまで充分に長く保ちつづけるのです。するといまあなたをさえぎる障害物となっているものは、なんらかの古い記憶にすぎなかったことを思いだすでしょう。それはたとえば、だれかがしたことだったのを感じるかもしれないし、実際にみんながそうしたときにあなた自身も加わったような気がするかもしれません。そして唯一の新しい可能性とは、いますぐそれをやめることなのです!

二〇世紀後期における唯一の読書の理由とは、その本があなたを面白がらせて楽しませてくれるからか、またはこの世界で実際にはあなたに何が起こっているのかをありのままに見られるように、脳の大掃除をしてくれるからです。『プレアデス人類と惑星の物語』を読んでなんらかの興奮を感じるとき、あなたはその古いがらくたがいまだに同じ現実を再生しつづけていることを理解しています。あなたが地球の花園で自由に生活するために、そして地球が浄化され本来の意図を明らかにすることができるように、あなたの脳の大掃除をすることを考慮してください。そのときあなたは目をそむけずに光を熟視することができるでしょう。

そこではじめて、あなたの精神という「偉大な内なる夜」が覚醒し、地球という美しい深緑色を見るためにあなたがあなた自身の目を開かせるのです。

一九九六年一月

コネチカット州レイクヴィルにて
バーバラ・ハンド・クロウ

# まえがき

この本の原稿が終わりに近づいたころ、私は「この仕事の高次の目的と使命をもっとも的確に表わしているのはどのシンボルでしょうか」とたずねながら『マヤン・オラクル』（*The Mayan Oracle*, Ariel Spilsbury and Michael Bryner）からカードを一枚引いてみました。そして私が引いたのは「二元性の解消」という次のようなカードでした。

今こそあなたが分離と二元性という幻想とまっすぐ向き合うときです！　この視点《レンズ》を受けとることで、あなたはあなた自身の分離したアイデンティティという感覚の解消を求められています。二元性の状態とは、善と悪、正義と不正、「彼らと私たち」のような対をなす意識をもっていることを意味します。そのような対をなす意識こそが、現在は変わりつつある私たちの三次元の現実の枠組みを支えているものなのです。

二元性とは単にひとつの認識にすぎません。また両極性とは、私たちがそれを認識するしかたが二元的であるがゆえに、「対極の状態にあること」だと考えられます。「集合的な意識の昏睡状態」のなかで、おそらくあなたは「分離」と「二元性」という立場から両極性を理解するように教えられてきたことでしょう。二元性とは変容的な舞台であり、集団意識のなかで保有される信念体系によってのみ維持されるものです。ですから、あなたが個人的にあなたの両極性を統合してあなたの限られた信念を変容させると、あなたの現実もまた変わってきます。そしてあなたの現実が変われば集合的な現実もまた変化し、分離のない合一というより大いなる現実が開かれるのです。

このカードを受けとったということは、あなたは自分自身の信念体系や集合的な問題や想念など、あなたを制限しているように見えるものが何かに取り組むための試練を体験しているのです。あなたの複雑さと剛直さのエネルギーが、簡素化と拡大と変化にむけてあなたを開く新しいプロセスを呼びこみます。人生であまりにも複雑に凝り固まってしまったすべての分野において、そのエネルギーを感じるでしょう。そしてあなた自身の個人的な問題が集団意識と結ばれているために、あなたは全体を変容させることにも貢献しています。つまり、あなた自身が二元性の解消策なのです。

このカードは、二元性にそなわる贈り物という視点から現実を眺めることを求めています。そうした認識をもつことで、あなたは新しい現実への奇跡的な飛躍を支えるための助けを得るのです。忘れないでください。あなたと地球の意識が、二元性を解消するための進化のプロセスの原動力となるのです。

以上のメッセージはあまりにも完璧でした！　金星、火星、マルデックとその総仕上げとしての地球、そしてそれ以降の歴史的物語を通過するとき、あなたはあなた自身の内なる物語を読んでいます。あなたがこの太陽系やその他の宇宙のどの星で生を受けたとしても、あるいはあなたの魂が地球で創造されて地球で生まれたのだとしても、本書の物語はあなたの潜在意識のパターンに深く浸透していきます。

数多くの人生を通して、私たちは本書のなかのほとんどの神話とかかわりをもち、それを体験してきました。つまり現在の肌の色とはまったく無関係に、私たちはいまの人生以前にすべての肌の色を体験してきたのです。あなたの起源がプレアデスやシリウスや宇宙の辺境の星であろうとも、あなたは低次元から進化した幼い魂によって構成される社会の住民や、三次元の現実を体験するために高次元から次元降下した人々のなかでの転生をへてきているのです。

あなたがたはアンドロメダ人、プレアデス人、シリウス人、リラ人、そしてその他の名前も知らない数多くの宇宙人の遺伝的起源を有する社会に生まれました。あなたのいまの人生のルーツが、純粋なバリ人やフランス人、英国人、ネイティブ・アメリカンといった遺伝的遺産のなかにたどれるかどうかはまったく問題ではありません。それらの社会はプレアデス、金星、リラ、北斗七星などの特定の遺伝的系統を有しているかもしれませんが、さまざまな人生を通してあなたはその他の遺伝的系統からの影響も確実に受けてきたからです。また、それらの原初的起源が遺伝子レベルでまったく損なわれていないとしても、あなた自身の起源があなたの現在の血統と同じものではないという事実が、そのすべてを厳密にいえば試験的なものにしているのです。

あなたもご存じのように、地球は「宇宙の人種のるつぼ」の拠点として選ばれました。私たちはさまざまな存在の寄せ集めであり、それは多様性のなかでの調和を体験する偉大なるチャンスなのです。そして私たちのすべての体験が遺伝子レベルや次元レベルで融合して実際に溶けあったために、私たちの魂もまた「宇宙の人種のるつぼ」となったのです。

だからこそ「二元性の解消」という『マヤン・オラクル』の言葉は完璧なのです。あなたが他の人種に対する偏見を抱えもっているなら、その人種に生まれ変わったときのあなた自身のその部分が拒絶されて苦しみます。あなたが人を判断するなら、同じことをしたときのあなたのその部分が判断されて苦しみます。あなたが人を非難して相手に罪の意識を感じさせるなら、あなたは自分自身のその人と同じだった部分を非難して罪悪感にとらわれ、そして苦しみます。動物や植物も含めて自分以外の生き物をあなどったり危害を加えたりすれば、あなた自身も必ず傷を負います。すべてのものの一面があなたの内側に存在し、あなたの一面が「すべてなるもの」のなかに存在しています。ですから思考、判断、態度、行為、信念を通して二元性を創造するとき、あなたは「分離」と「虚偽」という幻想である闇に力を与える手助けをしているのです。

プレアデスの光の大天使であるラーからのチャネリングを通して、私はあなた自身の過去世、現在、未来を見るための視点を提供しています。あなたがこの視点をどういう態度でとらえるかによってすべてが変わってくるのです。それはまた自分自身のパターンや人のパターンを見て学ぶための機会をもあなたに提供しています。おそらくあなたは、惑星の歴史のなかに含まれるカルマのパターンや行為のパターンをすでに数多く超越してきたことでしょう。そしてまだの人には、自分自身をよりよく眺められるほどの充分な光明が投じられたはずです。

あなたが変容し超越させてきたそれらの分野を認識し、自分自身をほめたたえて祝いの言葉をかけてあげてください。そしてあなたがまだ超越していない分野に関しては、それを認識して理解と慈愛を示しながら霊的鍛練に取り組むことです。他者への本当の謙虚さ、ゆるし、慈愛を発見するために、この霊的な進化の旅を利用してください。あなた自身の障害となっている部分を描写する場面を発見したときは、あなたの最初の反応が自己判断や羞恥、罪悪感、自己非難かどうかに注目してください。もしそうならば、時間をかけてそれらの姿勢を浄化して解放してあげましょう。私の前の本である『プレアデス覚醒への道——光と癒しのワークブック』(太陽出版刊)の6章で紹介されている浄化や判断、思いこみ、完璧な理想像を浄化するためのテクニックは、それを必要としている人にとって理想的な手法です。

じつをいえば、本書に書かれた惑星の歴史はもともとは前の本の一部分でした。つまりその本のなかで読者を刺激して、自分自身の思いこみや偏見やカルマのパターンに気づいてもらったあとで、それらを浄化するための手法と霊的な癒しを提供するよう意図されたものだったのです。ですから前の本のワークの部分を読んで実践している人も、そしてまだの人も、この本をつづけて読むことで学びと恩恵を受けとることができるでしょう。ワークをまだ実践していない人は、可能なかぎり最大限の霊的超越と成長のためにも、本書を読み終えてからワークを実践するよう強くおすすめします。またこの時間と空間の旅が、しだいに深まりながら喜びと不思議に満ちていくよう自分にゆるしてあげてください。

これはラーから私のハイアーセルフを通してチャネリングされたものであり、私はそれを自動書記のようなかたちでコンピュータに記録しました。ですから実際に入力するまでは、何が次にくるのかまったくわからない状態でした。ときにはその物語が私につきまとい、あとで夢に見ることもありました。また金星人や火星人やマルデック人のなかに自分自身の過去や現在の傾向を見たこともしばしばでました。また地球の章をチャネリングしたときは、入力に費やされた時間の三分の一を、とめどもなく涙が頬を伝うにまかせながら作業に没頭しました。なかでも妖精や人魚やマーラの物語は、私自身のハートと魂の記憶の深い場所に触れました。それらの物語が伝えられると、目の前にヴィジョンが浮かんで人々のエネルギーが感じられたのです。

私はラーからのメッセージを聞きとりながら、そのいっぽうで物語を入力するという作業を同時に行いました。地球の物語が展開していくにつれて、マーラが未来の聖母マリアだと知って私は驚きを禁じえませんでした。そしてそのとき涙があふれ出したのです。個人の聖なる独立を認めるための儀式である「洗礼」のもとの霊的な意味が明らかになると、私は大声で泣きだしてしまいました。儀式とはエゴを超越することだと認識する秘儀的段階にいることによって、私のなかに洗礼に関する古代の記憶と感覚がよみがえってきたのです。また洗礼を受けた時点で、その人物は幻想というヴェールを洗い流した純粋な意図をもった存在として認識され、独立した霊的な存在として責任を負う準備がととのうのです。

私は本書の進化の物語をチャネリングする機会に恵まれたことを心から誇りに思い、それを大いなる贈り物と感じています。書くという作業は私にとって人生を変えるほどの大事業であり、ときには試練を体験しました。そしてそれはつねに私のハートを開いてくれました。あなたがゆるすなら、あなた自身の記憶と浄化のなかへとより深く入っていけるでしょう。またそれはあなたが過去を手放すための助けとなることも可能です。

私たちが自分自身をゆるし、受け入れ、愛することを学ぶにつれて、私たちはほかの人をゆるし、受け入れ、愛することを学んでいきます。つまり人をゆるし、受け入れ、愛すれば愛するほど、自分自身をゆるし、受け入れ、愛することが可能なのです。それを省いたままで内なる「全体性」を体験したり、完全なる自己尊重の気持ちを抱くことなど不可能だというのが真実です。それゆえに「神／女神／すべてなるもの」とともにある「全体性」と「一体性」への最終段階である「二元性の超越」と「多様性のなかでの調和」というスピリットのなかで、ラーと私は、あなたが自分自身のシャーマニック・ジャーニーに用いてくださるよう本書を提供したいと思います。どうか、あなたの旅が完全なるものになりますように！

## はじめに

# 宇宙の飛び石

Cosmic Stepping Stones

金星、火星、マルデック、地球という惑星からなるひとつの小宇宙的な太陽系（あるいはプレアデスの光の使者にならってソーラー・リングと呼んでもいいでしょう）は宇宙における飛び石と考えられていますが、そのなかで生きるということにはどんな意味があるのでしょう。この太陽系じたいはただ単に、想像もできないほど巨大な存在を反映する小宇宙にすぎません。その事実はあなたの人生や過去世や未来を、またはあなたの世界をひどく小さな意味のないものに思わせてしまうでしょうか。あるいはあなたのエゴを少しばかり萎縮させるでしょうか。それは意図されたことではありますが、それでもやはりエゴを超えたところではその必要はないのです。

私たちは時間と空間の連続体で構成された世界に住んでいます。それは分、日、季節、私たちの一生などによって計られる時間の歳差運動や、この太陽系のなかに生命が誕生した順番や、千年から次の千年までの動きによって証明されます。この歳差運動はあらゆる進化のプロセスの自然な秩序であり、それこそが三次元たるゆえんなのです。私たちは自分のことを、ハイアーセルフが経験から学んだり感じたりするための占い棒〔水脈や鉱脈を探知する道具〕のように思うかもしれません。私たちはめいめいの人生のなかで、目標を達成する必要のある人生経験を引き寄せるために創造者からの刺激を受けとります。めざめる前の私たちは、エゴを自分自身だと思いこんでいる自己中心的な存在であり、いまの人生を超えるような感覚をほとんどもたない生存欲求のかたまりにすぎません。霊的なめざめに達するまで、私たちは自分がめざめていないことにさえ気がついていないのです。

それがある日、ふだん通りの日常生活を送っている最中に「休止」が起こります。そして意識の隙間から不安な感覚が襲います。「私はいったいだれ?」「ここで私はいったい何をしているのかしら?」といった考えが浮かんできたり、理由もないのにただ涙があふれ出したりするかもしれません。私たちのハートが開かれるのです。そして新聞をテーブルに置いてテレビを消し、「人生にはこれ以上の何かがきっとあるはずだわ」と静かに言うでしょう。内側で何かが動きだします。それが何なのかわからなくても、自分の手でそれを見つけださなければならないことがわかります。そのような変化を明確に定義したり理由を説明することはできませんが、物事は二度と同じではありえないことを知るのです。こうして私たちは「真理」への探求者になります。

そのとき私たちの天使やガイドは大声で「ばんざい!」と叫ぶでしょう。高次元ではあなたをたたえて盛大な祝賀会が開かれ、あなたのハイアーセルフとマスター存在としての未来のあなたがそこに臨席します。新しいエネルギーがあなたに注ぎこまれるのを感じるでしょう。あなたは触発され、決断力と情熱に満ちあふれます。あなたの身体全体から新しい種類の喜びが放出されるのです。あなたは自由への希求を感じて内なる声を聞き、それに耳を傾けるためにそれまでの行為を中断します。あなたの人生のすべてが、この瞬間へとあなたを導いてくれたように感じるでしょう。あなたは深いところでは知っていますが、決して理解しているわけではありません。さて、それはいったい何でしょうか。

さまざまな本、ヨガの教師や霊的な指導者、ワークショップ、印象的な夢、共時性との出会いが始まります。あなたが扉を開くだけで、まわりの人々や状況や素材がすべて適切な場所におさまるよう再調整されるようになります。もしかしたら友人はあなたのことを気がふれたと思うでしょう。親友が心配そうなまなざしで、あなたにカウンセリングや休暇をすすめるかもしれません。実際そうなのです。たしかにあなたはずっと働きすぎだったし、休暇が必要なのは事実です。あなたは笑顔でこう答えるでしょう。「そうじゃないのよ。何かが私に起こっていて、うまく説明できないんだけど、それが正しいって感じるの。ただ、この人生において何かをしなければならないってことがわかっただけなの。そしてそれが何なのかを探さなければならないのよ」

友人や家族たちは賛否こもごもの反応を返しつづけてくるので、しばらくするとあなたはもう話さなくなります。そしてベッドサイドのあかりの下の、天使や地球外生物に関する読みさしの本を隠すでしょう。最後にもう一度だけ自分の占星術のチャートを眺めると、いままでの人生があまりにも正確に言いあてられていることに感じ入ってから、それを本のあいだにはさみ込むのです。あるいは占星術師から言われた、内なるスピリットを否定して現状に固執しようとする過去世のカルマのパターンについて思いだすかもしれません。あなたはちょっと身震いして、それからまたいつもの生活に戻るのです。あなたの新たなる精神的、霊的な興味は、この目下進行中の人生のなかのほんの小さな一片にすぎませんが、それはあなたの人生のほかの部分と融合することはありません。つまり、あなたは二元性を生きるのです。

ここでよく語られるのは、その後どうして家族があなたの霊的な探求に加わったのかとか、あなたが配偶者と別れて離婚へといたったいきさつなどです。あなたには魂の発見と探求のための時間や、本当の自分を見つけだすこと、共通する思考性をもつ人々との出会い、あなたの優先事項を再確認することが必要なのです。そして新しい友人の出現とともに、古い友人たちは人生から姿を消していきます。感情的、精神的なきずなが変化したり壊れたりするでしょう。そのときあなたは最初の明確なヴィジョンを受けとります。もしかしたら過去世を追体験したり、イエス・キリストと出会ったり、天使といっしょに星々のあいだを飛びまわったりした記憶がよみがえるかもしれません。あなたの記憶は客体化されはじめているのです。それにつづいて、新たな情熱とインスピレーションの段階を迎えるでしょう。変化や分離から生じる感情的な痛みは、あなたが記憶を呼び戻す道を歩みだすにつれて、あっけなく意識の焦点からとりのぞかれていきます。

記憶をとり戻す道程には、過去世回帰、催眠、シャーマン的な意識の旅、瞑想、そしてふだんからの意識の集中がつきものです。あなたの夢はますます鮮烈になり、明らかなレッスンがもたらされます。あなたの頭頂や第三の眼が活発に動きはじめたり、そこに圧力を感じたりします。ときおり閃光が走るのを見たり、人々のオーラの内側や木のまわりに瞬間的な光のきらめきを感じたりします。すべてがしっくりしてきて、つじつまがあうように感じられるでしょう。それらはあるべくして、そうなっているのです。

ここから本当のカルマのレッスンが始まります。自分がまだエゴと結びついている部分で、あらゆるレベルの試練を体験するのです。ワークショップに出席して、みんなが至福の境地にいるのに、あなただけ理由もわからない動揺を感じることもあるでしょう。隣で「わかった！」と叫ぶ人を殴りたくなったり、ただ落ちこんでしまったり、自分の価値のなさや「人よりも劣る」ことを嘆きたくなるかもしれません。あなたのエゴにとっては優越感であれ劣等感であれ、否定的なエゴのゲームによってあなた自身が分離感を抱きながら自分を特別だと感じてくれれば、どちらでもかまわないのです。そしてあなたはエゴの罠にかかるのです。「えらそうな人」も「哀れな人」も、神や女神が「聖なる計画」から除外するであろう人々の一群です。どちらもあなたの否定的なエゴのゲームだからです。そこであなたはどうしたらいいでしょうか。

あなたはすべてを投げ出して、頭のかたい伴侶のもとに帰ることもできるでしょう。また古い友人たちに、あなたを連れ戻してくれるよう頼んでもいいかもしれません。でも、それによってあなたは幸福になれるでしょうか。あるいは少なくとも満たされるでしょうか。決してそんなことはありません。扉はすでに開かれ、別の世界であなたを待ち受けているものを多く見すぎてしまったために、もう引き返すことなどできなくなっているのです。あなたは探求者としてすでに後戻りできない地点まで来ています。その事実をしっかりと見据えれば、これ以外には何もないのです。たとえ自殺したとしても次の人生での苦痛が増すだけだということを知り、あなたは探求を続けようと決意するかもしれません。

その段階にいたるまでどの程度かかるかは、あなたが体験する葛藤と抵抗の度合いによって決まります。けれども最終的には、降服して身をゆだねるしかないのです。もしもあなたが、ほかに選択できる道がないからという理由で降服し、そのことに怒りを感じているとしたら、しばらくはつらい時期を体験することになるでしょう。あなたの現実を創造しているのがあなた自身だということを理解しはじめ、その事実を謙虚な気持ちで受け入れるようになるとき、あなたの降服ははるかに恩寵に満ちたものになるのです。

可能なかぎり最高であることへの深い憧れと渇望を感じながら、あなたのハートが自己の吟味と崩壊、否定的なエゴの変容というプロセスに熱心に取り組みはじめるとき、あなたはスピリチュアルな冒険者になります。新たな試練のすべてが、あなたの情熱やインスピレーション、決断力をよみがえらせてくれるでしょう。この段階におけるあなたの姿勢はすべてを決定づけるのです。

『プレアデス覚醒への道――光と癒しのワークブック』の5章と6章で紹介したセルフヘルプと浄化のためのテクニックは、あなたの覚醒の道全体を通してだけでなく、この段階においても非常に有効です。また、ほかにも効果的な浄化の手法があることはたしかです。たとえどんな方法を用いようと、あなたが意識を集中させてグラウンディングした状態を保つことが大切です。そして宇宙のエネルギーをあなたのチャクラに流し入れる方法や、あなた自身が望まない霊的な影響や思いこみ、誓約、抑圧された濃密なエネルギーなどを浄化する方法を学ぶ必要があるのです。霊的な旅におけるこの段階は自己浄化のひとつだからです。それにともなって、あなたの意識はエゴの代わりに「聖なる本質」としての自己を認識するようになります。

そのあと通常個人が体験する進化へのステップとは、あなたの霊的成長とアイデンティティにおける「純化」というプロセスです。つまりハイアーセルフとつながり、あなたの多次元的なホログラムを浄化し、意識をみがき、そして最終的に覚醒してあなた自身の「内なるキリスト」を体現し、アセンション（次元上昇）することです。

『プレアデス覚醒への道』の7章以降は、ほかの霊的な書物や技法と同じように、それらのゴールに到達するためのひとつの道のりを提示しています。そこで重要なのは、あなたにとってその道が正しいということをあなた自身が内側で知っていることです。あなたにとってある道が正しくて別の道が正しくないことの理由を、完全に理解している必要はありません。ただ、それが正しいことをあなた自身が内側で知っていることがもっとも大切なのです。また、あなたの道をほかの人に投影しないことも大切です。九〇パーセントの人にとって正しいことが、残りの一〇パーセントの人には正しくないという場合もあるからです。私たちは多様性のなかでの調和を学ぶために、そしてすべての個人が自分にとって正しいものを認識できる生来の能力をもっていることを受け入れて信頼するために、この地球にいるのです。

この太陽系の「至高存在」は「一体《ワンネス》」のスピリットとも呼ばれます（この大いなる存在は両性具有なので、私は彼や彼女ではなく「それ」という代名詞を用います）。それが「至高存在」に選ばれたのは、その存在がもつ無限の霊的なひろがりと光ゆえにとどまらず、その本質にある天性こそ、私たち人類がここ地球で到達しようとしているものだからです。この「一体」のスピリットは、私たち太陽系のすべての個人が二元性を超越し、男性と女性という分裂を癒し、「神／女神／すべてなるもの」という高次の意識とひとつになるための聖なる受容力を保持しています。それが存在するすべてのものの究極のゴールなのです。

さまざまな人生を通して「一体」へ向かうあらゆる道を体験する機会を提供されることで、私たちは最終的に故郷へと導かれます。三次元の人生と霊的成長という継続的な進化を通して、経験にもとづいた叡智を獲得します。最終的に、自分一人の力でできることなど何もないという認識に到達するとき、私たちは謙虚な気持ちになります。そして天使やガイドや高次元のマスターにふれようとするのです。

やがて私たちの高次の自己の側面が人間としての自己に結びつくと、私たちは個人の意志を聖なる意志にゆだねることを選択します。その聖なる意志とは「神／女神／すべてなるもの」と一体になった、あなた自身の未来の高次の自己の意志以外の何ものでもありません。つまり聖なる意志に身をゆだねるとき、あなたはあなた自身のもっとも高次の運命という真実にすべてをゆだねるのです。その段階において、エゴにもとづくあなたの自己はもはや過去のものとなるでしょう。

あなたが手にしているこの本は、個人や集合意識の霊的な進化について書かれたものです。それは「一体」へと向かう人生や生涯の布石の動きを表わしたものです。またそれとともに慈愛について、自分自身や人を判断しないことに関して、さらに各人の人生が「聖なる計画」でのより偉大な神話の縮図であることについて述べられています。そのなかでのあなたの役割とは何でしょうか。あなたは自分自身や人々の肉体の性的魅力に固執する金星人タイプですか？　芸術的表現と自己評価が密接にからみあった芸術家でしょうか。それとも火星人に近い性質をもっていますか？　いまだに人をコントロールしようとしたり、被害者を演じて自分のパワーを放棄したりしているでしょうか。あなたの性は、肉欲や支配と服従の役割ゲームにもとづいていませんか。あるいは、あなたはマルデック人タイプですか？　だれも信頼せず、自分自身のことさえ信じてはいないでしょうか。洞察力を用いたすばらしい選択をしそこなったことがありますか。盲目的な信頼、競争意識、羞恥という問題をかかえてはいませんか。

そのような傾向は、私たち人類がかつて三次元の生命を宿したそれぞれの惑星から派生させた基本的な性質の一部です。それらの惑星には、霊的にめざめて悟りを開きアセンションした人々がいます。またそれらの惑星では低次元のアストラル界も独自に発達しましたが、その世界はちょうど現在の地球のアストラル界と同じように、ネガティブな想念や、そこに住んだ人々の否認された影のような側面や寄生するエンティティで満たされています。それらについて知ることは、いまのあなたに何を提供してくれるのでしょうか。その答えは、大宇宙的視野と小宇宙的視野を同時にもつことです。

より広い大宇宙的な視野とは、私たち自身の地球以前の歴史に属しており、この太陽系内のカルマのパターンの発達に関係しています。あなたが他の惑星における失敗や成長や達成などがいりまじった人生と文明とを探索するとき、彼らの成功だけでなく、衰退のもととなった源やパターンを見るでしょう。それらのパターンは、あなた自身の霊魂のなかに複雑に織り込まれています。金星型、火星型、マルデック型のどの人格があなたのなかで優位を占めていたにしても、あなたはそれらすべての痕跡をもっています。

それらの惑星は私たちの太陽系内のもっとも地球に近い天体です。同じ神聖な太陽が私たちすべてに降りそそぎ、それはまた太陽系内のそれぞれの惑星から他の惑星へとはね返ります。そうした光の反射は、ほかのすべての惑星から屈折した光線となって地球に伝達されます。そして地球からは、それらの惑星にむけて地球の住民たちの成功と衰退の記録を送り返すのです。表現を変えると、「あらゆるものがあらゆるものに影響を及ぼす」といえるでしょう。つまりすべての思考や行為、そして驚きや悲しみや感動を呼び寄せる叫び声が、地球上のすべての人々ばかりでなく、この太陽系全体やそれを超えた全惑星に影響を与えるのです。私たちの太陽系は、プレアデス、シリウス、オリオン、その他の惑星へともっともダイレクトに波動を送り、また送り返されています。

それゆえ、より大きな映像で見れば、私たちは単に自分たちをひとつにするための大いなる神話を生きる個々の演じ手にすぎません。そして小宇宙的な視野から見るなら、この地球と私たちの太陽系は神や女神の遊び場といえるでしょう。低次元であれ高次元であれすべての存在のあらゆる面におけるパラダイムと傾向は、つねに私たちに影響を及ぼしています。私たちは高次元の意識のための占い棒のようなものです。私たちは自分自身のハイアーセルフに直線的な時間と空間を体験する機会を与えるという、まさにその目的のために、かつて高次元世界から分離した存在なのです。

自分を高次元の人形遣いにもて遊ばれるあやつり人形だと考えるとき、私たちは怒りや反発や幻滅を感じて絶望し、復讐心に燃え、エゴを自分だと思いこんでしまいます。いっぽう、自分自身を魂の創造のためにハイアーセルフから放射された意識の閃光としてとらえるとき、三次元の放射物である自分は魂をそなえた人間として存在する道を選ばなくてもよかったのだということがわかります。けれどもあなた自身の「創造」の時点においては、ふだんあなたが閃光だと認識しているものは、より大きな全体としての自己のごく一部だったことに気づかなくてはなりません。そしてその大きな全体としての自己が、ひとつの魂を存在させるためにみずからの一部を送りこむことを「選んだ」のだ、ということを理解しなければなりません。その「創造」は、タントラ的な他者との融合を通してもたらされました。この結合からあなたの魂が宿り、のちに誕生したのです。あなたは魂のレベルで生まれ変わることを選択した、より大きな全体としての自己の一部です。創造のなかでは被害者など存在しません。

「聖なる計画」とは、私たちのそれぞれがつねに体験を通して学び、めざめ、お互いにそしてすべての創造物を愛し、深く思いやることです。そしてまた物質世界という制限の想定されたなかですべての信念を超越し、覚醒し、私たちの高次元の自己と完全に溶けあい、高次の意識と「一体」をすべての次元にグラウンディングさせてアセンションすることです。最終的に私たちが体験し、理解し、獲得したものはすべて、統合された全体としての自己のなかでひとつになるのです。

小宇宙的な視野から見ると、太陽、地球、火星、金星、そのほかの惑星を宿す私たちの太陽系は、天の川銀河やそれ以外の銀河のための、宇宙のるつぼのような存在といえるでしょう。いまこの地球には全宇宙からの存在たちがやって来ています。この太陽系での生活は、多様性のなかでの調和を体験するという、かつてない最大の機会なのです。

もしもあなたが肉体と呼ばれる地球的な衣装を超越して、私たちの本当の自己の起源を見通すことができるなら、映画「スタートレック」や「スターウオーズ」のなかのバー・シーンのようなものが見えることでしょう。すべての銀河からの想像しうるかぎりの種類の存在が共存し、違いに対する偏見を解消し、最終的に荘厳なるハーモニック・コンバージェンスを体験するためにここにやって来ています。そこでは「ともに勝つ」という姿勢だけが、すべての行為のための唯一の受け入れられる動機または結果となるでしょう。その存在が人間の肉体をもっていようと、あるいは四次元や五次元の光の世界、闇の世界や、光または闇の地底都市、サブ・アストラル界に住んでいようと、私たちはともにこの地球にいるのです。

金星、火星、マルデックの物語と、それらの歴史がこの地球上で完結するという本書のストーリーは、それらの惑星にかつて住んでいた人間やいまも住んでいる人間たち、そして彼らの現実に対する見方を主軸として描かれています。あなたがそれぞれの社会や文明や惑星という飛び石をかるがると通過していくとき、体験または祖先から受け継がれた遺産を通して、それぞれの通過点があなた自身の霊魂を少しずつ明らかにしていくことを覚えておきましょう。また本書の物語があなたを感動させることをゆるしてあげてください。それはあなたがより深くみずからの神話のルーツを感じられるようにし、また霊的な進化のプロセスにおいて、なぜ私たちがときおり転がり落ちるように見えるのかを慈愛をもって理解できるように助けてくれるでしょう。あなたが本書に登場する存在たちに親しみを感じていることに気づいたり、彼らに反発し、ゆるし、そしてふたたび愛するとき、あなたは自分自身や仲間の人類に対して同じことをしているのです。

あなたがいまも陥りやすいエゴの罠をすすんで認識し、自分の人生におけるその分野に違いを生みだすことを選択するとき、小宇宙であるあなたから大宇宙へむけて、統合と霊的達成という波動が放射されます。あなたは人々が跡をたどれるような地図を創作するのです。それと同時にあなたの真の自己という感覚がよみがえり、あなたの行為や態度は、あなた自身の「神または女神的な性質」や「聖なる本質」に本来そなわったものではないことを理解するようになります。すでにエゴの悪癖や罠を数多く超越した人は、より深い学びに到達するでしょう。すなわち慈愛、自己達成、覚醒というレッスンを学ぶのです。それらのレッスンは、エゴを扱ったレッスンよりもさらに難解に思われるかもしれません。けれども、そのとき蓮の固いつぼみがほころんで雪のように白い花びらを広げ、あたかも「南無妙法蓮華経」という仏教の読経のように世界が開かれるのです。

この本の大部分は、プレアデスの大天使の種族を代表する、プレアデスの光の使者のメンバーでもあるラーによってチャネルされたものです。『プレアデス 覚醒への道』をすでに読まれた人は、ラーやプレアデス人のグループはお馴染みでしょう。それ以外の人のために、彼らがいったいだれなのか、そしてなぜ彼らがこの時期に地球の人々を援助するためにここにいるのかという理由を簡単に説明したいと思います。

地球と私たちの太陽系全体は、プレアデスの中心太陽アルシオネのまわりを回っています。私たちの太陽はプレアデスの八番目の星にあたります。それはプレアデスの太陽系のなかではもっとも遠距離に位置しているために、私たちは霊性にもとづいた存在に進化する最後の集団にあたります。「プレアデスの光の使者」とは、私たちの太陽系を守護している、大勢の高度に進化した五次元と六次元の存在たちからなる集団です。

彼らはこの太陽系のすべての惑星や存在たちの生活、文化、霊的な発達において鍵となる役割を果たしてきました。本書に述べられるように、それぞれの惑星の人類に対して、初歩的なレベルから高度な癒しや霊的な成長のプロセスまで、ありとあらゆることを指導してきたのです。

プレアデスの光の使者には、六次元の「プレアデスの光の大天使の種族」だけでなく、五次元のサイキックな外科治療者やヒーラー、ガイドとして活動する「光の存在」も含まれています。そのほかにもプレアデス人がいますが、そのほとんどは「光の存在」です。しかしいまだに光に反発して、支配を求めつづける完全に利己的な少数のプレアデス人がいることも事実です。したがって、彼らを個人的な癒しやガイドのために呼びだすときには、「プレアデスの光の使者」とフルネームで呼ぶことが大切です。

この本の情報のほとんどはチャネリングによって得られたものなので、私が「チャネリングされた情報」や「光の存在」というときの意味を明確にしたいと思います。私はいままで一度もほかの存在を身体のなかに招き入れたこともなければ、そうしようと思ったこともありません。それは身体に大きな負担をかけるだけでなく、まれなケースを除いては危険な場合さえ往々にしてあるからです。人間の肉体に入りこもうとする大部分のエンティティや存在は、その人間の身体を無きずに保つためにどのように肉体をケアしたらいいのかよく知らないのです。またいっぽうでは、肉体に存在を招き入れることじたい、もともと不必要なことなのです。

私には強い透聴力とともに透視力、霊的感知力、直観力があります（つまりそれは聴覚、視覚、感覚、知覚が充分に開かれた状態にあるということです）。チャネリングするとき、私はまるごと多次元に入っていきハイアーセルフとつながります。そのあと、次の二通りのどちらかが起こります。ひとつは私の前か上の方に霊的な存在が現れて、透視によるヴィジョンのなかで話しかけてくる場合です。クラスで教えているときや個人セッションをおこなっているときにこの状態になったら、メッセージをひとつひとつ口述していきます。また私一人でいるときには、ただそれを聞いて理解し、ときにはノートに書きとったりします。

もうひとつは高次元のマスターよりもプレアデス人からのメッセージという場合が多いのですが、ハイアーセルフのチャネルを通して受けとった言葉をいつのまにか自分が話しだしていたり、コンピュータに打ち込んでいたりするときで、自分でも何を言ったり打ち込んだりするのかまったく見当がつきません。私は自分の肉体のなかにとどまったままの状態で、頭の内側に送られてくる言葉をただ聞くだけなのです。そういう場合、メッセージの内容を大まかには覚えていますが、詳しいことまで思いだすことはできません。そのときの私はトランス状態か変性意識状態にあるからです。したがって自分の肉体にとどまりながらも、私の意識はより深いレベルから機能していて、ふだん目を開いておしゃべりをしているときよりも周波数が高まった状態になります。

私とコミュニケーションをとりながら私を指導するという任務を命じられたプレアデスの大天使の種族の語り部であるラーが、これから本書で紹介する進化の歴史の話し手です。金星、火星、マルデック、そして地球の三次元の生活に関するチャネリングの情報は、あなた自身の無意識のパターンや記憶を刺激するためのものです。その目的のために、本書の物語は特定の様式にもとづいて語られています。ラーやプレアデス人は、いまこの時期に語られるべきことを非常に明確に知っているのです。

この太陽系の進化の歴史に関するラーの話が始まる前に、もうひとつ重要なことをお話ししておきたいと思います。地球と太陽系とこの銀河全体が、いま重要な転換期にさしかかっています。二〇一二年までに地球の様相は劇的なまでに変化するでしょう。太陽がアルシオネをひとめぐりする二万六〇〇〇年の軌道周期の終わりに位置するいま、私たちはフォトン・ベルト〔銀河をとりまく巨大な光子の帯〕に完全にひたりつつあり、それは今後およそ二〇〇〇年間続くことになっています。このフォトン・ベルトの波動があまりにも高いために、抑圧された感情や極度に圧迫された神経系、低い波動の意識パターンなどをもつ人々やエゴと自分を同一視する人々は、それらの波動に耐えきれなくなるでしょう。私たちがいま霊的に進化し、みずからの神聖な「カーの身体」(内なるキリストである光の身体《ライトボディ》)を活性化し、より精妙で霊的な存在にならないかぎり、必要のない混沌の時代を迎えることになってしまうのです。

地球の変化はこの惑星全体に及びますが、その兆候はすでに始まっています。かつてない大規模な火山の噴火、地軸の移動、巨大な津波、大気によって生じる火災、地震などが予言されています。けれどもそれらすべての災害は、充分な数の人がキリスト意識に到達し、それとともに地球の種族である私たちが四次元や五次元の存在へとアセンションすることで物質世界の最悪の事態を回避するために贈られたギフトなのです。私たち全員がいまもっとも大切にしなければならないのは、いまだに超越する必要のあるカルマのパターンや否定的なエゴのゲームに関して、自分自身に完全に正直になることです。自分の行為を浄化しているあいだ、私たちはみな「神/女神/すべてなるもの」の小さなかけらであり、価値ある存在だということを自分の内側でしっかりと知っていなければなりません。私たちはだれもが多次元的でホログラフ的な自己をもっており、それは叡智、いつくしみ、愛情、ゆるしに満ちて、人間としての自己にすべてをささげているのです。このようなハイアーセルフとは、私たちの真の自己を形成するものと同じ要素でつくられています。

私たちの「聖なる本質」だけが自分自身に関する永遠の真実です。それを知ることで、私たちはより以上のいつくしみと愛情をもって、制限とエゴという幻想を自分自身からとりのぞくためのプロセスを始める(あるいは継続する)ことができるのです。内なる浄化と完全な正直さこそが、恒久的な真の自己尊敬、自己評価、自己価値、自己イメージを形成してくれる要素なのです。いま私たちは、すべてのものの神聖さについてもう一度学ばなければなりません。自然界の人間や動物をはじめ、岩石、樹木、小川、その他すべてのものは、たとえ明確な使命をもっているように見えなくてもみな神聖であり、私たちの尊敬を受けるに値する存在なのです。

先日、ラーは私にむかって、存在のなかには「記録の保持者」および「私たちの体験や学びの守護者」としての役割をもつ原初的な自然の形態が三つあるという話をしてくれました。その三つとは、クリスタルや結晶構造をもつ岩石、クジラ、樹木です。それを聞いたとき、私はいつのまにか泣きだしていました。そうした聖なる存在たちの誤用、虐待、破壊に対する太古からの悲しみがどっと解放され、あふれ出してしまったのです。まさにクリスタルも樹木も、クジラと同様に意識をもった存在です。過去数百年のうちに、それら三つの存在はそれぞれ鉱物界、動物界、植物界のなかで絶滅の危機にさらされました。惑星とそこに宿る生命体が記録の保持者を失うとき、彼ら自身もまた絶滅する運命をたどります。三次元における私たちの学びと体験の保持者を破壊することは、聖なる法則への嘆かわしい冒瀆です。いま、この三つの存在を救うために活性化させなければならない、記録と記憶を守る四番目の源があります。それが私たち自身の「魂」なのです。

ですから、いまこそ人間の意識のなかで霊的なめざめと成長をよみがえらせるときなのです。学びと記憶の回復という道のりが、いますべての人に提示されています。私たち一人ひとりが、怖れの場からではなく、誠実さと霊的献身という場から行為することが大切なのです。私たちが物理的な破壊と考えるものは、結局のところ本当はただの変化にすぎません。つまり肉体のみが死を迎えるのであって、スピリットが滅びることはありえないのです。しかし肉体が滅んでも、スピリットはその人間の生命の優先事項をそのまま維持します。その優先事項が愛や霊的な尊敬や叡智であっても、あるいは貪欲さや肉欲や偏見であっても、すべての制限を癒して超越するまで私たちはそれを保ちつづけるのです。

高次元世界のより高い学びに移ろうとする以前に、私たちは変容、変異、超越というステップを完全に成し遂げなければなりません。なぜでしょうか。それは強制的な理由からではなく、私たち自身のスピリットがそれ以外のどんな状態になることもゆるさないだろうからです。私たち一人ひとりの「聖なる本質」の中核には、無きずなままの「完全性」がとても深く横たわっており、それ以外の何ものも入りこむ余地がないのです。そういうわけで、私たち一人ひとりの聖なる意図という名のもとに、そろそろラーへとこの本を引き継ぎたいと思います。では、ラーから私に伝えられた物語をつづっていきましょう。

# 第1部

# 金星

VENUS

以下の物語はラーによってじかに語られたものです。

## 記号植物

この太陽系に自意識にめざめた肉体をもつ生命体が住みはじめる以前、いくつかの惑星の土壌中には植物やバクテリアやアメーバが生息するようになっていました。私たち（プレアデスの光の使者たち）は当時それらの生き物たちの世話をし、多くの種類の樹木や花、灌木、ハーブ、蔓植物、海洋植物や単細胞生物などを生育していました。ちなみに、あなたがたが「ハーブ（薬草）」といっているのは、私たちが「記号植物」と呼んでいるものです。「記号植物」という呼び名は、この植物のグループが特定の幾何学的な「創造記号」をもち、みずからの環境を自分たちの「記号」に合うようにそろえたり再調整したりできるよう遺伝子レベルで組み込まれていることに由来しています。あなたがたの植物学的な分類法は、私たちのそれとはかなり異なっています。地球の科学者たちは外見上の物理的な特徴から区分していますが、私たちは細胞の幾何学的な創造記号だけを基準にしているからです。

「記号植物」がほかの種に対してどんな影響を及ぼすのかについては、それらの植物の誕生以来、さまざまな環境と種における実験がくり返されてきました。それゆえ、正しく用いられれば著しい効果を現します。「記号植物」は人間や動物に吸収されると、その人間や動物の身体のなかに同じ幾何学記号が存在する場所をすべて探しだして、その場所を再生させて栄養分を与えるようにはたらきます。たとえば、あなたの肉体のある特定の部分に細胞の変異や悪影響が生じたときにも、その領域の細胞たちはそれ自身の遺伝的な創造記号をもっています。そこであなたがある「記号植物」を摂取したとして、その植物の創造記号とあなたの変異した細胞の創造記号とが適合していれば、その植物があなたの身体のその部分を癒して細胞の完全性をとり戻そうとするのです。

地球だけでなくほかにもさまざまな惑星の大地が、繁殖と実験のために利用されてきました。地球に先立って、実際にこの太陽系で最初の生命体が宿りはじめたのが金星です。金星、火星、マルデックという順序で進化が起こり、最初はバクテリアやアメーバの種に始まって、つづいて植物が、そして最後に花の咲く植物や樹木が根づいたのです。それらの種が自然に繁殖し、なおかつ自在に動きまわる能力をもった生命体が充分に食べていけるだけの植物の種が生い茂ると、おたまじゃくしに似た生命体が誕生しました。私たちが意識の「閃光」を手にして、それを培養された多細胞の身体に埋め込んだと考えてもいいでしょう。

誕生当時のそれらの生命の意識とは、生き延びて成長するために「食べる」という本能的衝動だけでした。その本能と自由に動きまわることのできる可動性という二つの要素が、もともと動物の生命を植物の生命から分かつものだったのです。生命の誕生と霊的な進化のための「聖なる計画」が展開されるなか、言語を話す動物の生命がふき込まれた最後の惑星がこの地球でした。

## アンドロメダの大群

さまざまな惑星で可動性をそなえた生命体が出現するための準備をするよりも前に、アンドロメダからの天使の集団が、自発性と独立性を体験するための機会を要請しました。その要請がこの銀河の霊的指導者層や、「アン」と呼ばれる両性具有の「至高存在」や、エロヒムたちの「一二人高等評議会」に容認されて、ある計画が実行に移されました。そして私たちが「アンドロメダの大群」と呼ぶその計画によって、物理的な身体をもって生まれることになっている人々のために、「アン」や「一二人高等評議会」や天使たち（あるいは未来の人間型生命体《ヒューマノイド》）の賛同を得て惑星規模での法則が用意されたのです。

集団規模での要請がなされたのは、このときがはじめてではありませんでした。天使やその他の存在がみずからの進化のための学びの体験を求める選択をしたために、ほかの銀河でも同じような変容が体験されて、その結果成功をおさめていました。つまり、それらの存在はただ奉仕や指示にしたがうことを続けるよりも、創造性や感覚や感情というものを体験することを望んだのです。このような望みは、すべてではないにしても多くの存在の集団にとって、進化とめざめのための自然なプロセスといえるでしょう。

ところでこの太陽系における計画のユニークな点とは、それらの天使の存在たちが、霊的指導者層や化身した存在などが自分たちを統治することに同意しなかったということです。彼らはみずからを統治できるまでに進化することを欲していたのです。そして独立した存在としてスタートをきり、経験を通して学ぶことを望んでいました。そのことは存在たちのあいだに、かなりの物議をかもしだしました。というのも、どんな生命であれ「より高次の上層部」による統治を受けないのは非論理的で不可能なことだとずっと信じられ支持されてきたからです。

天使のなかにはエーテル体の姿のままでとどまり、植物のデイヴァ（神霊）や未来の動物のデイヴァとして仕えて、必要な食物連鎖や環境的要因を維持する手助けをすることに決めた存在もいました。また肉体をもつことを選択した存在以外に、順番で交互にガイドや守護天使役をつとめることを志願する存在もいました。肉体をもった金星人の誕生に先立って、すでに金星の軌道や大気の状況は決められており、したがって「銀河の中心」とプレアデスの中心太陽であるアルシオネからの「光の存在」によって維持されている以上の配慮や監視はほとんど必要のない状態でした。はるか以前に、アルシオネはあなたがたの太陽系の生命体をコントロールし監視するための中心基地として選ばれていました。ですから、その役割をただ継続するのが自然だったのです。

関係者のすべてによって、「霊的指導者層は観察することはできるが、生活様式や社会形態の発達に干渉することはできない」という同意が成立しました。高次元の守護者は、ほかの次元から来た存在による侵略や支配をはばむためにのみ介在することがゆるされたのです。そして天使がエロヒムに仕えていたころの体験にもとづく意味のある霊的な教え以外は、何も授けられないことになりました。また、自然の変化（あなたがたはそれを「天災」と呼んでいますが）を妨げることも生じさせることも禁じられました。言い方を変えれば、これから誕生する金星人の種族は、究極の「一体」へいたる道のり以外はすべての点において、霊的指導者層によって物理的にも霊的にも支配や統制を受けない独立した存在になる、ということが取り決められたのです。

この計画がもたらした興奮は、ちょうどその前にずっと昔から先行していた馬族の状況――すなわちだれもが自分の未来をあらかじめ望みどおり選んで決めておくにもかかわらず、その結果がどうなるかはまったく見当がつかない――というのと似通っているかもしれません。この太陽系の新しい取り決めに対する興奮の度合いが、馬族のときの興奮を数千倍にしたものだと言えば、その興奮のすごさを理解していただけるでしょう。

この取り決め以外にも、最初の五二〇〇〇年周期が終わる前に人口の大多数の合意によってなされる要請だ

け は聞きとどけられ、霊的指導者層からの介在がゆるされることが決められました。ですから、それ以外の点では金星人はたった一人で放り出されたような状態だったのです。

ここで語られる時間的枠組みは、実際の金星の時間の周期や、のちに登場する火星、マルデック、地球の周期とくらべると非常に大雑把なものであることをみなさんに理解していただきたいと思います。それぞれの惑星ごとに一日、一晩、季節、一年、その他の時間的推移に関する概念がまちまちなので、実際の時間についてあなたに理解してもらえるよう説明することは不可能だからです。そこで私は地球の進化や軌道の時間的枠組みを、その他の惑星の進化の周期にも比喩的にあてはめて用いることにしました。時間の経過に関しては人類の登場を〇年と仮定し、その後さまざまな出来事が起きたときは人類が誕生してから何年目なのかをわかりやすくしています。

## アンドロメダの天使の到着――〇年

アンドロメダの天使の最初の集団が金星にやって来ました。彼らの光の身体は肉体化にともなって周波数を落としていき、やがて人間の身体をもって生活するようになりました。もちろん最初のうちは、彼らにとってすべてが発見の連続でした。彼らは生命の維持に必要な食物や睡眠、生殖のためのセックスなどの欲求や、本能的な感覚（少なくとも肉体をもったことのない存在にとってそう呼ぶ以外にない）を超えて、いったい何を求めたらいいのか前もって準備していなかったために、最初の数百年間は発見や好奇心がその生活のすべてを占めていました。

それから喜びのための創造性（生命の維持と快適さを保つための創造とは対照的な）が発揮されるように

なりました。そして創造性の探求と発達がなされた最初の分野が音楽です。彼らは記憶に残るエーテル界の音を再生する楽器をつくることに、憑かれたように熱中しはじめました。そしてだれがいちばん純粋な真の音色を奏でる美しい楽器をつくることができるかを競い合うようになりました。

## 階級の区分――一二〇〇年

五〇〇年以上のあいだ、金星人にとって音楽的な技術の発達こそもっとも一流の完全な仕事とされていました。ほかにくらべて音楽の才能に劣る人々が最初の少数派階級になりましたが、それでも音楽家や歌い手や楽器の創作者たちに対する彼らの奉仕は高く評価され、たたえられていました。そして一二〇〇年が過ぎようとするころには、次のような価値観の順序にしたがう社会構造ができあがっていました。つまり、高く評価される音楽家や歌い手、高い業績をもつ楽器のデザイナーと創作者、中流階級の音楽家と歌い手、中流階級の楽器デザイナーと創り手、他者によってデザインされた楽器をつくる中流階級の製作者、上流階級のために働く中流階級の人々、下層階級の音楽家と歌い手、下層階級の楽器の製作者、そして最後に、中流階級のために働く下層階級の人々という社会的階層が生まれたのです。

そのように階級の区分がはっきり存在しているにもかかわらず、犯罪は皆無の状態であり、すべての存在の独立性が尊重されていました。ところが一二〇〇年以降の金星の市民たちのあいだに、近親相姦の結果としてもうひとつの階級が現れました。だれもが近親交配による遺伝学的な問題について無知でしたし、それを禁じるような社会的な法律や倫理的な掟もなかったのです。そして近親相姦による遺伝的産物がしだいに現れてきました。すなわち、その産物として奇形の「醜い」子供が生まれたのです。これはどの階級や集団も例外ではありませんでした。なぜなら近親相姦による交配のプロセスは、すべての人々にとって衝動的で無邪気な行為であり、しかも禁じられてはいなかったからです。

奇形または「醜い」人々が最初に現れたとき、金星人は一致団結してその問題を是正しようと互いの発見を話しあいました。ところが最初のうちは理解し解消することができる問題だと思っていたのですが、やがてそれはもうひとつの新たな階級区分と犯罪を生みだすことにつながっていったのです。はじめは通常の基準で特に美しい人々を分け、同じように美しい者どうしが交わることで、その感染の可能性を防ごうという結論に達しました。もちろん彼らは自分たちのなかにも「醜い」者が生まれる頻度がどんどん増えていることや、知的レベルが低く精神的にも不安定な人々の誕生というさらに複雑な問題が出てきたことに気づいていました。それは今日の社会における知能指数が平均以下の人々や、分析的かつ創造的能力の知的発達が遅れた人々と同じような人々をさしていました。

こうして人間の本質的な価値を決定するものとして、音楽的才能のほかに「美しさ」と「知性」が加えられるようになりました。つまりより多くの美しさと知性と音楽的才能をそなえた金星人は、奇形に生まれた人々や身体的美しさと創造的才能の点で劣った人々よりもすぐれているとみなされたのです。「偏見」とその姉妹である「傲慢」が怖れのなかから誕生し、社会全体にすみやかに広まっていきました。金星人全体が彼らの問題の遺伝上の原因を理解し、近親相姦をやめるようになるまでには、じつに三〇〇年近い歳月が費やされたのです。そしてひとたびその原因が解明されると、「醜い」「知恵おくれ」の人々がこれ以上生まれるのを許容すべきではないという決定がすぐにくだされました。そうした人々は閉鎖的な下層階級の働き手となり、表面的には辱めをうけたり嘲笑されたりすることがないにもかかわらず、自分自身を恥ずかしく感じて生きていました。歴史のその時点では、まだ金星人たちは自分たちが新しい世界を共同でつくりあげていることを理解しており、遺伝的な欠陥が生じたことに対する責任をだれもが感じていました。彼らは近親相姦によって生まれた、子供をもつことのできない「犠牲者」たちに生涯にわたる社会的な庇護を約束し、実際にそれを実行しました。のちに奇形または「醜い」人々が誕生と同時に葬られたのは、羞恥にかかわる問題をすべて排除して人種的な純粋さを保とうとしたためです（これは第二次世界大戦におけるヒトラーのユダヤ人やその他の人種の大量虐殺に関する理論と同じ動機だということに注目してください）。

## 「醜い人々」が新しい社会をつくる——一五〇〇年

それからしばらくのあいだは、このような規則が守られていました。しかしやがて犠牲者たちのなかから、いままでの場所をはなれて自分たちだけの社会を築こうとする人々が現れるようになりました。その世界でこそ、彼らは性的な意味でも子供をもつことにおいても、またその他のあらゆる生活面においても自分たちの独立性を保つことができると信じたからです。この決定に関しては、両方の人々に多くの懸念や議論を巻き起こしましたが、最終的には犠牲者側の人々の独立を選ぶ権利が支持されました。そして彼らは最低限度の必需品だけを携えて新しい世界へと旅立っていきました。

こうして新しい社会がすみやかに別の場所に建設され、人々は希望に満ちた新生活を送りはじめました。彼らはとうの昔に失われてしまっていた「平等」と「自己価値」という古い価値観をとり戻し、内なる美しさ、愛、聖なる真理という、魂と存在のレベルにおける本質を再発見しました。彼らはそのような霊的な資質をみがきながら、その発見をもとの社会の人々と分かちあうことを熱望していましたが、それと同時に拒絶や嘲笑を怖れていました。彼らはもとの社会の人々によって表面上は慈愛や寛容を示されたにもかかわらず、本当は自分たちが「醜い」ばかりか「低能」だと思われていることを知っていたのです。

しばらくのあいだ、「美しい」人々は自分たちの人種が生みだしてしまった「醜い」「知恵おくれ」の人々を見なくてすむことにホッとしていました。彼らのひそかなおびえは「犠牲者」たちが去ったことによって軽減され、自分自身の美しさや知性や音楽的な才能をみがくことにますます夢中になっていきました。そのころは劇場が初期の発達段階にあり、それによって同じ仲間たちから名声を集める新しいチャンスが生まれ、すばらしい才能をもった人々が登場しました。そして作家や俳優や女優、衣装デザイナーや舞台デザイナーが上流または中流階級に加えられ、金星における進化は続いていきました。

もとの社会の金星人は、ほんのときおり現れる「醜い」あるいは「知恵おくれ」の赤ん坊を誕生と同時に葬ることによって遺伝上の純粋さを維持しようとしました。彼らはしだいに傲慢で闘争的になっていきました。「犠牲者」たちによって再発見され、霊的に高められた価値体系は、「美しい」人々にはほとんど思いだされることがなく、最終的にはすっかり忘れ去られてしまったのです。そして同じ階級に属する人々さえも、「最高の人々の一人」ではなく「いちばん最高の一人」を決めるために互いに競いはじめました。これが進化における新しい動きとなり、同じような才能や社会的地位を共有するという仲間意識が希薄になって対抗意識が膨らんでいきました。最初のうちは容貌、知性、創造的才能だけを競い合ったのですが、まもなく恋人を得るための争いや嫉妬にまでそれが広がっていきました。つまり勝者は自分がもっとも美しい価値ある存在であることを誇り、敗者はひそかに復讐による自己救済を誓うようになったのです。

こうして容貌や芸術的な業績への執着が増すにつれて、霊的な価値や精神的な美しさは否定されるようになっていきました。その当時、すなわち金星の歴史における二〇〇〇年ごろまでには、絵画や彫刻のような芸術作品を通して美を創造することが理想的な業績のひとつに加えられ、それによって新たな競争と階級区分が生まれる結果となりました。やがて貨幣による流通形態が発明されると、音楽や芸術的才能をもたない人々は、社会的な栄光への階段をのぼる別な方法を見出しました。もちろん貨幣制度においても、農夫やお針子やその他の職業より、あらゆる種類の芸術家たちにより高い報酬が得られるように仕組まれていました。そしてすぐれた楽器創作者の家系の出身者は、蓄えられた美しい所有物や富を相続することによって生活する特権階級となりました。彼らのもっとも大きな才能とは、他人を犠牲にして自分自身の利益を得る方法を知っていたことです。この特権階級の人々は最高の芸術を所有していることを自慢し、最高の音楽家たちの芸術作品を堪能し、そのために洗練された芸術的センスと社会的な地位をもっていました。そして三五〇〇年が経過するころには、階級の区分は絶対的なものとなり、「独立性」という言葉は貧しい人々にはかなうことのない憧れであり、裕福な人々にとってはゆがんだジョークとなったのです。

## 罪悪の始まり——三五〇〇年

怒り、敵意、嫉妬、羨望、偏見、報復が、それまでの共同創造の意識と独立、そしてずっと以前から忘れられていた霊的平等と精神的美しさにとって代わりました。下級階級の人々は反発して独立を要求するようになりました。最初の社会的な動きとしてある貧しい人々の集団がいわゆるストライキを起こし、彼らの区域のすべての住民とともに結集して不満をぶちまけ合おうと呼びかけました。その大集会に集まった人々は、上流階級の人々のために行っている労働をもっと価値あるものとして見てほしいという欲求を表現しました。彼らは弾圧者にむかって、食物の栽培や衣類の洗濯をはじめ多くの「ごくふつう」の仕事に基本的な労働力を提供することで、自分たちが社会の重要なメンバーとして奉仕していることを訴えました。そして裕福な人々や中流階級の人々に対して、富がもっと平等に公正に分配されるべきだと主張し、自分たちはこの惑星に「共同創造」するために来たのであって、「支配」するために来たのではないと呼びかけたのです。

　彼らよりも上の階級の人々のほとんどは、腹をたてたりバカにした態度で、それらが古い昔話でただの作り話にすぎないことを、また、かりにそれが作り話でないとしても「平等」なんてありえない――すでに彼ら自身の存在がその明らかな優越性を証明しているのだから――ことを言い返しました。そのとき数人の人々が、群衆のなかから進み出ました。彼らは穏健派の代表者が話しているあいだは静かに待っていようと決めていたのですが、とうとう我慢できずに飛び出してしまい、群衆の怒りと憎悪をあおりはじめたのです。そこでついに群衆の怒りが爆発しました。貧しい女たちが金持ちの女たちの髪を引きずって、宝石やショールやそのほか奪いやすいものを横取りしました。金持ちの女や男たちが、それらの強奪者を殴ったり蹴ったりして暴力で盗みをやめさせようとし、そのいっぽうでは下層階級の男が上の階級の人々と殴り合いのけんかを始めるありさまでした。

　とりわけ貧しい人々の怒りを買った裕福な美術品収集家で作家でもある一人の男性が、たまたま殴られて死んでしまったことで、その騒乱が終結しました。その男の妻は、「死んだわ、私の主人が死んでしまったわ、この野蛮人たちが夫を殺したのよ！」と絶叫しました。沈黙が群衆を打ち、すべての争いがピタリとやみました。貧しい女たちのなかには盗んだ品物を返しにいった人もいましたが、それ以外の人々はただ罰を怖れて逃走し、群衆は静かに散っていきました。

　翌日、下層階級の男たちのおよそ半数とその伴侶である少数の女たちが、上の階級のために働きに出るのを拒絶しました。そのときから彼らは、自分たちの要求が尊重されるまでは家族や自分自身の生活のため以外には決して働かないことを宣言したのです。上の階級の人々は集まって相談し、彼らの要求を受け入れる代わりに、「いまだ忠誠を誓っている」人々の働く時間と収入を増やすためにストライキを行っている人々を雇わないことに決めて、それまでどおりの生活を続けていきました。

当然のことながら、それはますます人々の怒りと憎悪をあおりました。上の階級の人々は、下の階級を服従させる次のステップとして「忠実な者」に褒美を与え、もしも彼らが反逆者と親しく交わるならばクビだと言って脅しました。反逆者たちは働きつづける人々を憎むようになり、それらの人々から盗みを働いたり、ときには脅迫や小ぜりあいで彼らをおびえさせるようになりました。いっぽう「忠実」なしもべとなった人々は、自分たちの生活を押さえつける力をもった上の階級の人々を憎んでいました。彼らは自分たちが選択を余儀なくさせる怖れに屈して、仲間である下層階級の友人たちを見捨てたのです。彼らは生き延びられなくなる立場に追い込まれたことで、かつての友人に対しても腹をたてていました。そして罪悪感、羞恥、怒り、憎悪といった混乱した感情を抱いたまま、しだいに彼らを見くだすようになっていきました。

この混乱、拒絶、迫害、偏見という隠れた深い感情の種をまいてしまった歴史をここでふり返ってみましょう。そうです、そのルーツは近親相姦を通してもたらされた遺伝的損傷へとさかのぼります。もっともかつて近親相姦という罪を犯してしまった人々は、その問題が起こった当時は近親相姦による遺伝的ダメージについて無知であり、ただ無邪気な衝動的行為に走っただけなのですが、彼らはその発見に対して恐怖の痛みや罪の意識を感じていたのです。「美しさ」をとどめている人々は、自分たちの種族がつくってしまったミユータント（突然変異体）をひそかに嫌悪し、おののいていました。それが自分にも起こりうるという恐怖と、その原因をもたらしたのは自分たちだという罪悪感を否定し、「醜い」そして「知恵おくれ」の人々がそのことを思いださせる、という理由から彼らを恨むようになったのです。

この「醜い」「知恵おくれ」の人々に対する怖れは、つねに彼らの夢や寝覚めの瞬間をおびやかしました。

それらの否定的な感情は決して表立って認識されてはいませんでした。その代わりに彼らは、傲慢な態度をとったり偽りの慈愛を感じることで過剰に反応し、ミューータントたちが社会を離れて自分たちだけの新しい社会をつくることに同意しました。金星人は愛やいつくしみや一人ひとりの「聖なる本質」を愛することを学ぶための絶好のチャンスを逃し、その代わりに「外見」への執着を異常なまでに肥え太らせることを選んだのです。

もちろんミュータントが去ったときには緊張が解けて胸をなでおろしたのですが、人々は心の奥底でつねに「醜さ」への恐怖を抱きつづけていました。ミュータントたちが同じ惑星のどこかに存在しているという事実は、彼らの痛みの深い源になっていました。それらの「美しい」人々の潜在意識のなかに影の意識という部分が生まれ、自分のなかの怖れや罪悪感や憤り、また純粋な愛と慈愛の欠如、偏見などの埋めあわせをするために、人々はますます肉体の美しさや芸術的な創作活動にのめりこんでいきました。そうして彼らは「純粋」な種を守ろうとしたのです。

それに対してミュータントたちは霊性にもとづいた文化をさらに発達させていきました。農業が栄え、音楽や演劇や芸術も同様に発達しましたが、彼らの記憶のなかでかつて体験した偏見や優越感による苦い痛みが残っていて、その後もずっと彼らの芸術や技術はバランスを欠いたままでした。彼らは近親相姦によるさらなる遺伝的ダメージを防ぐために可能なかぎり注意深くなっていました。しかしそれでもなお彼らは、遺伝的損傷をもった人種だったのです。もとの社会とふたたびひとつになりたいという欲求をつねに抱きながらも、意識の影の側面が彼らの独立を保たせていました。彼らは心の奥深くに肉体的な劣性という羞恥と怖れの傷跡をかかえこんでいたのです。その恐怖と羞恥心は平等、独立、内面の美といった仮面によっておおわれていましたが、その傷跡は感情的には放置されたままでした。

ミュータントたちは自分たちのなかで、もっとも単純な思考をもつ人々にさえ尊敬に値する仕事を見つけだし、互いの平等を分かちあって一緒にスピリットをたたえる歌をうたいました。彼らはひとつの人種に育っていきました。けれども遺伝的損傷は実際に起こったことであり、彼らはその種をいまだにかかえていました。そしてその遺伝的損傷ゆえに、彼らの魂やスピリットが完全に肉体に宿って最大限に機能することが妨げられていたのです。

こうして、それぞれの社会が深い部分で別の社会を渇望するというパラドックスが生まれました。肉体にとらわれた「美しい」人々はスピリチュアルな純粋さに憧れ、遺伝的損傷をもつ人々の無垢な思い出を求めており、ミュータントの種族の人々は、失った能力をとり戻し魂が完全に肉体に宿ることを可能にする遺伝的な純粋さを必要としていました。しかしながら、どちらの社会の人々もみずからの隠された傷跡を克服できず、自分たちが互いに必要としあっているという事実を認めようとはしませんでした。どんなに遠くに離れても、彼らは同じ惑星に住んでいました。それゆえ一方の集団に影響を及ぼす事柄は、もう一方の社会に対しても心理的かつ潜在的な影響力をもっていたのです。

## 罪人がもとの社会を離れる――三八〇〇年

金星への入植が始まって三八〇〇年ほどで、もとの社会で罪を犯した反逆者の集団が、もう一度新たなスタートをきるための新天地を求めて旅立ちました。そのころには窃盗や殺人が横行し、レイプという犯罪もすでに始まっていました。この暴力的な体罰という新しい形態は、人々の深い怒りと、自分が望んでも得ることができないものを所有する他人を罰したいという欲求がじかに反映された行為でした。つまり加害者は肉体をレイプすることで、無益感や分離の憎しみをぬぐい去り、「さあ、お前が俺よりもすぐれた人間ではないことを思い知ったか、この俺はお前が与えないと言っているものも無理やり奪うことができるのだからな」と被害者に言っているのです。力に対するこの誤った感覚は、市民戦争へと発展した中流階級と上流階級を襲う最後の暴動によって、最大にまで達しました。下層階級の反逆者たちには勝つ見込みがありませんでした。そこで彼らは団結して必需品を盗み、はるか西方にある丘にむかって夜のうちに出発しました。

その旅立ちから一カ月後、反逆者たちはミュータントの新天地を見つけました。目の前の丘陵地帯には、緑の牧場や小川や野生の花々に囲まれた、かつて見たことがないほどの自然の美しさをそなえた町がつつましやかに建っていたのです。彼らはとっさにショックと恐怖がいりまじった複雑な感情を体験しました。こっそりと気づかれないように動きまわる方法を身につけていた彼らは、その町の人々を観察するために暗くなってからスパイを送りこむことに決めました。二日後にスパイたちは、もの静かでひかえめな「奇妙なほど醜い」人々が質素な生活を送っているという報告を持ち帰りました。すべての人々が安らかにほどよく幸福に暮らしており、だれもが平等に扱われているように見えたというのです。

それから数日もたたないうちに、新たな来訪者たちはタペストリーに織り込まれる新しい撚り糸のようにミュータントの社会に混ざっていきました。彼らは新しい家屋が建つまでのあいだ、ミュータントの家に寝泊まりして食事を提供してもらいました。反逆者のなかには暴力や競争という古いやり方を簡単に手放せることを発見した人々もいましたが、ほかの人々はそうではありませんでした。そして後者の人々は不必要な盗みを始めたのです。彼らはそれまで見たこともないような（それゆえに彼らは質問するのを怖れていたのですが）道具やナイフや食物などの品物をこっそりと盗るようになりました。ミュータントたちはその行為にまったく気づかずにいましたが、やがて事実が少しずつ明らかになっていきました。彼らを迎え入れた人々は、最初は自分がどこかに品物を置き忘れたり、食料の残りを覚えちがえたものと思いこんでいましたが、それがあちこちで頻繁に起こるにつれて、互いに相談するうちに「盗み」という概念が浮かびあがってきたのです。

この新たな問題にオープンに向き合うためには、理解と解決を求めて会合が開かれるべきだという結論に達しました。新しい社会のメンバーが与えてもらえない物は何ひとつない状態のなかで、なぜ不要な盗みをはたらくのかをミュータントたちは心から知りたかったのです。ところが反逆者たちは、問題の解決を求める集会においても違った類いの歴史を体験していたため、ミュータントたちに対して過度に用心深く防衛的な態度をとりました。

ミュータントたちは非常に如才なく穏やかな態度で反逆者たちに話をきりだしました。まず最初に彼らの到着をたたえ、彼らが社会にもたらしてくれた美点に感謝していることを伝えました。品物や食料がなくなっていることに話題が及んだとき、罪の意識をもつ反逆者たちは防衛的になって怒りだしたので、迎え入れた側の人々はその反応に困惑しておじけづきました。反逆者はそうしたミュータントの反応を、弱さと単純さの表われだと誤解しました。このとき反逆者のなかで、新しい社会で支配権を握るという潜在レベルでの集団的思考性が明確な形をとりはじめたのです。

一部の反逆者たちは、ミュータントの集団の純粋さと寛容さに大きな衝撃を受けました。それらの人々はミュータントに対して、もとの社会で自分たちが盗みをはたらいたり、ときにはただ生き延びるために他人に危害を加え、怒りのために暴力をふるったりしたことを懺悔しました。彼らは自分が犯した最悪の罪をまだ隠したままでしたが、彼らの異常なふるまいの源を理解し、ミュータントの心に慈愛が呼び起こされるにはそれで充分だったのです。

まもなくだれもが仲間としてふたたび交流をもつようになりましたが、罪悪感をかかえた側の人々はかすかな警戒心を隠していました。すべてがゆるされて、反逆者たちは何でも必要なものを求めるようミュータントから奨励されました。そしてもしも彼らの要求をすぐにかなえることができなければ、それを満たす道具や食料を生産するためにあらゆる援助を惜しまないという確約が与えられました。

しばらくのあいだ、二つの集団においてすべてが順調に運んでいました。彼らは文化的な違い、歴史の物語、精神的な音楽を相互に分かちあうようになりました。そしてミュータントの社会に関する歴史的記録の欠落が発見されたとき、二つの集団は驚きを禁じざるをえませんでした。そのときミュータントの人々を深い沈黙が襲いました。彼らは古い痛みや傷跡や偏見に苦しんでいたのです。反逆者のなかでもとくに競争意識の激しい人々は、ミュータントを怖れて、自分たちのほうが彼らよりもすぐれた存在だと考えるようになりました。そして人種の純潔を保つために、友人にミュータントとの分離をすすめました。それを聞いた一部の人々は、古代の先祖であるミュータントによって汚されることを怖れ、しだいに彼らから遠ざかっていたのでした。

こうして表面的には何も起こらないまま緊張が少しずつ広がっていき、羞恥心と被害者意識という古い感情がミュータントの人々のあいだに浮上しはじめました。言葉で表わさなくとも、両者のあいだには明らかな不信感が芽生えだしたのです。そのとき悔い改めた反逆者たちは完全にオープンになり、ミュータントに対して愛情と感謝を注いでいました。そして彼らは、敵対する反逆者たちに対抗してミュータントの側に立ったのです。

## 反逆者の支配とミュータントへの戦線布告——三八〇一年

ゆっくりと確実に小さないさかいが表面化していきました。「〜よりすぐれた、〜より劣る」という考え方が人々に広がっていくにつれて、反逆者はもとの社会で抑圧した側の人種の危険な優越感を引き継ぐようになり、ミュータントからはオープンさや信頼感が徐々に失われていきました。またミュータントたちは、彼らの集団の潜在意識にある「羞恥」がすくいあげられたことを恨みに感じていました。そして、どちらの集団もそれを自己吟味と癒しのための絶好のチャンスとは気づかずに、その代わりに曖昧な感情が受動的または攻撃的という行為となって現れることで分離が引き起こされ、憤りと不信感がますますつのっていきました。やがて反逆者たちは、彼らの祖先が大昔に課したものと同じ不法な交配の法則をミュータントに負わせようとしはじめました。そしてすべての人々がかかえこんでいる潜在意識の悪夢のような影の側面が、少しずつ表面に浮かびあがっていったのです。

最初ミュータントたちは、その寛容さとオープンさゆえに反逆者たちを説得しようと試みました。それが失敗に終わると、彼らは生活圏を分けて共存することを提案しました。それも不可能だと知ると、彼らは身を守り独立を保つために武器を開発しはじめました。彼らにとってはこの地が故郷なので、今度は立ち去ろうとはしなかったのです。そして最終的に、彼らの文化に溶けこんで結婚した人々をのぞく反逆者たちに出ていくよう求めました。

生粋の反逆者たちはこの最後の要請に憤慨して、以前もてなしてくれた人たちに宣戦布告をしました。反逆者たちは数では数段劣っていましたが、暴力や盗みや人に恐怖を吹き込むことにかけてはより多くの経験を積んでいました。彼らはミュータントの女性をレイプして殺害したり、男の子たちの身体をバラバラに切断したりして、彼らをとりまく世界のいたるところに憎悪と恐怖に満ちた空気をまき散らしました。そのうちにミュータントの種族の長老の一人が、「大多数の人々が要請するならば聖なる介在がもたらされる」という約束を思いだしました。すぐに人々は真夜中に結集し、みんなの合意のもとに暴力的な反逆者たちが彼らの土地とこの惑星から追放されるよう要請しました。そして、その願いは現実のものとなりました。その夜、反逆者たちが家を建てた付近一帯に巨大な竜巻が襲いかかり、彼ら全員が死んでしまったのです。

ミュータントは、そのなりゆきにショックを受けました。たとえば反逆者たちがみずから立ち去っていくことを決意するとか、雲のあいだに亀裂が生じて暴力によらないやり方で反逆者たちが瞬時に追放されるなどのような、もっと慈悲深い結末を期待していたのです。これほどすさまじい自然現象が引き起こされたことで彼らは呆然自失し、新たな罪の意識と羞恥心にさいなまれて、自分たちが罰を受けるのは当然だという感情でいっぱいになりました。言い換えれば、彼らの犠牲的精神は大きな飛躍をとげたのです。

## 最初の進化の周期の終結——五二〇〇〇年

もとの社会では、最初の五二〇〇〇年周期の終わりまで文化や科学技術の自然な進化が続いていました。それらの「美しい」人々は芸術的な業績にすぐれ、身分階級の区分と偏見という感覚を同時に発達させていきました。彼らは召使いの階級の秩序を保ち、暴動（減少しつつはありましたが）を阻止するために政府を発展させました。こうして政府の役人やより劣った職人が中流階級を構成し、召使いや一般的な労働者が下層階級を構成して、傲慢な職人や富の所有者が支配する文明社会が形成されたのです。憤りや偏見をはっきりと表現することはつねに最小限度に抑えられ、政府が富と権力をもつようになっていきました。それは「〜よりすぐれた、〜より劣る」という考え方にもとづいた、霊的な価値がほとんど見失われた社会だったために、人々は感情的にも表現のうえでもかなり抑圧されていました。

ミュータントの種族は、わずかに残る悔い改めた反逆者たちが社会に混入することによって、精神的にも肉体的にも進化していきました。その社会では霊的な原理が彼らの「美しい」祖先たちが抱いた肉体への執着につねに打ち勝っており、人々は適度におだやかな暮らしを維持してきました。しかしそのいっぽうでは、反逆者たちの侵入によってもたらされた抑圧された怖れ、羞恥、罪悪感、憎悪がますます膨らんでいったのです。

その五二〇〇年周期の終わりが近づいたころ、ガイドや植物のデイヴァとしてとどまったアンドロメダの天使の一部が彼らの最初の計画を実行に移して、次の五二〇〇年の準備に必要な意識的な選択をもたらすために金星人として転生しはじめました。両方の社会に生まれたそれらの人々は、現存する社会の人々とは著しく気性が異なっており、容貌も多少違っていました。つまりそれらの人々は、両方の集団において失われてしまった感情的、精神的、霊的な純粋さや肉体的な純粋さを保有していたのです。もちろん彼らは、それまでの五二〇〇年間にわたる抑圧や偏見や、その他の逸脱した態度によって引き起こされた変異を完了させた種族としての遺伝子も受け継いで生まれてきました。けれども金星への入植が始まって以来、何世紀間にわたって何が起こったかを記憶するスピリットの意識の純粋さという部分は、ほとんど完全なままで保たれていたのです。この新たに誕生した天使たちは、思春期の初期にそれらの記憶がめざめるようあらかじめプログラミングされていました。

どちらの社会にも「アンドロメダの天使」「独立性」「スピリットの平等」という話が少しずつ満ちていきま

した。また五二〇〇年という転期についても語られましたが、それは金星における次の進化のステップを決定するために、その時期に高次元の指導者層や金星人自身によって彼らの進化が再評価されるというものでした。いうまでもなく、両方の集団の人々はひどく考えこんでしまいました。どちらの社会も、はじめはそれらの年若い魂によってもたらされた考え方に反発を示しました。しかし次々と生まれてくるそれらの天使たちによってまったく同じ話が語られ予言されるうちに、人々は耳を傾けるようになりました。そして新たに誕生した天使たちは、両方の社会の住民がかかえつづけ、長年おおい隠されてきた深い感情を癒すための手助けをしました。そして健康とDNAの回復のために「記号植物」の利用法を導入したのです。

それらの天使は、長いあいだ隠されてきた記憶と真実を人々が再発見できるよう、その人自身の潜在意識や感情とつながるための援助を惜しみませんでしたが、多くの人々は癒しや変化やその必要性を積極的に理解しようとはしませんでした。裕福な人々や政府の官僚は、傲慢、自己正当化、偏見や、権力を放棄することの怖れという感情に固くしがみついていました。それらの人々は新しい信念をもった人々に怖れや驚異を感じていましたが、彼らを阻止することはできませんでした。いっぽう、天使の話を信じた人々はある程度は癒されましたが、やがて霊的な優越性と偏見を保守的なエリートたち（これも逆からみた偏見であるといえます）に対して抱きはじめました。

ミュータントの社会では、みんなの合意によって癒しと超越への取り組みが始められました。そして彼らは、自分自身の深層に横たわる身体的容貌に対する羞恥と偏見を理解するようになりました。彼らは「美しい」迫害者たちに感じた深い怒りや苦痛にふれたのです。そこで反逆者たちを殺してしまったことへの罪悪感を手放そうとしていたとき、天使から反逆者たちはカルマの問題に対処するために別の惑星へと連れていかれたことを伝えられました。その火星と呼ばれる惑星は一年のある時期だけ夜空に現れると聞いて、ミュータントや改心した反逆者たちは、その星が見られるあいだ夜の集会を開いて、ゆるしと苦痛の解放を求めながら火星と火星の人々のために歌をささげました。人々は、それらの新しい火星人たちが成長して癒されるよう助けてほしいと高次元の指導者層に祈りましたが、その祈りとともに彼ら自身の感情的な傷跡もまた癒されていったのです。彼らは自分たちが本来の神聖さをとり戻すための導きと援助を求めました。そして遺伝子レベルでの浄化が必要なことや、「記号植物」を利用したり、感情面や精神面を癒すことによって、それが可能なことを理解しました。

五二〇〇年には大きな地震が起こりました。河川が氾濫して両方の社会一帯の土地の大半と一部の家々が破壊されました。この天災によって約二割ほどの人が命を失いましたが、それによって霊的かつ感情的なカルマと精神面での想念の浄化がなされました。その地震は純化と浄化を表わすひとつのメッセージだったのです。衝撃を受けた人々は、新たに誕生した天使たちから大部分の人々が理解できるような方法でそのことの説明を受けました。両方の社会の一部の人々は憤慨し、「高等評議会」や「アン」と呼ばれる「至高存在」によって自分たちが罰されたのだと感じました。そうした想念は、彼らとともに神聖なるもの——とりわけ「高等評議会」と「アン」——への不信感と恐怖というかたちになって、次の時代へと持ち越されたのです。

## 光の使者たちの到来——五二〇〇年

両方の社会の大多数の人々は、霊的指導者層の指導と援助なしでこれ以上続けていくことに怖れを感じていました。その怖れは、社会の大部分がもっと進化した存在たちの転生というかたちでの介在を切望しているというメッセージとして霊的指導者層に伝えられました。

「高等評議会」は、両方の社会から眺めることのできる場所の惑星のちょうど真上で物質化されたメルカバの宇宙船を使って代表団を送りました。光の使者がそれぞれの社会へと派遣され、二つの社会が分離してからのもう一方の社会の歴史に関する教育を金星の人々に施すことになったのです。光の使者たちは、次の段階の修正と癒しがなされるためには、もうすぐ人々がひとつに結ばれなければならないと告げました。それから五〇年間にわたり、二つの社会の人々は霊的な学びのなかで自分が本来だれなのかという記憶を回復して再構築することに取り組み、さまざまな方法で強化され成長していきました。そしてやがて結合のときが来たことが告げられたのです。

「美しい」人々は、ミュータントの人々が故郷に戻ってくるのを歓迎するというメッセージを伝えるために代表者を送るよう告げられました。もとの社会に残っている人々は新しい家を建て、そこを食料や家具や芸術作品でいっぱいにしました。ミュータントたちは、古代の彼らの祖先である人々の道案内となるように、町にいちばん近い東側の丘の頂上で火を燃やしつづけるよう告げられました。両方の社会の人々は興奮し、これから起こるであろう避けがたい変化に少しだけ怖れを感じていました。そして最終的に政府は消滅し、ミュータントたちは故郷にあたたかく迎え入れられました。こうして霊的、物理的な意味での金星人の種族の復活が始まったのです。

「高等評議会」によって派遣された光の使者たちは、アドバイザー、外交官、霊的な指導者として、そして五〇〇年以内に彼らが去っていくときに彼らの代わりをつとめる霊的なリーダーを育成するトレーナー役として、金星にとどまりました。このときに今後五〇〇年ごとにまだ人間として転生したことのない少数の天使的な存在が、金星の社会に生まれるという同意がとりつけられました。その天使たちは金星の人々が計画した進化の道を整え、彼らに過去の学びを思いださせるために転生してくるのです。また、それらの期間中に必要とされる癒しの手法やスピリチュアリティは、なんらかのかたちで刷新されることも取り決められました。

しばらくのあいだ、その計画は大きな成功をおさめました。しかし美しさや芸術的な技術に対する偏見や傲慢は、いまだに人々のなかに根深く巣くっていました。それらの概念は彼らの血液中に存在し、まったく消えてなくなることは絶対にありえないように思われました。そうした事実にもかかわらず、金星の人々はおもに芸術と農業に秀でた社会として進化しつづけました。それらの物理的な分野における彼らの社会の発達はゆるぎないものでしたが、そのいっぽうで彼らは、おびえとともに自分たちがまた堕落するのではないかという根源的で精神的な不安をかかえこんでいたのです。

次の五二〇〇年周期における金星人の抑圧と否定の最大の原因ともいえるのが、自分自身を信頼することへの怖れでした。そして肉体に対する偏見と傲慢がもうひとつの大きな原因になっていました。その周期の終わりに、霊的な指導者層と金星人の集団高次意識（人々が互いにはたらきかけ創造しあうことによって発達してきたもので、高次の集合意識とも呼ばれる）のあいだで、人々には危害を加えずにすべての作物を壊滅させるために洪水がもたらされるべきだという決定がくだされました。その目的は、すべての人々が共通の建設的な目標のために団結して働かなければならないという状況をつくりだすことでした。それによって人々が互いを、そして自分自身を信頼し、自分たちの平等や、まわりの人々やこの惑星との相互依存を体験することになるからです。

洪水がおさまったあとで、金星の人々はもっとも新しく生まれた天使たちから、彼ら自身の現実における出来事を自分たちなりにとらえ、なぜ自分たちが洪水を生みだしてしまったかを理解し、それにしたがって正しい行為をしなければならないと告げられました。その洪水や作物の損失は、決して罰や威嚇を目的としたものではありませんでした。それは彼ら自身の集団高次意識が、人々が深いレベルでひとつになり謙虚な気持ちになるために洪水が必要だということに同意していたからこそ起こったのです。人々は洪水という啓示の意味を理解し、自己信頼の欠如を癒すために行動することを求められていたのです。

## 瞑想とマハヤーナ意識のひろがり――一万四〇〇〇～一万五六〇〇年

天使たちは、金星の人々に自己発見のための新しい瞑想の手法を教えました。一日の終わりに、深い静寂のなかでその日自分に起こったことをすべて、自分自身の思考や感情や人に対する反応も含めて吟味しなおすのです。ある人々は、自分たちがこの天災を生みだしたのだという含みのある言葉に深い憤りを感じました。というのも、それらの人のほとんどが神聖なるもの、すなわち「アン」や「高等評議会」に対する不信感を、その前の五二〇〇年周期からずっと抱きつづけていたからです。残りの人々はもっと受容的であり、この新しい問題に熱心にはたらきかけることで、それを力づけの体験にしました。この瞑想を集団で行うと、一人で瞑想しているときとは違った静寂の深まりを体験しました。また、みんなで一緒に瞑想して互いに感じたことを話しあうことで、自分のなかの感情や意識の曖昧な側面がより明確になってくることも発見しました。そのようにより個人的で親密なやり方で自分自身を表現しようとする気持ちや、共通の目的に出会ったときの集団に特有の強さを認識することで謙虚さが生まれたのです。

三番目の五二〇〇年周期の最初の五〇年間に、金星の人々はみずからの肉体を超えて存在する、集団高次意識と混ざりあった自分自身の高次元の意識に気がつきはじめました。仏教において「マハヤーナ」とは、集団のなかの全員が一緒でないかぎり、だれ一人到達することのできない霊的な進化の段階を意味します。

つまり金星の人々はこの原理をみずからの体験で発見し、それが三番目の周期という金星の時代におけるテーマになったのです。

メッセンジャーである天使は、金星人のたえまない進化と記憶の保持を確かなものにするために五〇〇年ごとに生まれつづけました。物理的な視点から見たこの時代における進化は、その集合意識の拡大と比較すれば最小限度にとどめられました。とはいえ、あらゆるレベルにおいて進化はその自然のプロセスをたどっていたのです。

## 新しい種族の誕生——一万五六〇〇年

三番目の五二〇〇年周期の終わりに、新たな試練がその集団に課せられました。つまり「高等評議会」と金星人の集団高次意識が、金星に新しい種族を招き入れることを決定し、それによって金星人の霊的な進化と、すべてを内包する新しい体験にその出来事を統合する彼らの能力を試そうとしたのです。その新しい種族とは、高度に進化した知能をもちながらも右脳的機能がほとんど発達していない一元的な熾天使《してんし》セラフィムのような存在の集団でした。しかしながら彼らは、非物理的な場においてみずからの現実をつくりだし進化を創造するという集団意識のパワーを学んだ経験がありました。それゆえに二つの集団は、そこで獲得された知識を共通の基盤としてもっていたのです。

金星の人々が集団で瞑想しているさなかに、新しい存在が金星に到着しました。プレアデスの光の使者の一団がそれらの存在と一緒に現れて彼らのことを紹介し、今後五〇年のあいだに二つの種族が統合することを援助すると説明しました。最初のころ、二つの集団は互いに戸惑いを感じつつ好奇心と可能なかぎりの霊的平等さを保ちながら、両者の違いを探求していきました。もとからいた金星の人々は、新しい集団と出会ってとても不思議なものを見るような思いでした。というのも、彼らはとりたてて「醜く」もなく、かといって決して「美しく」もなく、そのうえ天使たちの集団がつねに当然のごとく身につけていた優美さにも欠けていたのです。

また彼らには創造的な能力が欠落しており、たえずおしゃべりをしては理屈ばかり言っているように見えました。この新参者たちが彼ら自身の幾何学的な設計図にそって新しい建物や道具をデザインしはじめると、もとからいた金星人は、それを精緻ではあるけれども柔らかさや芸術的な美しさに欠けたものと感じました。

金星人になってまもない一元的な存在たちは、古い建築物をどれも実用性に欠けた時代遅れのものに感じました。彼らはこの新しいすみかである惑星で、自分たちのアイディアや完璧な理想をかなえるために多くの変化を起こすことを求めていました。そして両方の集団は防衛的になっていきました。もとからいた金星人にとって、それは自分たちよりもすぐれた種族――美しさにおいてではなく、新しいタイプの分析的思考や技術的知識において――に出会ったはじめての体験でした。彼らは「偏見」という一撃が自分自身にはね返ってきたことでショックを受けましたが、大半の人々はそれを霊的な試練として理解できるまでに自分たちの惑星の歴史を知りつくしていました。

もとからいた金星人は、新しい種族に劣等感を感じさせないよう努めるいっぽうで、自分自身の自己価値という感覚を保ちつづける必要がありました。そのためにも新しい金星人から学んだり、反対に希望する人には彼らの芸術的なやり方を教えたりするよう高次の集合意識によって励まされました。彼らは新しいやり方を学びはじめましたが、ほとんどの人はしばらくするとそれに興味を感じなくなり、もとの芸術的なやり方や農業にふたたび従事するようになりました。新しい金星人は、これをひそかに劣等感と弱さの表われとみなしました。彼らには先輩たちから学ぼうとする気持ちがほとんどなかったのです。

最初の五〇〇年の終末には、新しい天使や一元的な存在たちが、二つの金星人の集団のなかに共通しているもの、すなわち高次集団意識という認識とすべての存在の独立性を思いださせるために生まれてきました。それによって人々は新しい方向へと導かれていきました。そして自己吟味と自己認識という目的のもと、新しい人々は一日の終わりに古い人々と一緒に瞑想を行うようになりました。また古い金星人は、一日のうちの一時間を新しい仲間のやり方について考えたり実行することに費やすようになりました。それはどちらの集団にとっても、何といっていいのかわからないような微妙な変化でしたが、それでもやはり変化は起きていたのです。

## 二つの種族の結婚のはじまり――一万六六〇〇年

次の五〇〇年の終末までに、両方の種族間で少しずつ結婚がとり行われるようになり、その結果として非常に風変わりな子供が生まれました。その子供たちは純粋な種族の子供たちよりも個性が強く、右脳と左脳の両方の機能による能力を発揮したのです。もちろん右脳と左脳のバランスの比率は一人ずつ異なっており、より芸術的な資質を有している子供もいれば、より思索的で分析的な子供もいました。それに加えて、さまざまな髪や目の色の子供が登場しはじめました。それまではどちらの種族も青い目をもち、天使の種族は金髪、一元的な存在は栗色がかった金髪をもっていましたが、新しい子供たちは褐色や緑色がかった青い瞳をもち、白っぽい金髪や褐色の中間色から明るい色までさまざまな色彩を帯びた黄金色のつややかな髪をしていました。

そうした色彩の変化は人々にとって目を見張るものでしたが、金星の人々はひそかに新しい子供たちよりも自分たちのほうが魅力的で美しいと感じていました。一元的な存在たちは戸惑いと興味を感じましたが、より中立な立場でその変化を受けとめました。そしてそれは人間の遺伝子研究に始まり、最終的には植物や鉱物やそのほか分類識別が可能なあらゆるものを研究対象にした、生物学的な科学の出発点となったのです。

その研究は一元的な存在たちの側の科学者に、彼らの先輩たちの容貌への執着とはまた違った、いきすぎた物理的志向性をもたらしました。古い金星人は、その弊害の可能性に気づきながらも、いっぽうでは彼ら自身の遺伝的逸脱の歴史の起因となった遺伝学に非常に興味を感じていました。それゆえ遺伝学と再生という分野が最前線に現れて、建築や農業や芸術方面における進化は現状を維持する程度に、ほとんど最小限までおさえられる結果となりました。人々は遺伝子研究や初歩段階の遺伝子工学に熱中するあまり、魂とスピリットの価値をすっかり忘れてしまったのです。「共通の霊的な善」という意味はほとんど「共通の科学的な興味」という意味にとって代わられてしまい、集団意識の探求という名のもとに、金星の人々はほぼ完全に高次の集合意識を無視するようになっていきました。

霊的な世界に対する物理的な世界の優勢という傾向は、四番目の五二〇〇年周期までずっと続いていきました。そして新しい建物の大半が破壊されて人口のおよそ四分の一の人々が死滅した大地震によって終わりを告げました。人々はとうに忘れてしまっていたのですが、彼らの高次の集合意識は、人々の意識的な心とふたたびつながることをずっと待ち望んでいたのです。つまりその地震で社会の四分の一の人々が失われてしまったことを人々がともに嘆き悲しみ、生命の真の価値をもう一度見直すためにそれはもたらされたのでした。それはまた次のように訴えていたのです。

「あなたがたが創造したものを見てごらんなさい。建物の物理的構造や遺伝子というものが、お互いのスピリットの本質的な資質を理解することよりもずっと重要なものになってしまいました。あなたがたはともにいる理由を忘れてしまい、その代わりに新たな強迫観念的な共同幻想をつくりあげたのです。いまこそ自分が本当はだれなのかを思いだし、素朴で汚れのない心と信頼をもって、その記憶を互いに分かちあうときです。集団高次意識を思いだし、その使命を見つけだすのです」

地震は愛情といつくしみをもってこのように人々に告げ、その五二〇〇年周期の最後の七五年間に、新しい天使や一元的な存在たちによって金星にもたらされたメッセージでした。けれども人々は、その声を聞こうとはしませんでした。ひと昔前の文明に後戻りするような、そんな時代遅れの子供じみた精神的な理想に耳を傾けるには、自分たちの社会はあまりに進化していると彼らは信じこんでいたからです。

## 「自然」対「人間」という図式の蔓延――二万八〇〇〇年

その代わりに人々は、地震をより精巧な建築物をつくるための機会としてとらえ、自然に負けない力をそなえた頑丈な建物をつくりはじめました。こうして人生のあらゆる分野で「進化」しなければならないという強迫観念は続いていきました。最初からいた金星の種族のなかで生き残った人々のあいだでさえ、一元的な存在たちの「自然」対「人間」という見方が優勢になっていきました。

その時代の終末に社会風潮を一変させたもうひとつの出来事とは、人間型生命体《ヒューマノイド》すなわち人類は世界のなかで「共同創造」する代わりに、世界を「支配」すべきだという考えに大多数の人々が賛同したことです。彼らの瞑想は、自己認識と成長のためや集団高次意識や自身のハイアーセルフと霊的につながるための時間というよりは、むしろ戦略を練り、見落としていた可能性のある革新的なアイディアを吟味するための時間になりました。さらに新しい周期の最初の五〇年以内に、それらの瞑想グループや個人による瞑想の実践はすべてすたれてしまったのです。

その周期の期間に科学の分野と植物・人間の遺伝子工学が発達し、「人間」対「自然」という考え方は確実に広がっていきました。そして階級区分がふたたび隆盛をきわめ、その傾向はいよいよ顕著になりました。科学者はスピリチュアルな人々を見くだしましたが、熟練した職人には寛大な態度で接しました。また加工保存用に処理された植物や鉱物資源を用いて問題となる症状をとりのぞこうとする、今日の地球でいうアロパシー（対症療法）のような医学的な職業が設けられました。

一般の労働者たちはまたしても下層階級となり、どの程度中流または上流階級のために奉仕して一生懸命働いたかによって、その価値が決定づけられました。偏見、憤り、羞恥、怖れの感情が育っていきましたが、新たに身についた教養ゆえに、それらの感情はある意味で予測できないほど危険なものになっていました。つまりこの周期は、現在の地球上の五二〇〇年という周期と非常に似通った状況にあったのです。

聖職者たちはかなり独善的になり、異論を唱える人々を批判し、自分たちの技法や教えを大衆に広めていきました。ほんの少数の金星人だけが霊的な高潔さと純粋さを保ちながら、五〇〇年ごとに新しく生まれてくる天使たちの話に耳を傾けていましたが、やがて天使はまったく転生しなくなりました。というのも、金星の大多数の人々がみずからの高次の集合意識とつながって、もう天使が生まれてこなくてもいいことに同意したからです。つまり、そこでも大多数の人々の意見が尊重されたのです。

金星への入植から二万六〇〇〇年近くたった五番目の五二〇〇年周期の最後の世紀には、金星は現代の地球とまったく見分けがつかない双子の姉妹のように、うりふたつの状態に陥っていました。ただし大きな違いは、金星のほうが人口がずっと少ないことと戦争がないことでした。

この期間は金星の進化における転期でした。五二〇〇年ごとの再評価の時期がふたたびめぐってきたとき、金星の周囲の大気圏が大きなヴェールや分厚い闇の網でおおわれたようになり、彼らの集団意識は高次の集合意識と完全に切り離されていました。エネルギーレベルでは、それは一組のやぐらで構築された幾何学的な線状の建造物のように見えました。そのために、太陽からの精妙な符号と光の放射パターンがもっとも純粋な形のまま大気圏に入ってくることが妨害されたのです。つまり太陽の光線は、それ自身の完全性を維持することができず、グリッド（格子）状の流れのパターンを帯びてしまうのです（この金星をおおうヴェールやグリッド状の網のようすも、現在地球のまわりに形成されたものとそっくりです）。というわけで、金星は高次の指導者層による絶対的な介在なしにできることはもうほとんどないという状態に陥っていたのです。そして高次の指導者層は、不本意ながらも金星の人々の自由意志に反した行動をとることになったのです。

「高等評議会」と「アン」がそのジレンマを見通したとき、独立した存在として進化を探求するという人類の集団および個人の権利を支えることが、何より重要視されたのです。集団高次意識は線状のグリッドを焼きつくし、符号化された太陽光線を金星に浴びせかけて、惑星規模の混乱をつくりだすよう助けを求めました。惑星のあちこちで火山が爆発するなかで、生き延びるために人々がもう一度ひとつになり、謙虚さと霊的なめざめがふたたびもたらされるよう準備するためです。ただし「高等評議会」はそうした可能性もあることは認めましたが、必ずしもそうなるとはかぎらないと考えていました。彼らは金星の人々が昔ながらの「天災」を通してメッセージを解読するというやり方からは、あまりにも遠くへ離れてしまったと信じていたからです。また彼らは、爆弾や原子力実験で金星の人々がみずからの文明を滅ぼすかどうかの瀬戸際にいると見ていました。

最終的な決定は、金星の人々が自分自身でどうするかを見届けるために、最後の瞬間までじっと待つというものでした。けれども、その社会が五番目の五二〇〇年周期の最後に近づいたために、霊的指導者層はその決定を無効にしました。そして新しい天使やセラフィムのような存在たちを送りこみ、人々に警告するために誕生させたのです。その計画は功を奏して、霊的な革命が起こりましたが、それはおよそ人口の二割程度の人を直接巻き込んだにすぎませんでした。残りの人々は、スピリチュアルな人々を誤った方向へ導かれた脱落者だと決めつけて無視しました。そしてとうとう手遅れになってしまったのです。

## 化学で引き起こされた災害――二万五九八〇年

その時代が終わるおよそ二〇年前に、予期されていた化学反応による爆発が起こり、地震、大気によってもたらされた熱火、水質汚染、洪水、河川の旱魃、そして全体的な混乱状態を引き起こしました。生き残ったのは人口のわずか三分の一程度であり、それらの人々は、自分たちが能力以上のことをしていくためには他からの援助が必要だということを集合意識のレベルで同意していました。このとき「高等評議会」の扉が開かれて、助けが送られることになったのです。

ふたたびプレアデスの光の使者が金星にやってきました。ただし今度は、アンドロメダの光の使者と天の川を超えてセラフィムの起源である星から来たメンバーも加わっていました。この霊的指導者層の集団は、高次の集団や個々の意識ともう一度つながるための霊的な教えや、新しい癒しの技法や瞑想のテクニックを生き延びた人々に熱心に教えました。そして大多数の人々が同意するかぎり、今後も彼らを援助することを約束したのです。

大部分の金星人はそれらの霊的な教師の援助をしっかり受けとりましたが、少数の人々は警戒し、かたくななままでした。それらの一部の人々は、聖なるものからの分離感と不信感というエゴの意識ゆえに、内なる神聖さと共同創造の原理を受け入れにくくなっていました。つまり彼らは自分を霊的指導者層の犠牲者として考えたがり、独立という名のもとに支配したりされたりすることを必要としていたのです。しかしながら「高等評議会」の使者たちは、はるか昔に失われた霊的な価値と真理を人々に思いだささせようとして金星人を援助しつづけました。

## 霊的価値の回復——二万六〇〇〇年

二万六〇〇〇年の周期の終わりに、金星の海を大型の台風が巻き込んで大津波が発生しました。陸地の大半が水面下に没し、何日間も雨が降りつづきました。そして人々は生き延びるためにふたたび協力しあわなければならなくなったのです。大部分の人々はその意図通りに行動し、新しいスタートをきるために個々の魂とスピリットの価値を思いだし、バランスの意味を再発見することを誓いました。津波によって陸地と水流が変化してしまうと、金星の人々には海のあいだに以前よりも少ない土地がとり残されました。それは人生とは神聖で永遠に変化し進化するものであることを、また支配するのではなく互いに協力しなければならないことを、たえず人々に思い起こさせる結果となりました。

霊性の最優先、政府の消滅、純粋な動機による創造的表現への熱中、より自然な農業や科学技術に還ることは、すべて変化と再生の外的な表われでした。内側の変化はもっと長い時間を要するゆっくりとしたものでしたが、大部分の人々はそうした内なる変化にも同じように熱心に取り組みつづけました。協力と共同創造のもとでの独立性がふたたび人生の指針となり、違いを尊重するという姿勢が新しいかたちで生まれました。金星の人々は、たとえば一元的なものであれ芸術的なものであれ、スピリチュアルなものであれ農業のようなものであれ、すべての創造的な表現形態に価値があることを理解するようになりました。彼らはそれまでの自分の考え方や行動のしかたを人に押しつけようとする古い規範を手放し、多様性のなかでの調和を理解して違いを感謝することを通してもたらされるバランスを発見しはじめたのです。

この新しい姿勢と考え方によって、自己を敬う気持ちが急速に育っていきました。それぞれの人が全力をつくして楽しめることをするよう奨励され、集団での瞑想が希望する人々のためにいま一度行われるようになりましたが、だれも強制されることはありませんでした。次の五二〇〇年のあいだ、金星とその住民はかつてなかったほど繁栄しました。平和が浸透し多様性が尊重されて、すべての人々が安心して暮らすことができたのです。

## 動物の出現――三万一二〇〇年

その周期の終わりに「一体性」のなかではたらく高次の集合意識が、もう一度新しい種族を迎え入れて、それを自分たちの文化に統合するチャンスを彼らに与えてほしいと「高等評議会」に要請しました。そのおもな目的とは、かつて失敗に終わった試練をもう一度提供することによって金星人の集団レベルでの自己信頼をとり戻すことでした。そしてその時代の終わり、巨大な彗星が海中に流れ落ちました。そのとき目に見える際立った変化はありませんでしたが、新しい種族の出現にそなえて気候が整えられました。新しい種族とはイルカ、ネズミイルカ、マイルカ、クジラなどを含めた哺乳類動物でした。またオオカミやコヨーテやその他のイヌ科の種族や小さなネコ科の動物や鹿やクマや、ウルバーリーンと呼ばれるイタチ科の肉食哺乳動物と似た動物や、その他のもっと小さな哺乳動物が全般的な訓示とともに金星の人々にもたらされました。その訓示とは、「あなたがたがあなたの兄弟の保護者です」というものでした。

ほとんどの動物は金星の人々が住む地域周辺の丘陵地帯に住んでいましたが、なかには人々と直接接触できるような環境に住む少数の小動物もいました。鹿は人々の飲料水の供給源になっている小川の水を飲み、シマリスやリスは人々の家のそばの木立ちに住みついて、自然の恵みを食べたり人々から食料をもらったりしていました。言葉も話さず室内にも住めない動物と交流し、言葉以外の方法で彼らの欲求を知るにはちょっとした時間が必要でしたが、たいていの人々は動物を愛していとおしみました。その当時は鹿やオオカミが人間の手から食料を受けとる光景など少しも珍しくありませんでしたし、イルカやネズミイルカやクジラたちと海中で一緒に泳いだり遊んだりする方法を身につけた人々もいました。

すべての人は、それらの新しい金星の生物が愛らしい存在であることを認めながら、それを並はずれた試練だと感じていました。新しい生物がこの惑星から搾取するだけで何も与えていないと主張する人々もいましたが、ほかの人々は動物の存在によって本当に豊かな気持ちになりました。食料となる植物は豊かに生い茂り、人間も動物も長い歳月にわたってともに栄えていきました。

ところが動物の数が増えていくにつれて、人々はいまになんらかの問題が起こることを予期しはじめました。彼らは解決を求めて一同に集い、自由に意見を出しあったり瞑想を実行したりしました。そして人々のより低次の集団意識が高次の集団意識とつながった結果、生命体の数をコントロールする必要があるという結論がもたらされました。人々がその結論にもとづいて援助を要請したところ、それまで生命を付与されれば自由にいつでも誕生できるようになっていた動物のスピリットの数が規制されることになりました。もちろん、それは動物のスピリットの同意を得たうえでのことでした。

## 古代ミュータント社会の発見と再建——三万一四〇〇年

魂のなかには多様性を体験するため、あるいは同時に男女両方に転生するためにツイン・ソウルに分裂する魂もいて、金星の人口はどんどん膨らんでいきました。そして今度は人間による人口過剰という問題がふたたび起こりました。そこで新しい居住地を求めて、人々の一団が探検の旅に出かけることになりました。彼らは直観的に西側の丘陵地へと引き寄せられていき、昔のミュータントの疎開地だった古代都市を発見したのでした。そこは廃墟となり、町並みの多くが地中にうずもれていましたが、再出発の土地としてはごく自然な場所に思われました。そして少しずつその古くからある新しい町へと、人口の三分の一の人々が移っていきました。

この移住によって人口問題が解消され、かなり長い期間その状態が続きました。それだけでなく二つの町のあいだでは交易や旅行もさかんになり、活気や利益がもたらされました。ところが数百年後に新しい町の一部が地震によって壊滅的な被害を受け、そこに住む人々はもとの社会の人たちに救いの手を求めました。しかしもとの社会でも日照りのために作物が実らず、市民は新しい町の問題にかかわってはいられないと感じていました。その結果、新しい社会の人々は自分たちが大きな援助を必要としているときに見捨てられたと感じ、怒りと苦痛を刺激されたのです。彼らは自力で町を再建させてから、古い町の人々との交易をやめて自給自足の生活をすることを決めました。古い社会の人々は自分たちの状況を説明しようとしましたが、彼らの旱魃による被害は新しい社会の人々にとってはちっぽけなものに思われて険悪な感情が育っていきました。戦争も表立ったいざこざも起こりませんでしたが、二つの社会はただ疎遠になり遠ざかっていったのです。

それからしばらくは、どちらの社会も旅行や交易ができないという以外にはさほど影響がないように思われました。しかしながら、そのことから心理的、霊的な面での犠牲を強いられる結果となり、金星の人々の低次の集団意識は、別々に作用する二つの集団の意識に仕えるようになりました。どちらの集団もそれぞれ独自に自然な進化をたどりましたが、スピリットと創造性のレベルで人々は傷ついていました。やがて苛立ちやささいな小ぜりあいが頻繁になり、それぞれの社会は分かたれたまま、まったく同じ問題を大きくしていきました。つまり人々の不満が膨れあがり、惰性的な精神が広まっていったのです。争いはさらに深刻で頻繁なものになっていきました。そして瞑想や問題解決のために集会に来る人の数も、さまざまな理由から少しずつ減っていきました。

人との分離感や人に対する非難の感情は、最終的に必ず相手との関係性に影響を及ぼします。それをまさに金星の人々は体験していましたが、そこから何も学ぼうとはしませんでした。ささいな口論がエゴをむき出しにした闘争に発展し、さらに確執へと変わっていったのです。父親どうしが仲たがいしたために家族ぐるみで口をきかなくなったり、自分の優越性を人々に表明しようとした女性が路上で隣人に無視されたりしました。スピリチュアルな意識をもつ少数の人々は瞑想によってその状況を人々に知らせようとしましたが、結局何の影響も与えることはできませんでした。それほど激しい非難や憤りが蔓延していたのです。

## 動物の虐殺と人々の深い疎外感――三万一九二五年

まもなく動物が人間を襲うという事件が起こりはじめました。もちろん動物にとって、それは怒りに満ちた嫌悪を感じさせる存在——すでに金星人たちの一部はそうなっていました——から自分の身を守ろうとする本能的な反応にすぎませんでした。しかし人間は、そこからも学んだり理解することはありませんでした。その時代の終わりには、人が住む地域では動物が見つかりしだい殺され、旱魃による作物の不作から飢えをしのぐために食べられたりしました。そこに住む人々と同様に、金星じたいも徐々に熱気をおびて乾燥していき、成長が止まったというより、むしろ退化していったのです。

## 二つの社会がひとつになる——三万二三〇〇年

それぞれの社会は、ちょうど同じ時期にもう一方の社会に使者を派遣することを決めました。驚いたことに二つの社会が数日間も旅する遠い場所にあり、しかも四〇〇年以上もまったく交流がなかったにもかかわらず、まるでうりふたつの状況が起こったのです。どちらの社会でも相手の社会を視察にいくための委員会が設置されました。彼らはそこでスピリチュアルな指導者や、いまだに瞑想に集まってくる人々と出会い、この惑星と住民に起こっていることに関してどんな解決策があるかを知ろうとしました。

二つの集団は、互いの社会が疎遠になった時代まで問題の原因をさかのぼっていきました。そして彼らは、痛みや恨みが長期的に抑圧されたことによって惑星規模の社会的不和や争いが生じたことを理解しました。どちらの社会も交易を再開すべきこと、隣人と助けあい、ともに勝利するという考え方をこれまでの長い確執に置き換えるべきこと、またある種の交換制度を設けて、古い傷跡を癒すために人々が自主的に相手の社会へ行って住めるようにするべきだという結論に達しました。

両方の町で同時にそれらの合意が成立したまさにその日、雨が降りだして大地を潤しはじめました。大多数の人々の合意にもとづいて菜食主義がとり入れられ、調和がふたたび戻ってきました。その五二〇〇年周期の残りの期間は、人間の行動様式や情緒的反応に関する研究が熱心に進められ、ひとつの職業または研究分野として人間心理学が誕生しました。人間であれ動物であれ、すべての存在が安全を感じる必要があり、互いに信頼し信頼されて、敬い敬われ、愛し愛される必要があるという基本的な理解が生まれたのです。ふたたび愛情と理解があふれだし、集団高次意識が再度形成されました。動物界では、殺害による不信感や傷跡が克服されるまでに二世紀以上を費やしましたが、動物たちも最終的に癒されて人間とのきずなを回復し、平和が浸透していきました。

## 充分な自由放任――三万六四〇〇年

その五二〇〇年周期の終末期、人々は適度に満たされていました。動物と人間の数も理想的な状態にあり、芸術、農業、心理学、霊性などの表現形態がほどよいバランスを保っていました。その周期における再評価の時期がきたとき、人々の大きな願いは多様性における結びつきと平和的な共存を実現させることでした。彼らは苦難の時代を過ごしてきましたが、すでに充分な学びをへて人間としてより進化していたのです。そこで「高等評議会」は人々の集団高次意識にむかって、次の五二〇〇年に望むものをたずねました。集団高次意識は、何もかもすべてうまくいっており、「充分な自由放任」と出来事の自然な流れにまかせることが最良の計画であるという同意に達しました。

「高等評議会」はそれにしたがうことに賛同し、大気中に残っていた古い想念を消滅させるための小さな嵐をちりぢりに送りこむだけに介在をとどめました。それから数百年間にわたり、金星の人々は平和で満ちたりた暮らしを送りました。ある奇妙な出来事が起こったのはそれからです。人々がはっきりした理由もないのに気分的に落ちこむようになったのです。また若い世代のあいだに、何を信じて何をしたいのかがわからないという無気力感が浸透していきました。表面的には何も変わったことがないだけに人々は混乱しました。両方の町からの代表者が会って話しあうと、またしてもまったく同じ事態が進行していることが判明しました。

両方の町では同じ日にすべての仕事をとりやめて、その問題を解決し、または少なくとも理解するために、自由に意見を出しあって一緒に瞑想する大集会を開くことを決めました。それは金星への入植の初期以来、すべての人々が同じ目的のもとに結集したはじめての集会で、非常にパワフルな時間でした。その集会において到達した結論は、次のようなものでした。

①この社会の若い世代を触発するものがないために、無気力感や倦怠感が広く蔓延している。
②中高年の多くが気力を失い、もう自分の人生には何の意義も目的もないという不満をもっている。
③数百年ものあいだ平和に穏やかに暮らしてきたが、歴史的な記録を見るといかに人々が試練に触発され、ひとつに結ばれてきたかを理解できる。
④啓示を見出すための災害は望まないが、われわれが進化しつづけるためには啓示が必要である。
⑤集団高次意識はわれわれに必要なものをもたらすことができると信頼する。われわれは彼らの介在と「高等評議会」や「アン」の介在を求め、進化しつづけるための新しい霊的なインスピレーションを発見する助けを求めることに同意する。

## 覚醒の時代——三万八二〇〇〇～四万六八〇〇〇年

この最終的な結論と同意がもとになって、新しい天使と一元的存在たちが金星に生まれるよう送りこまれました。次の千年以上にわたり、肉体の死とともにおよそ三分の一の人々がまとまって金星を離れ、もと金星人だった彼らの祖先とふたたび結びつくために火星に転生する準備をエーテル界で始めました。そしてしばらくのあいだ、新たに誕生した存在たちは復活した霊的訓練や癒しのテクニックや覚醒のためのインスピレーションを人々にもたらしました。アヴァター〔インド神話における神の化身〕がそれぞれの町へと遣わされ、多くの人々が悟りの状態や奇跡の成就を体験しました。また、それらの人々は仲間である金星の人々が自分たちと同じような至福の境地に進化するのを援助したいという強い欲求を感じました。こうしてさらなる進化の必要性という認識を人々がともに分かちあったことによって、金星に覚醒の時代がもたらされたのです（このさらなる進化を求めるという認識は、ものごとの動向をよりポジティブでスピリチュアルな視点でとらえるために、現在の地球においても必要なものです）。

その五二〇〇年周期の残りの期間と次の周期全体において、霊的進化、儀式的トレーニング、覚醒、アセンション、高次元のコミュニケーションが普及しました。芸術と音楽はかつてないほどの絶頂期を迎え、人々は概して幸福で満ちたりて刺激的でもありました。二期目の二万六〇〇〇年の四番目の周期の終わりまでに、美と芸術の感知力という本来の特性をとどめたまま、金星は急速に霊的かつ秘儀的なミステリー・スクールになっていきました。金星には、地球の「偉大なる白い光の同盟」と同様に、アセンションを体験した高次元のマスターまで現れたのです。

その時代に、金星の人々が三次元または四次元の意識から離れて高次元世界へ還るための最後の究極の試練を受け入れる準備が整ったという決定がくだされました。その試練の幕開けは大洪水で始まりました。すべての住民は、生き延びるために西方の山々へ避難しなければならなくなりました。このとき西側の社会の人々は、助けを求めたときに東側の社会の人々に見捨てられたというはるか昔の傷跡を試されるための機会が与えられたのです。たとえそれが長いこと忘れ去られていた太古の出来事であったとしても、カルマ的な傷跡はいまだに残っていたからです。そして西側の人々が東側の人々に対して扉とハートを開いたとき、彼らは完全に癒されました。なかには、そんなに大勢の人々の食料や衣服や住まいをまかないきれないのでは、という不安におびえる人々もいましたが、ひとつひとつの試練に心を開いて人々は立ち向かっていきました。そして問題を解決するためにともに祈り瞑想を実践し、考えられるすべてのなかからつねに最善の答えを見出そうとしました。この生き延びるための必要性からもたらされた新しい結びつきを通して、彼らはかつてないほど高次の集合意識と深くつながっていったのです。

人口の過密によって病気が蔓延し、多くの人々が死んでいきました。しかしそれによってさえ「ともに勝利する」という姿勢が変わることはなく、人々のきずなはますます緊密になっていきました。東側の町の大部分が破壊され、洪水が引くと同時に大がかりな復旧計画がスタートしました。無事に残った建物に住めるだけの人数ができるだけ多く街へと降りてきて、建物をつくったり植物を植えたりした結果、一〇年ほどで町が復興しました。人々はふたたび二つの町に分かれていきましたが、それまで以上の精神的な親密感と調和が保たれるようになったのです。

彼らの霊的成長が加速度的に促され、金星の人々がお互いに愛しあい思いやるという絶頂期において、「高等評議会」と「アン」が彼らに使者を送り、全住民のために今度は何を選択するかを質問しました。すなわち、集団でアセンションし高次元の世界へふたたび移行してこの体験に終止符を打つことを望むのか、あるいは進化のより遅れた新しい惑星へ行ってその愛と体験を生かすことを選ぶのか、それとも金星にとどまって、なんらかの方法で新しい試練をみずからに課すことを希望するのかという三つの選択が用意されていました。

## 傷ついた存在の新たなる到着――四万六九〇〇年

金星の人々がみんなで集まって瞑想した結果、彼らは自分たちが見出した愛、美、霊的な至福感という豊かさを、必要とする人々と分かちあいたいと感じました。彼らはできれば金星にとどまることを希望しましたが、必要があれば喜んで集団で移動してもいいと考えていました。「高等評議会」と「アン」はその選択を非常に喜んで、愛され、尊重され、自分をそのまま受け入れてもらったと感じる必要のある乙女座からの追放者の集団を金星に送りこむことに決めました。

それらの新しい存在たちは、数年間隔で二つの集団に分かれて到着しました。彼らは、霊的に独立した惑星になろうと決心し、みずからの種族の一人を「至高存在」に任命したある星からやって来ました。けれども彼らの自己統治の欲求に見合うようにその星の人々が霊的に進化しなかったために、残虐性と選民意識がすぐに広がっていきました。市民戦争や宗教戦争が起こり、人を殺したり戦うことを望まない人々は軟弱で臆病な落伍者とみなされたのでした。

それらの乙女座の人々は、深い傷を負った状態でその惑星と銀河を離れました。そしてまもなく癒しのコクーン（繭）のなかに収容されプレアデスへと移送されて、ふたたび光の身体を維持できるまで待機することになっていました。そして金星の人々が自分たちの愛と支えを必要とする存在を求めたために、それらの傷ついた人々が金星へとやって来たのです。彼らが到着したとき、その姿は強い風に吹き飛ばされそうなほど弱々しく見えました。いまだに自信がもてず、自分が人々に必要とされ、受け入れられるという感覚を失ったまま、おどおどしながらも期待に満ちて新しい金星人の家族と対面しました。

金星人の家族の一員となり、食事を提供され養われて、価値ある対等な存在として扱われながら慈愛と理解を示されることで、新しい金星の住人はゆっくりと回復していきました。彼らが悪夢にうなされなくなったのは数世代をへたころです。それがやむと、今度は突然彼らのなかの怒りが爆発し、暴力をふるうようになりました。それはもとの惑星で彼らが非暴力的な態度を貫くために深く抑圧していた感情だったのですが、いま身の安全を感じられるようになって浮上してきたのです。もとからいた金星の人々は、最初はそれらの出来事を通して彼らと対話する以外、どうすべきか見当もつきませんでした。新しい金星の人々は感情をコントロールできず、無力感に襲われ、罪悪感と羞恥心が芽生えていきました。大勢の人々がそうした感情を表現しようとした結果、古い金星の人々はかつて自分たちが自分自身や相手をコントロールしようとしたときに何が起こったかという記憶をとり戻しました。そして祖先たちの心理学の研究を思いだし、新しい友人を理解して助ける方法を見つけるために、残っている古い書物をもとに勉強をはじめました。

まもなく隠された昔の感情を解放するための治療プログラムが必要だということが明らかになり、彼らはその開発にとりかかりました。それによって新しい乙女座からの金星人は、コントロールを失うことを怖れずに自分の内側の恐ろしい感情を受け入れる方法を学びました。つまり怒りを解放し、かつての惑星の弾圧者たちをゆるすことができるような安全な環境ができたのです。古い金星人は自身の進化と闘争の歴史を新しい金星人と分かちあうことで、深い傷と痛みを体験しても進化することが可能だということを示しました。

新しい人々はさらに深く信頼するようになり癒されていきましたが、古い金星人がどの程度自分たちを援助してくれるかに関しては、いまだに疑いをもっていました。乙女座からの人々は、以前の惑星での体験から、自分たちがしたがわなければ拒絶されるかどうかを試す必要性を潜在的に感じていました。乙女座からの人々の集団意識は、金星の人々の反応をテストするため、一人の人間に完全に気ちがいじみた態度をとらせることにしました。現実にそれが起こったとき、金星の人々はそうした個人の状態を永続的なものとは受けとりませんでした。彼らは充分な愛と忍耐があればその人を正気に返すことができると信じていました。金星の人々にとっては助けを求めない人がいるとか、そうした相手には何もなすすべがないなどとは思い浮かびもしなかったのです。その人に何の変化も見られず時間が過ぎていき、安全のために閉じ込めなければならなくなったとき、金星の人々は挫折感を味わいました。そしてその狂気に陥った人を救えなかったことがきっかけとなって、自分たちの力が充分でないという思いと羞恥心が浸透していきました。

こうして新しい金星人の低次の集団意識が、もとからいた金星の人々の内面的な弱点を認識するにつれて、だんだん多くの人々が狂気に陥っていきました。彼らは潜在意識レベルでは金星の人々の敗北と拒絶——彼らの傷ついた遺伝子という理由ゆえの——を望んでいたにもかかわらず、顕在意識のうえでは狂気や拒絶を怖れて生き延びたいと感じていました。その恐怖がますます問題を肥大化させて深刻にしていき、新しい金星の人々の半分以上が狂気にとらわれたり、軽度の精神分裂に陥ったりしました。金星の人々には、心理学的な知識と深い自己破壊行為をともなう体験が欠落していました。彼らは正気をなくした人々を癒したいという強迫観念にとりつかれるようになりました。そして自分に対する無力感や霊的懐疑心が急速に膨らんでいったために、乙女座からの人々の低次の集団意識と融合してしまい、彼らを見捨てることに憐れみと恥ずかしさを感じるようになっていきました。つまり別の言い方をすれば、古い金星の人々は健全な感情や霊的な境界線を見失って狂気に陥り、困惑した新しい金星人のカルマと苦痛を受け継ぎはじめたのです。

## 金星人の堕落――四万七〇〇〇年

金星の人々は、悪魔が自分たちを殺しにきて家や家族を破壊するという、地獄のような悪夢にうなされだしました。夜中にそういう怖い夢を見て汗だくになってめざめ、恐怖のあまりにふたたび眠りにつくこともできないほどでした。それからの数十年にわたる金星人の苦難は、彼らの終末の引き金となりました。助けが必要な人を愛し援助したいという純粋な欲求は、自分自身の価値を証明するために人を「回復させたい」という執着へと変わっていました。それが失敗に終わったとき、それらの自称ヒーラーたちは自分自身の霊的な成長と結びつきに疑いを感じはじめました。そうした感情が強まっていくにつれて、みるみる堕落の道をたどっていったのです。彼らは自分たちの愛が充分ではなかったという強烈な思いこみを抱いていました。金星の人々は、みずからの自己不信や完璧主義や挫折感によって、そして乙女座からの人々の霊的な痛みとトラウマを吸収することによってもたらされた深刻な心理的な病いに、長い時間をかけて徐々に汚染されていきました。

家庭内での言い争いが一般的になり、ときおり殴りあいや暴力がふるわれるようになりました。女は暴力をふるって威嚇する男を怖れて信用しなくなり、男は女を落伍者または環境不適応者として嫌悪するようになりました。この新しいパラダイムのシフトによっていちばん深刻な打撃を受けたのは、もっとも霊的に進化した人々の一部でした。そして奇跡が起こらなくなり、人々はヒーラーのもとへアドバイスを求めて行くことをやめました。というのも、ヒーラー自身が信仰を失い、自己不信に陥っていたために役に立たなかったからです。

一部の人々は乙女座からの新参者たちに敵意と偏見を抱いて傲慢になり、自分たち生粋の金星人がふつうの状態に戻るために彼らを追い出すべきだと考えました。しかし古い金星の人々は、古い秩序がふたたび戻ってくることはないことを本当は知っていました。なぜなら、たとえ邪心のない気持ちからとはいえ、この役割を偽りのない気持ちで心から志願したのは彼ら自身だったからです。

二期目の二万六〇〇〇年周期の五番目の五二〇〇年の終わりまでに、金星は規則に背いたものを厳しくとりしまる警察国家に変わっていました。犯罪や狂気が抑制を失ってはびこるようになり、不信感や非力感が深い恨みや偏見、怒りその他あらゆる挫折感や無価値観となって噴出して広がっていったのです。大部分の古い金星人の目には、新参者たちが軽蔑すべき堕落した人々に映ってしまいました。進化のサイクルが終わる直前に天使や光の使者が遣わされましたが、その話に耳を傾けるものはほんの少数であり、ほとんどの人々が暗闇、挫折、狂気という幻想に深くとらわれすぎたために真理と霊的な価値を理解することができませんでした。

やがて金星のまわりにネガティブな想念と怖れによって生じた闇のアストラル界が形成されはじめました。霊的な美、純粋さ、愛に直面したとき、人々は逃げ出しました。というのも人々は自分の性質がまったく正反対だと感じて、それを恥じたのです。彼らは自分の真の性質を忘れて、自分がひたりきっている問題や幻想こそが本物だと信じこんでいました。彼らの堕落は霊的なエゴの発達や、自分自身の完全性を証明するために自分の理想に合うように他者の現実を変えたいという欲求や、結果への執着から生じていました。それでもまだ彼らは、乙女座からの問題をかかえた新参者たちが援助を拒んでいることを理解することさえできなかったのです。

その二万六〇〇〇年周期の終末には、金星人の低次の集団意識がほぼ全員の合意で自分たちの敗北を認め、みずからを金星から一掃すべきだという結論に達しました。集団の大多数の意識が欲することが是認されるという惑星の法則にしたがって、彼らはまさに望み通りのものを得ることになりました。大規模な地軸の移動が起こり、金星全体が三昼夜のあいだ軌道をはずれて宇宙空間へと放り出されたのです。地震、嵐、洪水、火事、暗闇のなかで人々が死んでいき、地軸の移動が終わるまでには金星のすべての住民が滅亡しました。

それ以来、金星には肉体をもつ存在が住みついたことはありません。そして天使やその他の「光の存在」たちが、金星の高次元世界に住みながら、金星の本当の使命と本質に関する記憶とヴィジョンを掲げて惑星全体を癒しています。金星はいまだにそこに存在した社会によって受けた傷跡を癒しつづけており、傲慢さと謙虚さ、怖れと愛、醜いものへの嫌悪と内なる美しさへの評価、自己への愛やいつくしみと無価値観や羞恥、そして本質的美徳や芸術的表出と達成や完璧主義というプライドへの執着、本当の女神的な元型と女性的自己中心主義や高慢という二極性を地球にむけて投影しています。

いまこの時期の金星は、地球よりも愛と霊的な美しさへ向かう高い波動を保持しています。言葉を換えると、金星という惑星は、特に金星人の過ちと誤解について学ぶことを通して地球とその住民の進化を援助できるほど充分癒されて、ふたたび進化した存在になったのです。そしてまた金星人の高次元のマスターたちも、金星の真の愛、内なる美しさへのめざめ、聖なる女性性の元型、楽しい自己表現の手段としての芸術的創造性を用いて、地球の存在たちを守護し援助することができます。

私アモラは、金星人の真の元型を癒して呼びさますスピリットをこめて、次のような詩をつくりました。

## 魅せられて

美よ、
完璧を求める果てしない葛藤のなかで
私はおまえの何を知ったのだろう
無理やり合わせようとする闘いを?
満足するために
そして気に入られるために?
私はいたずらにその名を呼び
幻想という闇のなかで
そして私自身の暗闇という幻想のなかで
おまえを求めて叫んだ。
新月の夜のように
視界を閉ざされた
私のせまい思考のなかで
おまえがゆき過ぎるのを見たが
おまえはそこにはいない
と思った。

子供のころ
母の瞳のなかに
ときおり私は
おまえの影をかいま見た。
けれども私が返事をかえすと
それはすぐに悲しみに姿を変えて
遠い憧れという
ヴェールのむこうに隠れては
こう語りかけてくるようだった
「子供よ、おまえがそれを知ってさえいたなら……」
私はそれを決して知ることはない。
しかし私は知っている
母の瞳のなかに
おまえをちらりとかいま見たとき
母がまたしても
すぐにそれを隠したことを。
まるで恥ずかしい秘密を
見られてしまったかのように。
そして私はおまえが

いまも母のなかに生きていることを
知っている。
きっとどこかで。
もしも母が鎧を解いたところに
行き会うことができたなら……

のちに私は
おまえが
花や
夕陽や
人形や
新しい服の
なかにいるときには
まっすぐに見ても
そして話しかけても
だいじょうぶだということを知った。
そこではだれも
私が内側の美を見たときのように
自分を恥じたり

顔をそむけたり
頬を赤くそめたり
することはなかった。
それから私は学んでいった
つまり美を知るというのは
洋服や
お化粧や
新しい髪形や
完璧な肉体の背後に
それを隠してしまうことだと。
そしてすばやく
おまえのことを
すっかり忘れ去ってしまった
その純粋さや
けがれのなさや
のびやかさや
やすらぎさえも……
私は無理やり合わせようという
努力をはじめた

学校で
私が学んだこと
それは美は排他的で、
完璧な肉体と
完璧な容貌と
完璧な衣装と
完璧な髪をもつ
選ばれた数人だけが身につける
ものだということ。
そして残りの私たちは
より価値のない
必要とされない者たち
私たちのもっとも偉大なる奉仕とは
対比できるものを
提供すること。
より恵まれない者たちとの
対比によって
美はいっそう輝きを増す
私たちのなかには
もっとその役割を演じ
必死に勉強して
喜ばれようとした人もいれば、
ただあきらめた人もいた。

美よ、
おまえは
醜い言葉となり
みずからの仲間を
狭い心の暗い片隅へと追いやって
恥じ入らせて
ひとりぼっちにするのだ

長年私は
つぐなうことや
より多くを与えることや
一生懸命働くことや
よく耳を傾けて思いやることや
もっと賢くなること、

そして私自身の外側にある
すべての美しいものたちに感謝することを
教わってきた。
私は幸福になることを
期待もせず
ただ奉仕するだけで
じゅうぶんだった
ある日、聞き慣れない
刺激的な力強い声が
聞こえてくるまでは……
「あなたは
　なれるだけ最高に
　なる価値があります
　あなたの存在そのものが美です
　あなたこそ
　あなた自身が探し求めているものなのです」
そのときヴェールを
はぎとられたかのように
樹木も

丘も
野原も
すべてが生命をもって
躍動し、
まるで水彩で描かれた静物画に
生命の息吹が
ふき込まれたように
葉の一枚一枚が
草むらのすべての緑が
そしてもっとも微細な
埃の粒子までが
驚きと畏敬と
美しさというその本質を
生き生きと輝かせた。
それらは
恥じらうことなく輝き、
幼いころに
母の瞳のなかに
見つけたのと同じ

純粋で
けがれのない
光を放っていた。
ひとつひとつが全体であり、
めいめいの認識が
それぞれの存在が
自己という
本質をあらわにした。

一粒の砂と
一輪の野の花をくらべたり
タワシと
かしの木をくらべることなど
どうしてできよう
まして神の目のなかや
女神のハートのなかでは
すべてがおしなべて
等しく支えられていると
知ってしまったら

美よ、
いとしい
うっとりするような
美の呪縛

私の目に映る
「すべてなるもの」を
このハートに抱きとめたとき
思い出の涙が
長年の記憶の忘却を
洗い流した。
そしてこの私もまた
神の目のなかや
女神のハートのなかで
等しく支えられているのを感じ
知ったとき
私の魂の窓は
愛と祝福の
涙に洗われた。

美よ、
いとしい
うっとりするような
美よ

それから時をおいて
もうひとつのいとしいもの
が姿を現した。
その存在は
長年の否定のなかで
ほかのだれにも
本当は見ることのできない
みずからの
本質的な自己を忘れ去り
遠い悲しみという
ヴェールをまといながら
それ自身の価値を忘れて
できるかぎり
その最高の姿を
隠そうとしていた。
それでも
私には見えた。
ヴェールのかげに
その存在を認めた。
そして私は
おまえが
すなわち
美が
失われてはいなかったのを知った。
時の経過とともに
幻想のなかに隠されていた
美は
失われていないことを
私たちは知った。
私たちの瞳が
見ようとする意志と
開かれたハートに出会ったとき
ヴェールが

とりのぞかれた。
そして

美よ、
いとしい
うっとりするような
美よ
それは呪縛だった

美よ、
完璧を求める
果てしない葛藤や
満足したり
気に入られるために
無理やり合わせようとする
闘いを
やめたいま
私は
おまえを

やっと知りはじめた。
そして
私自身の瞳を
親愛なるものの瞳を
見つめながら
私はこう話しかける

美よ、
いとしい
うっとりするような
美よ
それは呪縛

# 第2部

# 火星

MARS

私たちの太陽系の惑星の歴史について、さらにラーは語ります。

## 火星における文明社会の建設——〇年

金星からだれもいなくなったとき、金星の人々は保護用のコクーンに入れられて、次の進化への選択の準備と癒しのためにシリウスへと運ばれました。そのころ火星には五〇〇〇年ほど前からすでに人が住んでいました。最初に火星の社会を構成したのは、すべて金星のミュータントの社会から追放された反逆者たちでした。

それらのもとからいた火星の住人は、自分たちを金星から追い出した人々よりも自分のほうがすぐれていることを証明したいという強烈な欲望をもっていました。彼らは故郷の惑星で受けた不公平な仕打ちにひどく腹をたてており、自分たちにも責任があったとはまったく考えていませんでした。彼らの意識は、もう決してほかのだれにも指図させないことや、彼らがあとにしてきた惑星よりもっとすばらしい世界を自分たちが創造できるのだと証明することに向けられていたのです。

はじめて入植者が到着したとき、火星はまるでエデンの園のようでした。そこには食物が実り、地中から泉が湧き出していました。また湖は、そこに入る人間の身体をしっとりと濡らす代わりに身体への浸透を拒んではじくような奇妙な水をたたえていました。それは水銀のような密度をもつ液体で、明らかに飲用や入浴に適したものではありませんでした。そこで火星の人々はその奇妙な湖から離れた場所に住みつき、飲用などに適した泉だけを使っていました。

火星ではみんながともに協力して働く必要があることは明らかでした。そこで最初に到着した人々は避難所や眠る場所や簡単な家具や、食物を貯蔵する場所をせっせとつくりはじめましたが、どんな目的のためにどんなタイプの建物を建てたらいいかとか、だれが人よりも食物をよけいに食べたとか、だれが女に対する選択権をもっているかなどと、いつも言い争ってばかりいました。

それらの人々にとっては、野獣のような腕力や強さのほうが、静かな芸術よりも価値があったので、女たちは最初から二級市民という地位にありました。男は技術や考えることを要求されるような「重要」な仕事を受けもち、女は食料を集めて用意したり、衣類や毛布をつくったり、求めに応じて男たちの性の相手をつとめるなどという「卑しい」仕事にたずさわっていました。

女たちは、家屋や手作りの品に芸術的な雰囲気をほんのちょっと加えただけでも罰せられ、こらしめられました。男たちに金星の芸術的なやり方を思いださせるものは何であれ、潜在的な恨みや怒りを呼び起こしたからですが、彼らは芸術的なものは時間の浪費だと主張して自分の感情を正当化しました。火星の人々はだれ一人として、女性に対する男たちの弾圧が「～より上の、～より下の」という考え方にもとづいた、彼らがあとにした金星の社会とまったく同じ社会を形成していることに気づいていませんでした。女はより価値のない存在とみなされ、ただ男の必要を満たすためだけに存在しているという程度に単純に考えられていたのです。

苦悩、羞恥心、恨み、復讐心が女たちのなかに育っていきました。彼女たちは男がいないとき、男がこの世に存在するという事実を物笑いの種にしたり、憎しみをこめて男たちのことを語りあいました。たとえば男がいかに愚かで残酷かという話題や、チャンスさえ与えられれば女のほうが何でもずっと上手にできるはずだといったことを話していたのです。もちろん、自分たちの優越性を証明しようとするそうした態度は、性別を越えてすべての火星人に共通のものであり、金星での歴史に由来するものでした。

子供たちが羽をむしって飛べなくなったトンボを笑いながら残酷に眺めるように、男たちは女の弱さや追従をあざわらいました。だれがいちばん強いかとか、だれがいちばん大きなペニスをもっているかとか、だれが射精せずにもっとも長くセックスできるかなどを競う男たちのゲームが大衆競技として考えだされました。またレスリングなどの格闘技や、素手で相手の足の骨を折ったり、どれだけ重い荷物をどれほどの距離まで運べるかを競うコンテストもありました。

しかし男たちの潜在意識の奥深くには、創造性、美、優雅さなどあらゆる女性的性質が自分に欠けていることを恥じる気持ちが隠されていました。だからこそ彼らは、すべての女性的なものや芸術的で穏やかなものを抑圧してけなすことによって自分の羞恥心や無力感を否定しつづけ、そのいっぽうで自分たちにふさわしい新しい基準をもうけたのです。

## 新しい金星人の火星への転生——二五〇〇年

この基本的な生活スタイルや考え方は、より穏やかで女性的な子供たちが生まれるまではほとんど摩擦もなく続いていきました。やがて金星の三万八二〇〇〇年の年に生まれ変わりのサイクルからはずれることを選んだ人々が、火星の二五〇〇年ごろに新しい赤ん坊としてやってきました。そのころの火星人たちは、男権的社会の野蛮で意地悪で冷酷な種族になっていましたが、それらの赤ん坊を見て非常にショックを受けました。

それらの子供たちは少年も少女も、みな競ったり戦ったりするよりは花を手折ったり摘んだりすることを好みました。彼らは祖先がそうだった以上に、幼児期を過ぎても母親と親密な関係を保っていました。女たちは最初は新しい子供たちを少し怖れ、意地悪な態度で接しました。それで男の子が若い男たちのトレーニングに行くのを嫌がって母親にまとわりついたときなど、母親はおしりをぶったり叱ったりしました。

しかし愛情や配慮に飢えていた女性たちは、まもなくやさしい態度で子供に接するようになり、自分自身や子供のために立ち上がりはじめたのです。それは最初、テーブルの上の子供が摘んだ花にさらに花を加えるとか、子供が喜ぶ絵柄を衣服に縫いこむなどという微妙で目立たない方法で実行されました。男たちははじめは注意しましたが、やがて自分たちには関心を払うべき「もっと重要」なことが数多くあるからという理由で、それらの小さな変化を見逃すようになりました。

そうした小さな勝利が続くにつれて、一部の女たちがセックスを拒みはじめました。彼女たちは愛情のある性関係を一度も経験したことがなかったので、セックスを何の見返りもない野蛮な暴力的行為だと考えていたのです。それと同じころ、多くの少年がお互いに性的な実験をはじめました。彼らの両親たちの性的役割モデルがとてもひどいものなので、もっと人間らしい新しい関係を互いに模索しようとしたのです。また少年と少女が「恋に落ちる」ようになり、両親のやり方を見習わずに自分たちだけで「愛しあう」方法を学びはじめました。

初期のころ、それらのおとなしい少年のなかには、男たちのゲームや女の扱い方を学ぶのを拒絶して殺された子もいました。父親によるレイプや、性的な競技に利用されることに泣き叫び狂ったように抵抗した少女たちも、服従するまで殴られたり殺されたりしました。男に対してセックスを拒んだとき、女は殴られてしばしばレイプされました。

しかしながら新しい風潮は確実に広がっていました。新しい火星人たちが生き延びて成人に達したとき、その多くは社会権力に疑問を抱いて古いやり方を拒むようになりました。彼らは母親にむかって、なぜ女たちは自分や子供に男があんなにひどい仕打ちをするのをいままでずっと許容してきたのかと問いつめました。それに対して女たちは自分を恥じたりおびえたりしましたが、反体制的な子供たちを通して新しい希望と勇気を見出していったのです。

結婚して子供が生まれるにつれて、彼らの多くがますます愛しあい語りあうようになっていきました。もちろん彼らは、もとからいた火星人の遺伝子レベルでのネガティブな蓄積をも受け継いでいました。しかし彼らの魂とスピリットはゆるぎのない新しいものだったのです。これらの新しい火星人の登場から三世代ほどで、セックスによる男たちの競技は廃止されました。それでもなお妻を虐待して暴力をふるう男たちが多い状態でしたが、より穏やかな意識の到来によって火星文明が確実に影響を受けていることは明らかでした。

奨励されたわけではありませんでしたが、徐々に芸術や音楽が火星人の生活のなかに受け入れられ、相手の男性との結婚やセックスを望まない場合は、「ノー」と言ってもいいという考え方が女たちのあいだに生まれはじめました。そして基本的な安全が確保できるほどに、レイプや腕力による支配が減少していきました。

愛のために結婚する人々が出てくると、女性はだんだん強くなり自信をもつようになりました。まもなく人の妻をレイプすると罰せられるようになり、激しくむち打たれたり殺されることも出てきて、少なくとも結婚した女たちにはより自由な環境が生まれたのです。抑圧、憎悪、恨み、報復という長い歴史がDNAに受け継がれてきたために、火星の人々のなかに信頼が育ってきたのは非常にゆっくりとしたペースでした。男と女のあいだにはさまざまな心理的葛藤が生じ、女たちは男たちが支配的で無神経だと言って責めました。心から変わろうとする男の人は、女たちの言葉に憤慨しながらも先祖から受け継いだ抑圧された羞恥心と無力感という感情をかかえこんでいました。それ以外の男たちは、脅迫的な態度や暴力を用いて女性を支配下におきつづけようとしました。

新しい魂の流入によって遺伝的性質が癒され浄化されると、抑圧されていた感情が浮上しはじめました。それらの感情が過去のものであって信じるに足りないことを敏感に察知した人々もいましたが、ほとんどの人々には理解することができませんでした。解決の糸口の見えない対立からくる傷ついた感情がたえず浮上してきましたが、愛情と性的な磁力によって男女はつねに引き寄せられていました。ゲイやレズビアンのカップルも現れはじめましたが、数世代ものあいだ、ずっと自分たちの関係を秘密にしなければなるまいと感じていました。

## プレアデスの光の使者の誕生――五一〇〇年

最初の五二〇〇年周期の終わりが近づいたころ、火星の人々は解消すべき問題や偏見をかかえながらも、ゆっくりと進化していました。

金星から最初の犯罪者の集団が火星に到着した当時、彼らは自分たちが人々の合意にもとづいて霊的指導者層からの援助を要請しないかぎりは、いっさい介入を受けないという約束をとりつけました。彼らはかつて大多数の人々の要請によって、自分たちが金星を追われたことを非常に恨んでいました。そこで今度は彼らがその人々の合意という法則を応用して、自分たちに二度と同じことがくり返されないという保障を得ようとしたのです。

彼らはまた、最初の五二〇〇年周期が終わるときに惑星規模での合意が再評価され、存在の秩序を変化させるチャンスがもたらされることを告げられていました。そのときは大多数の声に加えて、もっと少数派の意見にも耳を傾けられることになっています。プレアデスの守護者たちの火星人への唯一の要請とは、だれにも干渉されないという選択権を継続させるためにも、火星の人々がこの周期の終わりまでに進化することだったのです。

火星の人々が五二〇〇年を過ぎたころまで、それらの合意事項を意識的に覚えていたわけではなかったにもかかわらず、それは彼らの集合意識の一部になっていました。それゆえ変化が起こったときに、彼らはさほど驚きませんでした。その変化とは、その周期の終わりまであと一〇〇年以内という時期に、プレアデスの光の使者たちが肉体をもって転生するという方法で火星人の文明社会に入ってきたことです。その当時、火星の人口はたった二〇〇人程度だったので、プレアデスの大天使の四種族からそれぞれ三人ずつ、計一二人のプレアデスのマスターが生まれてくるだけで充分でした。一般的に彼らは純粋な遺伝子をもつ、もっとも進化したカップルを両親として選びましたが、そのうちの二人は最初に火星に到着した反逆者の血統を受け継ぐ両親のもとに生まれました。プレアデス人の魂とスピリットの符号を含んだ新しい遺伝子の血統を火星に創造しようというはじめての試みのなかで、それらの選択がなされたのです。

それらのプレアデス人・金星人・火星人の血をひく子供たちは、生まれ落ちた最初からどこか違っていました。彼らは赤ん坊のときから、より「瞳の奥深く」に存在していました。そして流暢に話せるようになると同時に、自分が「ここに来る以前に」どこから来たかを話しはじめるのでした。また彼らは、星々や神の意識や彼ら自身のスピリットが最初にどこからやってきたのかを教えてくれる偉大なスクールのことを話し、そこは人々が眠っているときに行くことができるというのでした。また時間と空間を旅してきた、光の身体をもつ背の高い存在の物語や、それらの「光の存在」がいかに火星の人々を愛しており、みんなが喜びを感じて自分自身によい感情をもてるようになってほしいと望んでいるかを話しました。

プレアデスの血をひく子供が成長するにつれて、彼らの話と教えはより複雑な進化を基盤としたものになっていきました。さらに彼らは、金星という惑星とそこで何が起こったかについても漠然と語るようになり、それを聞いた人々は涙を流しました。「男が男」であった時代には女も「身のほどをわきまえていた」と信じ、古いやり方をやめようとしない男たちの集団だけは、その話に心を動かされることもありませんでした。その集団の男たちは密会して、支配権をふたたび奪回しようと策略を練っていました。しかし火星の人々の多くは、新しい指導者たちを受け入れてその教えを生活にとり入れはじめました。

肉体をもったプレアデス人は、呼吸を観察する方法や、胸の中心のエネルギーを感じるやり方や、太陽光線が身体全体に浸透するのをイメージするなどといった簡単な瞑想法を人々に教えました。それらの瞑想を実践するにつれて、火星の人々はいままで自分自身のことをほんの少ししか知らなかったことを理解しました。彼らは瞑想中に自分でも気づかなかったような思考や感情が浮上してくることや、それらの感情を自分の意志で手放すことができるということも知ったのです。彼らは自分自身や相手をより深く理解するためにみずからの体験を語り、その体験が自分にとってどんな意味があるかをみんなで分かちあい、感動や興奮を味わいました。

そのころになると、レズビアンやゲイの人々はみずからが同性愛者であることを公表しはじめ、自分たちの性的な選択を明らかにすることで、もうこれ以上怖れのために自分を隠すことはやめたいと表明しました。プレアデスの指導者たちは、それをきっかけに人々のあいだで偏見がなくなり、みんながもっとオープンに正直になれるようにと彼らの発言を強力に支持しました。そして一二人のプレアデスの血をひく火星人が希望者をつのって集会を開き、火星にいる人々の使命についての真実をすべて語ったのです。プレアデス人たちは、過去においてこの集団の男女の性生活が本来の意図からはずれ、ゆがめられてしまったことを語り、それゆえ男性も女性も尊敬や信頼を互いに見失った状況なので、同性との性的関係を通して自分自身を癒そうとするのはごく自然な行為だということを説明しました。

さらにプレアデスの指導者たちは、人が性的に深い癒しを必要として、性的な無邪気さ、喜び、神聖さを再発見したいとき、しばしば男性であれ女性であれ同性愛に向かうという自然な傾向があることを告げました。つまり、その人のなかの信頼と安全がくずれ去ったために、異性によって性的に癒されるにはあまりにも深く傷ついてしまったのです。その人が同性のセックスパートナーを選ぶとき、二つのすばらしい恩恵を受けとります。第一に同性どうしという環境のなかで信頼や尊敬、安心感がとり戻せます。第二に同性間で愛情のやりとりをするなかで、男であれ女であれパートナーを通してその性別に固有の特質を認められるようになります。その結果、その人は自分の性がそれらと同様の資質をもっているという認識にいたります。そのときから自己愛や自己尊敬、自己信頼が回復して育まれていき、罪悪感や羞恥心、低い自己評価、被害者／加害者というシナリオを手放しはじめるのです。その人はこう理解するでしょう。「私はこのパートナーと同じくらいやさしくてすばらしい愛すべき人間で、そのうえ尊敬に値する人間なのだわ。私はもう二度と自分を卑下したりしない。私は自分が人に与えられるものの価値を知っている。だって私はパートナーからそれを受けとったことがあるんだもの」その段階のあとは、その人が同性愛の関係を続けたとしても異性愛に切り換えたとしても、それは癒されるべき原因となるような大きな問題がない状態であり、単にその人の好みにもとづいた選択という事柄になるのです。

## 同性愛者に対する暴力——五一二五年

火星の大勢の人々は、それらの新しい性の告白にびっくりしました。ある人々は少し怖れ、ある人々は好奇心を感じ、それ以外の人々は気分が和らげられました。秘密裡に会っていた男たちの集団は、その新しい見方を自分たちの支配と男性の優位性に対する脅威と感じてカッとなり、暴動をくわだてました。それらの古い男権主義者たちは、人々をおどして服従させようと考えました。彼らはレズビアンやゲイのカップルを襲撃する夜討ちを実行しました。とらえられた男たちは手足を切断されて街の中央の広場のそばで絞殺され、女たちは胸をずたずたに切り裂かれました。二組の殺害されたカップルの家の玄関には血が塗りつけられ、中庭には「われわれはあらゆる逸脱行為に天誅を下す。火星の掟はふたたび立て直されるだろう」という言葉が掲げられていました。

この虐殺に加担して脅迫を計画した三六人の男たちは、これを見て人々が正気をとり戻し、理想的な真の火星人の男権主義というやり方を受け入れて、だれもが簡単に再強化されるだろうと考えていました。だから正反対の反応が起きたとき、彼らは非常に驚いたのです。

四人の女性と二人の男性を除いた火星の人々は、その暴力による見せしめ行為こそ彼らの残虐性の表われであり、プレアデス人が正しいことの証拠だとみなしました。そして移動するときも集団で道を歩き、互いに友人の家に泊まりあうなどの消極的な抵抗計画を実行に移しました。そして残った同性愛者のカップルは、すべて隣人の家に保護されました。そうした動きに協力しなかった人々は明らかな敵対者として区分され、男権主義者の過激な集団と、変化を望むそれ以外の人々という二つの集団に分かれていったのです。

## 霊的指導者層の介在と瞬間的カルマの法則——五一二五年

あとはもう市民戦争になだれこむしかないというとき、火星生まれのプレアデス人が霊的次元の援助を要請しました。すると市街中心の四角い広場に、突然まばゆい太陽光線のなかを上空から光の船が降りてきて、一二人の「光の存在」が現れました。それは「ラー」と呼ばれるゴールドの存在と「マート」と呼ばれるレッドの存在、そして「プタハ」というブルーの存在と「アンラー」というグリーンの存在がそれぞれ三人ずつでした。それらの使者たちは最初に火星人の肉体をもった仲間と挨拶を交わしてから、次のように人々に話しかけました。

「みなさんがこの惑星に来る以前、私たちはあなたがたが独自の生活様式を発達させることを受け入れ、人々の合意による要請がなければ中立を保って干渉しないことに同意しました。そしてその例外として認められるのが最初の五二〇〇年の太陽の周期の終わりですが、そのときあなたがたは完全な独立を維持するための飛躍的な進化を求められるでしょう。その時期がもうすぐやってきますが、一部の人々はいまだに独立とは人を支配し、その人の自由意志を奪うことだと思い違いをしています。

あなたがたの社会のすべての人々は、その人にとっての真実を私たちに話したり、ともに語りあったりする権利をもっています。それは何を言っても危害を加えられないという権利なのです。たったいまからこの太陽の周期の終わりまで、私たちは七五年後に始まる次のサイクルのためのガイドラインをあなたがたが決定することを助けることになっています。この回顧と決定の期間に、だれ一人として人に暴力や危害を加えることはゆるされません。私たちは五〇年後の同時刻に戻ってきて、みなさん全員と再会します。そしてみなさんと一緒にさらなる合意事項を決定することになっています。人の自由意志を奪い踏みにじるような人々は、いまここで前に進み出なさい」

高周波の光の身体とメルカバの光の船によってもたらされた変性意識の状態で、ドアや建物のかげから男権主義者たちが群衆の前に出てきました。一人のプレアデスの代表者が彼らに話しかけました。

「あなたがたはこの惑星で、兄弟や姉妹たちの独立性と自由意志を暴力で侵害してしまいました。そして権力や偏見や貪欲さのために殺人を犯したのです。しかしこの惑星はいまだ人々の合意にもとづくという法則下にあるので、あなたがたは排斥されることはありませんし、たとえ可能であったにしても私たちはあなたがたを罰したりはしません。あなたがたにも、この惑星で学び成長する権利があるからです。

あなたがたは進化しなければなりません。それがあなたがたくさんの古代の祖先たちの肉体をへながら、ここに来る以前に同意したことなのです。この時期のこの惑星の残りの住人たちは進化し、過去から学んでいます。あなたが今後七五年以内に過去から学んで進化しなければ、進化した人々によってくだされる決定にしたがわなければならないでしょう。これは選択のための期間であり、私たちはこの期間が滞りなく終わるのを見守るためにここに現れたのです。

私たちがいまから五〇年後に戻ってくるまでのあいだ、あなたが人に負わせたことをすべてあなた自身で瞬時に体験するでしょう。もしも人を殴ろうとして手をあげたとしたら、みずからの手の力で自分が殴り倒されてしまうのです。また人を殺そうとすれば、あなたの手が自分自身の肉体を死にいたらしめるでしょう。また人にやさしく寛大であるならば、あなたにはやさしさと寛大さという贈り物が返ってきます。それらの期間、あなたがたはこの社会の一員としてここにとどまることも可能です。

さらにあなたがたには、もうひとつの選択肢があります。いまの社会を離れて、この惑星の違う場所であなたたちだけの別の社会をスタートさせるのです。希望する人はだれでもすべてここを離れることができます。そして後者を選択した人は、五〇年後にこの惑星全体の集会に出席するためにもう一度戻ってこなければなりません。そのとき巨大な赤い彗星が大空を横切り、この火星を五分間ほど赤い太陽のように照らし出すでしょう。その彗星が現れてから、あなたがたの月の周期が二回りするまでに私たちは帰ってきます。さあ、あなたがたはどちらを選択しますか?」

男権主義者の集団は、全員がこの社会を離れることを選びました。彼らは言葉にできないまでも、瞬間的カルマの二者択一に耐えられるほど自分自身を抑制できるかどうか自信がなかったのです。彼らは非暴力的であるという抑圧から離れた状況下で、いま聞いた話のすべての意味を吟味し理解して選択するための時間をもつ必要があることを知っていました。そして、その集団は約二週間ほど歩いた場所を教えられ、そこを目指してただちに出発しました。

残された人々は心からホッとして、はじめて本当に安全になったことを喜びました。それから五〇年間、もとの社会の人々はプレアデスの血をひく火星人とともに活動しながら急速に学び成長していきました。彼らは「記号植物」を用いて、肉体だけでなく心理的な感情を癒すための治療法も教えられました。また、ある種の花々には人々に感情的に最高の状態をもたらす力があることを教えられ、それによって彼らはかつて想像もできなかったほど植物を敬うようになりました。

教えの中心は、彼らの聖なる使命と性的エネルギーの正しい使用法に関することでした。火星の人々のセックスは、互いの魂を結びあうことでもたらされる情熱やオルガズムの体験から遠く隔たっていたのです。人々はもっとも基本的なタントラを学ぶことで、新しいより至福に満ちたエクスタシーの状態が開かれていきました。お互いを見つめあい魂が溶けあうのをゆるしながら、深い結びつきと思いやりのなかで愛しあったのです。またときには、タントラを体験している最中やその直後に深い感情の痛みが解放されて、内なる平和がもたらされることもありました。

意識的に子供の霊的な誕生を促す方法も導入され、この新しい手法によって遺伝子レベルでの癒しがさらに加速されました。この五〇年の終わりまでにもとの社会にとどまった火星の人々は非常に熱心にさらなる霊的理解と実践を探求しました。彼らは魂とスピリットについて理解し、すべての事柄の聖なる目的を体験したいと願っていました。その当時それが必要とされたこともあって、性的探求がなお成長、癒し、喜びへといたるおもな手段となっていました。

男権主義者の集団は、しばらくのあいだ混乱や怖れや羞恥のなかにとり残されながらも、いっぽうでは自分を正当化して怒りを感じていました。彼らはまだ支配の必要性という不当な古い考えに依存していたのです。それらの男たちは敵意や恨みを人にぶつけたいという欲求を深いところに抱いていましたが、自分たちにはこれよりほか選択の道がないと信じていたために、そうした欲求を必死に抑えつけようとしました。

最初に新しい土地に到着したとき、彼らはまず間に合わせの家屋をつくりました。食物は豊富にありましたが、女性がわずか四人しかいなかったので、男たちもすぐに「卑しい家事仕事」を受け持たなければならなくなりました。女たちはみな二人の夫をもつことに同意しました。それは八人以外の男性は独身でとり残されることを意味していました。けれども、だれもがその状況を受け入れるほかはなかったのです。

男たちは、ほかの何よりも肉体労働が暴力的な感情エネルギーの解消を助けてくれることを発見しました。それゆえ彼らの時間の大部分は大工仕事や家具の製作、あるいはレスリングやウエート・リフティング、荷物の長距離運搬といったスポーツに費やされました。男たちは自分の手に入るもののなかで本当にほしいものは何なのかわからなくなっていて、何もすることがないときなどは途方にくれてしまいました。女たちは肉体的な暴力がなくなったぶんだけ、男たちよりは幸せな気分でした。けれど男も女もまだ親密にうち解けあえずに、お互いに感情を隠しながら一人ですねたり不機嫌になったりしていました。男たちは数時間やときにはまる一日も姿を消して、帰ってくるなり「ちょっと考える時間がほしかった」としか言わないこともたびたびでした。

五〇年近くたっても、彼らには自分たちが何を期待されているかを知り、それを実現する必要があるということしか理解できずにいました。それらの男権主義者たちは無知、怒り、傷ついた心、恐怖、羞恥という混乱した感情をかかえもち、あらあらしい外見にそれらを隠しながら、その怒りや粗暴な態度の理由として「不公平さ」をあげていました。彼らの根底にある思いは、「その内容がわからないというのに、宇宙人たちは何だってわれわれに変化など期待できるのだ? 彼らの要求はまったく理不尽だ。やつら宇宙人は自由意志について話していたが、われわれはもう望みをかなえることさえゆるされていないのだから、まったく古くさいまとはずれの話さ。それにあのもっともらしい、人を煙に巻くような話ぶりはいったい何なんだ?」といったものでした。彼らの怖れや傷ついた心はそうした態度によって隠されたまま、五〇年後にもとの社会へ帰る日がやってきました。

プレアデス人との集会のためにもとの社会に到着した彼らには、清潔で快適な住居とすばらしい食物が用意されました。もとの社会の人々は、帰ってきた人々に好奇心をもち友好的でほがらかでしたが、男権主義者たちはそれに対してどんな態度をとったらいいのか戸惑いました。彼らはぎくしゃくしながらなるべく丁寧にふるまおうとし、そのいっぽうでは、文化や精神的な違いによるへだたりを感じていました。

プレアデスの光の船が戻ってくると同時に、その集会の幕があがりました。個人的な疑問や問題なども含めてすべての人の声が聞きとどけられ、だれもが平等に尊敬と注意をもって扱われました。男権主義者たちが自由意志や公正さに関する不平や戸惑いをぶちまけたときでさえ、彼らは率直さとその場に出席したことへの賛辞と感謝の言葉を受けとったのです。

一〇日間の集会の終わりにプレアデス人と高次の集合意識が協議した結果、一日だけ集会を延期することになりました。そしてほぼ満場一致で得られた結論とは、次のようなものでした。

①火星の人々は、人の権利を奪わないかたちで独立する方法を教えてくれる、なんらかの指導システムや統治を求めている。

②すべての住民は、ゆるしと過去からの解放、つまりある種の「再生」を望んでいる。

③支配するための暴力は決して容認されないが、自己防衛のための暴力は許容される。

④女性は暴力的な夫から逃れて社会によって保護される権利があり、社会は人々の合意のもとに、暴力的な人物の身柄を拘束する権利をもつ。

⑤「人々の合意」とは、一人を除く全員一致ということである。

⑥火星にいる祖先たちともう一度つながるために、この惑星に来ることを望む金星人はすべて大いに歓迎される。

⑦火星における、そしてそれ以前の金星におけるもっとも大きなカルマは、偏見の結果として生まれたものである。それゆえ、その分野で進化しなければならないという必要性が最優先される。

そのほかにプレアデス人と高次の集合意識が、火星人が今後取り組むべきだと認めた問題がいくつかありました。

①教義をともなわない霊的な意識の集中や、神聖さを追い求める必要性

②ほかの人々や植物、水をはじめすべての創造物——それらがどのように個人の欲求を満たすかにかかわ

りなく――への感謝を学ぶ必要性
③処罰されるとかほかに選択がないといった怖れによる理由以外の動機で、誤りから正しさを理解する必要性
④良心をもちつつ、自分についてどう感じるかによって人々がみずからの進化をはかることを可能にする必要性
⑤ほかの人の成長を妨げずに、個人や集団レベルで霊的な調整や交わりを求めて高次の存在とつながる必要性

そしてこの集会の結果、火星文明に次のような変化がもたらされました。

1. 神官や巫女たち（最初の一二人のプレアデス人とその子孫たち）を配した霊的な神殿が建設され、人々が自由にそれらの神殿に出向いて学ぶことができるようになった。
2. 神官や巫女たちはすべての社会的な争いを鎮め、個々の対立のケースに裁定をくだすことができる。また要請があれば、霊的または社会的な問題に関する相談にも応じる。というのも、当時それは裁定の延長線上の仕事とみなされていたから。
3. 身柄送還という強制的処罰とともに、非暴力が第一の絶対的な法が制定された。
4. 「一人を除く全員一致」という条件が、物事の決定や、プレアデスの光の使者からの聖なる介在を求めるかどうかのガイドラインになった。
5. 進化は、個人または集団レベルの責任における合意にもとづく。
6. 火星の人々には深い癒しが必要なので、浄化とゆるしという目的のもとに大いなる炎の儀式がとり行わ

れた。その儀式はプレアデス人によって援助された。

7．手に負えない事態が生じたら、人々の合意のもとに神官や巫女がプレアデス人の介在を要請することができる。

8．次の五二〇〇年周期の終わりに、プレアデス人が火星に使者を送りこみ、人々の進化を監視して、人々の合意のもとに変化を起こす。

プレアデス人はみんなにそれぞれの領域における問題点を説明しながら、そのほかの結論に関しては、それが偏見をとりのぞくために必要なのか、それとも良心の発達のために必要なのかを説明しました。そして残りのすべての領域が検討されました。火星の人々は、いつでも個人または集合意識レベルで、それらの事柄に関して神官や巫女から、あるいは彼らがそうしたコミュニケーション手段を発達させれば彼らの高次の集合意識を通して、ガイダンスと援助を求めることができると告げられました。

火星で生まれたプレアデス人とのさらに数日間にわたる計画と作業のあとで、プレアデスの光の船と「光の存在」たちは去っていきました。彼らは、この周期の残り二五年の終わり間近に地軸の移動が起こるという予言を残していきました。それはこれまでにも周期の終わりに必ず起こったことであり、今回の周期でも太陽のまわりを回る火星の軌道を修正するために起こることが告げられたのです。地軸の移動は三段階に分かれて起こり、火星上では地震や微震や夜と昼のサイクルの変化というかたちで体験されることになっていました。そして昼の時間帯が延びていき、夜の時間帯が短くなっていくというのが、最後に長期的に継続される大きな変化になるだろうというのでした。もちろんそれらの移動では、最初にわずかな温度上昇や雨量の減少、地下水位の変化がもたらされるということでした。

## 進化と癒しが続く——五二〇〇〇～一万四〇〇〇年

次の五二〇〇〇年周期全体は、ほとんどが安定した進化と熱中の時代でした。個々の暴力的体験の大部分が、非暴力的手段を用いて対処されました。数百年のあいだにいくらかの人々が社会から追放されましたが、その期間に起こった大きな事件はたったの二件でした。ひとつは病気で泣きやまない幼い子供を、父親が怒りの発作にかられて殺してしまった事件です。その男は忍耐力を失って子供を強くたたいてしまい、首の骨を折ったのです。それに対して、神官や巫女が必要だと考えるまで神殿で自分自身を癒すことをその男が受け入れるならば、追放は免除されるという判決がくだされました。彼はそれに同意し、情緒面での援助を求めるという新しい先例がつくられました。そしてその他大勢のカッとなりやすい気性の持ち主が援助を求めて神殿へ行くようになり、大きな成果があがりました。

もうひとつの事件は、さらにトラウマ的です。一人の同性愛者の男性が、六人の極端な同性愛嫌悪の男たちからレイプされて殺されたのです。その襲撃の前に、殺された男性は加害者の男たちにわざと触れたり、性的なしぐさをして見せたり、性的な言葉をかけたりしてからかっていたことがわかりました。被害者の男性は、彼らが怒りにかられながらも何もできずに我慢しているのを見て、ただ単純に面白がっていたのです。男たちはその同性愛の男性をアナルセックスで犯すことで、彼に「二度と忘れられない教訓」を与えようとしました。そのさなかに、被害者の男は彼らの追放を怖れて、レイプはセックスではなく暴力行為になることを伝えました。しかし怒りにとらわれた男たちは、それを聞いてパニック状態になり、彼を締め殺して死体を隠してしまったのでした。

数日後にその男性の死体が見つかり、血液や精液から彼の身に何が起こったのかが明らかになりました。調査が継続され、そのうちに被害者をレイプしたけれども締め殺しはしなかった六人のなかの一人が告白しました。彼は自分が犯してしまった罪の深さと悲しみにとり乱して、自分自身や彼の仲間の共謀者たちに処罰を課すことを求めたのです。裁判と同じような集団での会合が開かれ、告白した一名を除く全員の追放が決定されました。ゆるされた一人には神殿での癒しという選択が与えられ、それに心から彼も同意したのでした。

追放された五人の男たちは、怒りに燃えて裏切り者に復讐するために、数日後ひそかに町に戻ってきました。神殿のなかの男を守ろうとして、神官や巫女は五人を殺してしまいましたが、火星の人々はそのケースを自己防衛または人を守ろうとして起こった事件であり、だれも責められるべきではないと認めました。けれども、それは人々の心に深い傷跡を残しました。それが神殿のなかで起こったということが、なおさら事態を深刻にしてしまったのです。

火星の市民はこの悲劇を無駄にせずに、自分たちの全体的な進化のプロセスを再検討し、プレアデス人の教えを見直すための機会にしました。そして偏見によって生じる自分たちの主要なカルマに関する部分が読みあげられたとき、人々はみんなで団結して責任をもってそのカルマを断ち切ることを決めました。彼らは援助を求めて神官や巫女のもとに結集しました。お互いの合意のもとに、瞑想やさまざまな集団のなかでの週ごとの話しあいや、自分たちの進化や次のステップについて議論する、年に一度のすべての住民の集会などが計画されました。

社会の住民全体がその事件から羞恥と恐怖という痛みを感じ、それゆえに偏見を断ち切ろうというみずからの誓いを守ろうと人々は立ち上がったのです。数人の人々は自分一人でその問題に対処できるからという理由で参加を拒みましたが、彼らは本当はいまだに心のなかで同性愛の劣性を信じていました。火星の歴史におけるその時点では、同性愛は傷を癒すためになされる選択というよりも、むしろ好みの問題として理解されてきました。そうした事実が、知らず知らずのうちにいまだに根深い偏見にとらわれた人々の敵意をあおってきたのです。

二番目の五二〇〇年周期の終わりまでに、社会全体に平和が浸透しました。神殿はすべての社会的かつ霊的な活動の中心でしたが、人々は神殿や神官や巫女に依存しすぎ、自己信頼をいまだに回復できずにいました。火星の人々は自分たちが本当の独立にそなえる前にもっと時間が必要だという結論をくだしましたが、その背後に深い羞恥心、不充足感、そして自分や人を信じることができないといった動機が隠されていることまでは認識していませんでした。

プレアデス人が統制する神殿を維持するという彼らの要請は尊重されましたが、プレアデス人や神殿の人々は、火星人たちがついに彼らの歴史的な暴力、男権主義的な権力志向、偏見などの源にあるものと直接向き合う時期にきていることを理解していました。すなわち金星の下層階級市民であったことや、差別されたことや、犯罪者になって故郷の惑星から追放されたことに対する隠された羞恥心や不充足感を見つめる時がきたのです。彼らは不公平さや不正への怒りにとらわれながらも、それを乗り越えて自分自身の現実をつくっていくという責任を理解しはじめていました。つまりそれは次なるレッスンへ移行する時期だったのです。

その五二〇〇年周期の終わりに、プレアデスの光の使者たちがふたたび火星に到来し、すべての個人や集団にかかわる問題を聞きながら、現存する同意事項を再度検討しなおしました。そして火星の人々に、彼らの祖先の物語をすべて語って聞かせたのです。それは彼らの祖先たちを金星の下層階級にしてしまった階級の区分や偏見に関する話でした。また肉体的な美や音楽や芸術の才能が欠けていることによって、金星の社会において自動的に「より劣った」人間と見なされてしまったことや、より上の階級に仕えて「卑しい」仕事をしなければならなかったこと、そして彼らがその不公平さを理解してもらおうと立ち上がったけれども結局は失敗に終わり、最終的に泥棒や暴力的な犯罪者になってしまったこと、それからもとの社会を追われて遠くの丘陵地帯にもうひとつの追放者の集団、すなわち近親相姦による遺伝的な突然変異から生まれた「醜い人々」の社会を発見したことや、そこで犯罪者たちは愛情をもって心から歓迎されたけれども、しばらくすると彼ら自身の劣等感の裏返しとして「醜い人々」を支配したいという欲求にとらわれたこと、そしてその愛すべき隣人に対する彼らの偏見や嫌悪こそが、最終的に彼らが「醜い人々」の大多数の合意にもとづいて金星から追放される運命を招いたことを語ったのです。

詳細に歴史が語られるにつれて、火星の人々は深い沈黙に落ちていきました。彼らはその話がまさに自分たちの真のカルマの歴史であり、自分たちが転期にいることを知ったのです。数日間、人々は深い自責の念にとらわれて静寂のなかで過ごしました。それからプレアデス人との集会がもう一度開かれて、その歴史においては当時彼らに何が必要だったのかが告げられました。人々はみな一年間のゆるしと再生の期間が必要だという結論に達し、プレアデス人が火星の人々に混じって生活しながらその過程を援助するということに同意しました。

炎、水、空気を用いた浄化の儀式を行ったり、ときには数日間キバ〔北米のプエルト・インディアンが一時期用いていた円形や半円形の地下の宗教的建物〕のような地下の小部屋にこもったりしました。また丘の上に行って裸になり、風にむかって過去の羞恥や自己非難というすべての残留物を吹き飛ばしてほしいと祈ったりもしました。そして炎の儀式では炎のまわりを歩いたり踊ったりしながら、彼らの怒りと憎しみを清めて本当の自己をふたたびとり戻す勇気を与えてくれるよう火に祈ったり、自己信頼や物質を超える思考の力という信念を強化するための「火渡り」を教えられたりしました。水のなかで裸で行われる浄化の儀式では、すべての過去の誤った考え方や恨みの感情からの遺伝的な癒しと再生を求めて水に祈りをささげ、地下のキバでは自分の内側のもっとも奥深く暗い隠れた部分と向き合うことができるよう祈り、それらの影の部分を認識し理解してゆるすために、太陽や空気、水、火を用いた浄化の儀式を行いました。

この年に人々は謙虚になり、浄化され、生まれ変わりました。そして彼らは自分自身と自己の真の本質について多くのことを学んだのです。彼らの集合意識は、愛についての学びや、何の決めつけあるいは偏見も抱かずに自身や人を無条件に受け入れるための援助をプレアデス人に要請し、偏見をなくすことを実践する機会が与えられるよう求めました。プレアデス人はそれに同意しましたが、その前にあと二〇〇年ほど火星の人々がさらに進化する必要があることや、その二〇〇〇年の終わりに新しい存在たちの集団が、彼らの祖先にあたる火星の一族ともう一度結ばれるために送られてくるだろうことを告げました。

それらの新しい存在とは、自分たちが援助しようとした人々のあいだに生じた狂気を癒そうとして失敗したという思いこみのために、金星での転生を終わらせることを選んだ最後の金星人の集団でした。彼らはふたたび転生して、過去を癒す必要があったのです。また自分が失敗したと信じている乙女座から来た金星人も火星にやって来ることになっていました。

生粋の金星人の集団は、最初に火星の人々を下層階級市民へとおとしめた人々と同じ魂をもつ多数のメンバーによって構成されており、さらにそのうちの数人は火星の人々を金星から永久に追放した人たちだということでした。それらの転生してくる人々は、金星の人口が最大だったときのほんの一握りにすぎず、多くの金星の人々がすでにアセンションして、覚醒にいたったり、あるいはもっとほかの進化の道を選択したというのです。火星の人々は、それらの古い家族の一員との関係を修復することを心から切望し、まず最初に自分たちがともに分離をつくりだしてしまったことを充分に認識しました。火星の人々は自分たちに期待される役割をはっきり告げられたにもかかわらず、金星人が到着したらどうなるかについて少し楽観的に単純に考えすぎていました。

転生した金星人の最初の到着に先立つ二〇〇年間に、火星の人々の霊性、自己を尊う気持ち、平和がかつてなかったほど繁栄しました。偏見もほとんどなくなったかに見えましたが、いまだに少数の人々はひそかにかかえていました。また怒りの感情は、暴力を用いない適切な方法で処理されましたが、一部の人々は怒りや自己正当化の感情や羞恥心を隠しもっていました。人々は個人の利益に固執することを超越して、お互いに相手や自分の人生に深く感謝することを学びました。こうして進化が加速され、火星社会のすべての局面が花開いていったのです。

## 金星人たちの火星への最後の転生——一万六〇〇〇年

火星で金星人の祖先の第一団が生まれ変わる以前に、金星の人々はエーテル体のままプレアデスの光の船へと連れて行かれて、見えない場所から火星社会を観察していました。彼らはその火星の集団との過去の進化における歴史を思いだし、きたるべき再会の時にむけてできるかぎりの最善をつくして準備にとりかかっていたのです。

それから二〇年間にわたって、およそ五〇〇人が火星に転生しはじめました。意識的な誕生という火星人の認識も手伝って、彼らは最初のころはもっとも慈悲深い気持ちで子供たちに接しました。子供たちは少しだけ反応が鈍く、大部分の火星人の子供たちよりもよく眠りました。それは金星人が肉体をふたたびもって以来、加速度的な癒しと変容がもたらされていることが原因でした。彼らの金星での三次元生活に終止符を打つ要因となった自己非難の感情ゆえに、彼らの魂とスピリットの関係は深く傷ついていました。つまり彼らはエーテル体レベルで可能なかぎり癒されてきたのですが、あとは肉体のなかでの人生経験を通して癒されなければならなかったのです。

　母親たちは、自分がそうした子供たちにいらいらして我慢できなくなることに気がつきました。彼女たちは、神官や巫女からそれらの子供たちは愛やいつくしみを受けるのを拒んでいるという説明を聞くまで、そのことで自分自身を恥じていました。両親たちは、赤ん坊にミルクを与えたり抱きしめたりしながら、彼らが愛されるに値し、愛にふさわしい存在だということを話しかけるよう指示されました。母親たちはこの忠告にしたがいましたが、ほとんどの場合、子供たちが生理的欲求だけに反応を示して、いまだに愛情や個人的なふれあいなどに反応しないことを発見しました。言葉を換えると、赤ん坊たちは傷ついた魂をかかえて生まれてきたからこそ、母親との深い魂の結びつきを受け入れられなかったのです。

　その子供たちは話したり歩きいたりするはずの年齢に達しても、なかなか身体に力が入らない状態のままで、話したり歩いたりしようともしませんでした。それらの赤ん坊たちがやっと話し、歩きはじめたのは、「ふつう」の火星の赤ん坊よりも一年近くあとのことでした。はじめはぎこちない動作で、自分たちの欲求がかなえられる必要があるときだけ話しだしました。それは今日の地球では、平均値から平均以上のＩＱをもつ家族に少し知的障害をもつ子供が生まれたようなものです。火星の人々はそれらの新しい子供たちに愛情を感じるようになり、同情や憐れみのほうが、いらいらや怒りよりも許容しやすいことに気がつきました。こうした選択を通して、彼らは自分でも気づかずに新しい子供たちが「～よりも劣る」と感じることを奨励しつづけ、子供たちを「哀れな幼子」として見る姿勢が人々に広まっていったのです。

成長するにつれて、彼らは「ふつう」の子供たちよりも内向的になっていきました。彼らは突然わけもなく泣きだしたり癇癪を起こしたり、親が自分を嫌悪して死ぬことを願っているといって両親を責めました。こうした傾向が新しい子供たちにあまりにも広くみられたために、母親たちはそれぞれの体験を比較して、その問題の原因が自分ではなく子供たちのなかにあることを知りました。そこで親たちを代表する使者が援助と理解を求めて神殿に遣わされました。そしてそれらの子供たちが、金星での最後の転生で、深い感情的なトラウマ、自己非難感情、狂気を体験したという記憶をとり戻したのです。それらの傷跡がまだ彼らの魂に刻印されており、それが癒されるまでには時間と忍耐が必要だということも告げられました。

神官や巫女は、子供たちが簡単な霊的概念を充分に理解できるようになったら、神殿の敷地内で彼らのために学校を開くことを提案しました。神官や巫女が教師となり、両親が順番に交替でそれを援助するというかたちで、その計画は人々に大きな希望と安心を与えてくれました。そして、やがて自意識がめざめたころに、子供たちは学校へと送りこまれたのです。

霊的な指導者たちは、最初は物語や素手でつくる工作物を通して子供たちにはたらきかけました。子供たちの注意を引きつけるために陽気でわかりやすい物語が語られ、そこに少しずつ原理や学びを織り混ぜながら金星の歴史を簡略化した物語が加えられました。教師たちはその物語を教訓を交えた神話として語ったにもかかわらず、子供たちの好奇心がめざめはじめました。そして彼らの工作にも創造性がはっきりと表われるようになり、何人かの子供たちは歌ったり楽器で簡単な音を出したりしはじめました。ところでもっとも大きな謎だったのが、子供たちが突然理由もなく「発作」を起こすのが依然としてやまないことでした。

そのころまでに火星に生まれたプレアデス人たちは、プレアデスと火星の遺伝子をもつ子供たちを各地の神殿に配置できるほど数多く誕生させていました。そこで彼らは肉体を捨てて火星を離れ、エーテル体のガイドや指導者として仕えていました。ところが現存の神官や巫女たちは、まだ完全な覚醒に到達していなかったために、すべての問題を分析して癒すための理解力と経験が不足していました。それゆえに彼らは、子供たちの問題となる行為の深い原因に気づかなかったのです。つまり、それらの子供たちは、いまだにかつて金星で癒すことができなかった狂気の人々から引き継いだ否定的な感情や恐怖をかかえており、それによって魂が文字通り食い荒らされていたのです。

ゆっくりとながらも進化が続いていき、子供たちの動きは時間の経過とともにますます社会のなかで目立つようになっていきました。彼らの感情的爆発は予想される出来事となり、通常の日常生活の一部としてとり扱われました。子供たちが人々を驚かせたひとつの出来事とは、純粋な楽しみとして、遊びのなかで暴力的な場面を演じてみせたことでした。火星社会に暴力が存在しなくなってずいぶん久しかったので、それは人々にとって異質なものだったのです。人々は子供たちに非暴力主義について話しましたが、それに対して子供たちは「悪いやつに自分が殺される前に、そいつを殺さなくちゃ」「あの怪物たちを見て！　あいつらをつかまえないと」といった返事をしながら、そうした遊びを続けていました。彼らは恐ろしい悪夢にうなされてめざめ、それが本当ではないということになかなか納得できなかったのです。

## 新たに転生した人々の自殺と暴力——一万六二〇〇年

最初の大きな悲劇は、いちばん先に生まれた金星人の子供たちが一六歳から二〇歳に達したときに起こりました。深刻な問題をかかえていた子供の一人が、自分を傷つけて自殺をはかろうとしたのです。その出来事によって、子供たちの身の安全について人々のなかに怖れが呼び覚まされ、ふたたびすべての両親が集まりました。

彼らの多くは自分の手には負いきれないと感じて、自分たちのしようとしたことを悔やんでいました。そしてまもなく、あとを追うように六カ月間に六人の子供たちが次々と自殺し、ほかの子供たちはしだいに暴力をふるうようになっていきました。それはだれにもまったく予測もコントロールもできない事態に思われました。ある一八歳の少年が「人殺し、この人殺しめ」と叫びながら姉を殴り殺してしまったことが明らかになりました。その少女は、弟とのセックスを彼女が拒んで以来、その少年が「狂ってしまった」と人々に言い残して死んでいきました。

両親たちが助けを求めて神殿に行ったところ、神官や巫女はその問題が金星で過去に起こった狂気となんらかの関係があることだけははっきりしているが、それ以上のことはわからないと告げました。彼らは満場一致でプレアデスの「高等評議会」による介在を要請することに決め、それをすぐに実行に移しました。「高等評議会」のメンバーは、火星の神殿の霊的な指導者たちに自分たちの姿が物理的に見える必要があることに気がつきました。というのも、それらの指導者たちはガイダンスや夢を通したやり方では理解することができなくなっていたからです。そこでプレアデス人が到着して人々と協議した結果、唯一の解決策は以前起こったことに関する子供たちの無意識の記憶をとりのぞくことだという決定がなされました。そうすれば、それらの傷を負った若者がポジティブな人生経験を通してたくましく成長していくにつれて、徐々に記憶のパターンが組み換えられるだろうというのです。プレアデス人は、今後のさまざまな協議事項にそなえて一人のプレアデス人の使者を神殿に残していくことに同意しました。

その神殿の敷地内の聖なる沐浴の場に子供たちが集められ、プレアデス人と一部の神官や巫女による儀式がとり行われました。そして子供たちの過去世の記憶が、彼らの魂のマトリックスと潜在意識からとりのぞかれました。子供たちはネガティブなエネルギーによって生成されていた毒性が身体からきれいに吐き出されるにつれて、吐き気やその他の風邪に似た症状を数日間ほど体験しました。その期間じゅう彼らは神殿内にとどめおかれ、やがて体力が回復したころに家族に連れられて帰っていきました。

大部分の若者たちは悪夢から覚めたように感じ、その夢は現実ではなかったことを理解しました。そしてすみやかに穏やかな性格に返り、新しい世界観に適応するまでの期間だけ、人にまとわりついたり、みんなの注目を集めたがったりしました。また現在の人生の細かい出来事について記憶を失った若者もいて、そうした人は自分が病気だったけれども、いまはよくなったのだと認識していました。

そして例外なく、彼らは以前よりも若返ったようになり、少しずつ自信や帰属感をとり戻していきました。彼らは年老いてからもほかの人々より無邪気で子供のような部分をとどめており、それと同時に、通常の枠をはずれた異常事態にどう対処していいのかわからなくなってしまうような幼い部分もありました。

## 魂の記憶の一部がとり戻される——一万八七五年

金星から来た人々は数世代にわたって火星の社会に溶けこんでいき、彼らをとりまく友人や家族や社会のなかで信頼を獲得しながら、少しずつ強くなっていきました。その後プレアデス人は、そろそろ新生児に記憶の一部をもう一度入れ直して、それを癒すことで新たなステップへ進化する機会を提供する時期だという結論に達しました。幼児たちはいまだに発作を起こし、悪夢にうなされて泣き叫んだりしましたが、以前の金星からの人々ほど重症ではなくなりました。また火星の人々は、金星人の成長や行動パターンを見守りながら、カルマのエネルギーの再導入を受け入れる準備をしました。

金星人の子供たちの大部分は三歳までに充分に愛され理解され、感情的にも充分浄化されてまわりの子供たちになじんでいきました。それは歓迎すべき喜ばしい勝利でした。そしてその世代の人々が健常児たちを生んだとき、さらにその次の世代に変容すべき次なるレベルのカルマが与えられたのです。

今度は彼らが乙女座の狂気の人々から受け継いだカルマではなく、金星の人々の敗北感と羞恥に密接にかかわるカルマだったために、それを変容させるまでにはさらに長い時間を要しました。乙女座・金星・火星の血をひく転生者たちは、いまだに深い部分で拒絶感や疎外感を感じており、それと同時に他人への不信感をかかえこんでいました。それらの子供たちは拒絶されるという恐怖から死にものぐるいになって母親にまとわりついたり、反動的に無気力や無反応に陥ったりしました。母親たちはふたたび奇妙なふるまいや行動パターンにそなえるようになり、つねに変わらない愛情をもって子供たちを受け入れようと心がけました。

二歳ごろに子供たちが互いを認識できるようになると、明らかな競争心や独占欲をめぐるけんかが始まりました。彼らはつねに相手の間違いを証明しようとしているように見えました。生粋の火星人の転生者たちは、最初はそれらの子供たちとかかわりませんでしたが、すぐに引きずりこまれて「戦争ゲーム」をして遊ぶようになりました。それらの非常に幼い者たちのために神殿内に学校が設立され、子供たちは倫理的な教訓を交えた物語を聞いたり、工作を学んだり、ドラマ・セラピー（演劇療法）のようなものを行い、そのなかで感情を表現したりしました。それは自分の感情が自分の現在の状況にもとづいたものではないことを知り、そこから切り離すことを目的とした試みでした。しかしそのセラピーがある程度うまく運んだとしても、子供たちが決して完全に人を信じるようにならなかったために、その方法もゆきづまってしまいました。

それらの子供たちは、どんなに愛されて受け入れられ、信頼されようとも、大人たちが自分を拒絶して罰するのを待っているかのようでした。もちろん、それは彼らが自分自身を厳しく拒絶し罰してきたからであり、そうした傷を癒すための試練がここで与えられているのです。三世代たっても、それらの信頼という問題についてはほんの少ししか変化がもたらされず、人々は深刻に悩みはじめました。子供たちの両親は疲れきって忍耐力を失い、それをすぐに察知した子供たちが両親をますますつらい立場に追い込んでいきました。進化のこの地点において、子供たちは自分の肉体を傷つけるようになり、自分が悪いから自分で自分を罰するのだと言いながら身体をナイフで傷つけたり、焼きつけたり、食事をとるのを拒んだり、頭を壁や床に打ちつけたりしました。なぜ自分が悪いのかという説明はまったくなく、彼らはただそう思いこんでいたのです。

両親は愛情をもって穏やかに接するよう全力を傾けましたが、最終的に自分を傷つけようとする子供の態度によって抑えがきかなくなってしまった人々もいました。彼らは身体を傷つけようとする子供を監禁し、彼らの大好きな特権を奪い去り（身体を自分で傷つけられない状態にして）、そして必要があれば無理にでも食事をとらせようとしました。心理学的に見ると、これは子供たちにまさに彼らが欲しているものを与えることになります。つまり両親は自分を本当は愛していないし、信頼に値する存在ではないということが証明されたのです。それらの子供たちは自分自身が決してだれからも愛されず、信頼もされないと信じていたので、それはごく自然な結論でした。

空虚感と挫折感のなかで、両親たちは回復を求めて子供を神殿へ連れていき身柄を預けました。つまりそれらの両親は、自分の子供たちとまったく同じような態度に出てしまったのです。子供の両親である彼らは自分でもそれに気づいていましたが、子供を充分に愛することも、充分に辛抱強くなることもできないと感じており、それに対して羞恥心と挫折感と自責の念にとらわれていました。

プレアデス人の助けを借りてさえも、神官や巫女は子供たちを癒すことはできませんでした。それらの子供たちがより複雑なカルマや霊的教義を充分に理解し、その教えの影響をすすんで受けるためには、もっと成長しなければならなかったのです。そこでしばらくのあいだ、わずかな変化しか見られないにしても、ときおり子供たちに物語を聞かせつづけることにしました。

子供たちが思春期に達すると、初歩レベルのタントラの教えと哲学的な概念がとり入れられました。彼らはいまだに非常に懐疑的で不信感に満ちていましたが、その二つの組み合わせによって、彼らの落ち着きのなさを減少させる程度に抵抗がゆるめられたように見えました。かつて彼らは、大人たちが理解を示すふりをしても、結局は自分たちを拒絶し置き去りにすることを証明しました。そしてそれこそが自分の深く傷ついた感情を正当化するためにまさに必要なものだったのです。

さらに成長したのちに、それらのもとの金星人は彼らがどこから来たのか、そしてその惑星で何が起こり、火星でこれまで何が起こったのかを正確に告げられました。自分自身の歴史を聞くという体験は彼らにとってとても大きな驚きでしたが、それが真実だということを納得しました。そして、その歴史をくり返さないようにするために彼らに与えられた唯一のチャンスとは、神官や巫女を信頼することを選択し、心から自分自身の態度を変えようとすることだと理解しはじめたのです。そして彼らはそれを実行に移しました。

それらの若者が成長して社会に復帰し、結婚して自分たちの家庭をもって状況がふたたび悪化するまでは、それは偉大なる勝利に思われました。最大の問題は、彼らがけんかをして妻や子供を肉体的に虐待するようになったことでした。それらの夫たちはあらゆる間違いに関して妻を非難し、感情的な弱さを嘲笑し、彼女たちの忠誠心や信頼性のあかしとして従順を要求しました。妻たちは、しばしば自分自身が充分すぐれていないように感じて恥ずかしくなり、さらに問題がこじれていきました。まもなく母親と同じように暗い瞳と傷だらけの身体をもつ子供たちが見かけられるようになりましたが、母親たちは社会から干渉されることを拒んだために問題はいっそう深刻になっていきました。

## 分裂という結末——一万三〇〇〇年

非常に長いあいだ非暴力主義を貫いてきた人々は、社会をおびやかすものに対して脅威と憤りを感じていました。彼らの苦情を聞いた神官や巫女は、人々の自由意志を尊重するという立場をとり、虐待された女性や子供たちが助けを拒むかぎりは、だれも干渉することができないと答えました。こうして人々が二つに分裂して時の経過とともにそれがますます顕著になっていき、やがてそれぞれの集団がおよそ二〇〇〇人あまりという同じくらいの人数に達しました。ちょうどそれは五二〇〇〇年周期の中間ごろだったために、何の手の打ちようもなかったのです。

神官や巫女は「高等評議会」に援助を要請しましたが、二つの集団が地理的に違う場所に住むか、あるいは同じ場所にとどまってうまくいくよう努力するのをすすめることしか、この時期の彼らにはしてあげることができないと告げられました。それを聞いた人々は結論を引き延ばし、やがて問題となる集団が神官や巫女と同等の統治権をもつことを要求しはじめました。それらの暴力的な問題をかかえた人々は別の支配権をもつことを望み、自分たちの価値を証明しようとして、またたく間に非常に闘争的な人間に変わっていきました。本当は自分に価値がないと思いこんでいましたが、自分の内面を見ようとせずに他人の問題の源となるものを指摘することのほうがずっとたやすかったのです。彼らは生粋の火星人が自分たちを毛嫌いして差別すると言って責め、自分たちはただ社会に順応させようとする圧力に反発し、神殿の絶対的権力に抵抗しているだけだと主張しましたが、それは事実とはまったくそぐわないものでした。やがて人々のなかに、それらの新参者に対する偏見が怖れから生まれて、怖れのなかで急激に広がっていきました。

生粋の火星人は以前のような穏やかな生活を切望しましたが、自分の非力さを痛感し、明らかに助けが必要な友人から目をそむけたいという欲求に対して罪の意識を感じていました。二つの社会に分かれることのほうがよりよい選択に思えたので、もとの社会のメンバーは全員を集めた集会のなかでそのことを提案しました。新しい火星人たちは、如才なく穏やかにふるまおうとする先輩たちを侮辱して、責めるチャンスをつかんではここぞとばかり攻撃しました。やがて集会は大混乱に陥り、激しい言い争いが始まりました。鼻の骨を折ったり、傷を負う人々が多数現れて、そのうち二人が重傷でベッドへ運ばれました。最大の被害者である少年は、争っている二人の男の下敷きになったまま窒息死しました。

二日後に新しい火星人たちは、かつて男権主義者たちが住んだ地方へと移住を始めました。その地方はいまだに人々の記憶のなかにあり、まだ使用できる施設を少しでも発見できるかもしれないという期待もあったのです。しかしながら街は完全な廃墟と化していました。そこは以前街だったこともわからないほど荒廃しており、突き出した岩の下にあった調理用品だけがなんとか使えそうな程度でした。けれども、その新しい移住者と古代の火星人とのあいだに共通の興味と権力への志向性があり、それゆえ彼らは古代の人々が移り住んだその土地に強力な結びつきを感じ、そこに住むことに決めました。

新しい社会では家や食物やその他の基本的な必需品をまかなうことが最優先され、最初の数年間はそれらに夢中で時が過ぎていきました。そしてかつての金星の社会のメンバーが彼らの家族として生まれはじめ、人口がどんどん増えていきました。また昔の火星の男権主義者の一部もその社会に転生することを決め、彼らは五〇年もたたないうちに五〇〇人近い人口まで膨らんでいきました。

## 武器の開発――一万三〇五〇年

建物が建てられ、その他の社会に必要なものが満たされると、ほかの社会からの侵略者や火星への新たな侵入者による侵略から身を守るために、武器が必要だということに人々が同意しました。弓矢のようなものや投石器、ナイフや、投げつけるための鋭い円盤状の武器などが考案され、体力を競ったり武器を用いたコンテストが男たちのあいだで行われました。人々は無意識のうちに、はるか以前に同じ場所に住んだ古代の男権主義者たちとまったく同じ行動をとっていました。

偏ったものの見方や不信感が、戦争や暴力へと向かう人々の意識の焦点に比例して蔓延していきました。彼らは互いをほとんど信頼していなかったために、想定される問題に対して相手をやりこめて言い争う理由をいつも探してばかりいました。女たちのあいだでも口論や争いが絶えませんでした。たいていこうした問題は「われわれ対やつら」という発想に由来しており、そこにもし友愛が生まれる余地があったとしても、ごくわずかだったのです。

いっぽう、もとの社会には平和でスピリチュアルな生活が戻ってきましたが、暴力的な住人とともに住むあいだに生まれた恐怖感、罪悪感、無力感がいまだに人々の霊魂にはりついて残っていました。その違いが何かとはいえませんでしたが、人々は決して以前のように幸福ではありませんでした。彼らは芸術や演劇の分野での学びと成長と発展を続けました。しかしそれと同時に、必要なときに自分自身の身を守る能力と体力を発達させる必要性も感じていました。

武器の開発が最初は少数の人々によって始められましたが、移民たちの社会での経過とちょうど同じように、やがてそれはもとの社会でも大がかりな社会事業になっていきました。まもなく兵器類の訓練所が設けられ、すべての子供たちが一八歳になるまで立ち入り禁止区域とされました。人々はそれらの武器を自分の家族や家を守るためだけに用いるつもりでしたが、それでもなお武器類の扱い方を学ばなければなりませんでした。人々は無邪気なまでに、少年たちに自己防衛について教える以前の性格形成期において、彼らの関心を暴力的な意識や態度から遠ざけることができると信じこんでいました。ところが最初はうまく運びましたが、二世代もたったころに武器を見たこともない少年が遊びのなかで戦争ごっこをするようになったのです。その新しい自発的な子供たちのふるまいに示されるように、深い部分で暴力が急速にしのび寄っていたのです。

町の周辺に城塞と同じような塀がめぐらされて、その塀の外側には町への侵入を困難にするために堀がつくられました。もちろん人々は自分たち自身にも垣根をはりめぐらせていましたが、そのことは深く考慮されませんでした。彼らは塀の外側に薬草や食物や花やその他のものを求めて出かけましたが、必ず二人以上の集団で行動しました。こうして二つの社会は敵どうしとして生活しました。そしてその敵は、戦争の準備を整えてますます強くなっていったのです。

## 市民戦争——一万三一〇〇年

二つの集団が分かれて一〇〇年ほどたったころ、もとの社会のようすを調べて人々の意図を知るために、新しい社会から古い社会へスパイの一団が送りこまれました。そして驚くべきことに、水に囲まれた城塞都市を発見したのです。さらに近づいてみると、塀にとり囲まれた街の人々は彼らと同じような武器をもち、それらの使い方を毎日訓練していました。スパイたちがそのニュースをもち帰ると、それは人々にすみやかに伝わり、すぐに社会全体での集会が開かれました。そして隣人たちが明らかに自分たちを滅ぼそうとたくらんでいるので、その前にこちらから襲撃すべきだという合意が成立したのです。

二週間以内に襲撃計画が立てられ、最初の火星人の軍隊が構成されました。彼らはまず最初に塀を焼き払い、堀の水を汚して使えなくしようと計画しました。それぞれの任務ごとにチームが編成され訓練が続けられました。二週間後に三〇〇人の火星人の男と若者たちが、料理をしたり負傷者の世話をする少数の女性とともに戦争へと駆り出されました。

目的地に到着すると、戦士たちは夜を待って人目につかない場所でキャンプを始めました。それから彼らは丘陵地帯から街へと流れこむ堀の水に、灰や苦い有毒な薬草を投げ入れて汚しました。また燃えやすくするためにクレオソートのような薬品が塀のあちこちにたっぷりと塗りつけられました。そしてちょうど日の出の直前に、侵略者たちは火を放ちました。この方法だと人々は不意をつかれて容易にとらえられ、侵略者のほうは街までの道がはっきりと見えて、また襲撃する建物もよく見えるからです。

もともと侵略者たちは、女性や子供を傷つけないと決めていました。しかし襲撃が始まると、戦士たちは狂ったように見つけた人をすべて殺害しました。夕暮れまでにもとの社会の半数以上の人々が殺され、残りの人々は武器をもって神殿に立てこもりました。神官や巫女は身を守るべき危急のときに何をすべきかわからずにいて、とにかく女たちが男たちを助けられるようにと子供たちの面倒をみていました。

二日目の夜が更けるころには、もとの社会全体から人の姿が消えていました。慰安婦として連れ去られた一〇人ほどの若い女性を除いたすべての男や女や子供が殺されたのです。それらの若い女性たちの一人は、彼女をレイプした男の喉を眠っているあいだにかき切りました。しかし翌朝、彼女も残りの女性たちも殺害され、だれ一人もとの社会の火星人は生き残らなかったのです。侵略者たちは、もしも彼らが最初に襲わなければ、彼ら自身が同じように殺されただろうと考えて自分たちを正当化しました。また女や子供たちがもしも生き残ったなら、いずれ問題の種となり、若者たちの意識を汚染するだろうという言いわけまで考えだしました。そして彼ら自身の考えのなかでは、新しい社会が輝かしい勝利をおさめたのです。

勝利者たちが戻ると、盛大な祝賀会が催されました。そして社会全体がもとの場所に帰るという計画が立てられました。そこには戦争で汚染された水源がふたたびきれいになるまで水を供給してくれるに充分な泉があり、人々が住むのに多すぎるほどの建物があったからです。作物もより豊富で、建物もより堅固に建てられていて、その町を彼ら自身のものとして奪回するという心理的効果もまた抵抗できないほど魅力的だったのです。

## 移民たちのもとの町への帰還——一万三一〇〇年

そこに残った男たちは、死体を焼いたり汚染された水をきれいにしたりしました。ですから勝利者たちが帰ってきたころには、その町は少なくとも人が住めるだけの用意は整っていました。戦争で偉大な功績を示した軍隊のリーダーたちが神殿を占拠し、そこが軍および政府のような公務所に改造されました。最初彼らの仕事は、少年時から始まる軍隊訓練を実施して武器の開発を監督するだけでしたが、まもなくより多くの分野での権威が打ち立てられました。

民間の人々は軍隊の役人のさまざまな要求にしたがうことが定められ、それによれば軍隊の役人が専属で養成機関を運営することができるというのでした。そして在庫品の調整や武器の設計、闘争的な戦争競技のための組織、軍隊を支える優秀な人々の選抜などという部門別の仕事が設けられました。その当時、火星には彼ら以外の人々はだれもいませんでしたが、防衛と戦争の準備の必要性は大いに重要だと考えられていたからです。

次の一〇〇年のあいだに火薬と似たものが開発され、金属の採鉱や冶金術が新しい武器の開発とならんで重要な産業になりました。残された火星人たち、とりわけ軍人たちはさらに別の軍事的な挑戦を切望していました。自分が重要で強いことを感じ、自分たちの価値を証明するために戦いたいという欲求と、人を殺したいという心理的欲望がいまでは彼らの血のなかに存在していたのです。そして彼らの集団意識が戦うための敵を呼び招いたために、やがて敵がやって来ることになったのです。

## オリオンからの侵略者リラ人の襲来――一万三二〇〇年

オリオンにはもともと琴座(リラ)からやってきた人々の集団がいて、彼らはその星系内で打ち立てられた秩序を平然と無視していました。それらのリラ人は、土着のオリオン人を数千年にわたって隷属化し、オリオンのある太陽系の全惑星を支配する戦闘的な統治者になっていました。オリオンはこの銀河のなかの星の門のひとつになっており、そのためにリラ人の支配の対象となったのでした。

彼らの手によって、霊的に進化した「光の存在」によるメルカバの光の船とは対照的な、機械的な宇宙船が開発されました。また彼らは、広範囲な破壊を可能にする恐ろしい兵器をつくりだしました。リラ人はオリオン星座全体とそのなかのすべての太陽系を支配しようとしてオリオンの「光の存在」に立ち向かってきましたが、数では勝っていてもその敵の高い知性と霊的優位性に勝つことはできませんでした。その結果、ほとんどの戦士や支配者がそれまで君臨していたオリオンのひとつの太陽系を離れて、より多くの領土と権力をさがし求めて旅立ったのです。

彼らが最初に出会った住むことのできる惑星は、すでに奴隷人口をもつ火星でした。そこで彼らは火星に降り立ちました。あなたがたの太陽系はリラ人にとって非常にくみしやすいところに見えました。そしてもしもそこを征服することができれば、彼らはもうひとつの銀河の門、すなわち太陽を支配することができるということを知っていました。

彼らは最良の土地と水源を求めて火星を探索したあとで、惑星のほんの一部分しか居住に適していないということを発見しました(その土地は現在のカリフォルニア州とほぼ同じくらいの広さでした)。彼らはすぐに火星人を見つけだしました。火星人のほうが二倍ほど数では勝っていましたが、オリオンからのリラ人は火星人の原始的な科学技術と生活スタイルを面白がって、彼らを町ごと生け捕りにする計画を練りました。

こうして敵を望んでいた火星人は、彼らの想像をはるかに絶する敵を得たのです。火星人の基準から見るととても奇妙な容貌のリラ人が、町の外に着陸した船からレーザー兵器を手に、武装したいでたちで降りてきました。火星人は彼らの新しい敵が石の塀に火をつけて吹き飛ばすのを見て呆然とし、すみやかに降伏しました。数人の火星人が戦う真似事をしましたが、リラ人からは失笑を買うだけで、抵抗した火星人はふたたび銃の火を放つ前に射殺されました。

すべての出来事があまりにも急激に起こったために、火星人は自分たちを襲った運命をまったく理解することができませんでした。彼らはある朝ふだん通りに強力な戦士として目をさまし、そして午後には、銃をはじき返す不思議な服を身につけた進化した宇宙人たちによって、すすり泣き、恐れおののく囚人に変えられてしまったのです。一人のリラ人が火星人に殺されましたが、その男は顔に銃弾を受けたからでした。もとの火星人の支配者も召使や奴隷としてほかの火星人たちに加えられて、すぐにリラ人の掟が制定されました。女たちは家や家族から引き離され、まだ幼くて働くことができず人の手を必要とする子供たちは、町から連れ出されて殺されました。リラ人は彼ら独自の種族を生み出して育てあげる計画を抱いていました。それゆえ彼らには、ほんの少しでも世話を要する者はすべて邪魔者だったのです。

数週間をへたころに、いかにしてこの窮地から抜け出し、しかも生き延びることができるかをやっと火星人は考えはじめました。そして自分たちの窮地を嘆きあいましたが、だれもその答えを見出すことができませんでした。つまりリラ人の奴隷としての生活が、火星人に残された死以外の唯一の道であり、彼らの大部分は生き延びるほうを選んだのです。

火星人は彼らの惑星にもたらされた新しい科学技術に怖れおののきました。そして何人かの男たちはその技術を学ぶことに夢中になって、捕虜としての惨めな境遇を忘れさえしました。それを学べるのは、新しい建物の建設を命じられたときや、新しい建物の地面に穴を掘ったり、必要な鉱石を採ったり、測量システムや電気、さらに核技術の開発を命じられたときに限られていました。

## ピラミッドの建設――一万三二一〇～一万三四〇〇年

なかでもいちばん並はずれたプロジェクトは、文字通り丘陵地帯を切り開いた巨大なピラミッドの建設でした。リラ人は火星人にむかって、彼らがピラミッドを完成させたとき、この銀河に現存する秩序を拒絶し、星々の人たちの尊敬を集めるパワーをもつことができるだろうと言いました。リラ人たちは、ピラミッドそれじたいが太陽をしのぐパワーを与えてくれるものと信じていました。そうした建物を活用する人間が、物理的な力や攻撃性を超えたパワーを活用する必要があるということは理解していませんでした。つまり、そのためには自分たちが思考とスピリットを通しての創造を可能にしなければならないということを知らなかったのです。リラ人は、彼らがピラミッドに投影したものがすべて現実になると単純に信じこんでいました。そしてピラミッドの頂上に設置する特殊兵器を考案しました。

ピラミッドの完成までに二〇〇〇年近い歳月が費やされ、その完成とともにリラ人の宇宙船を用いて、火星では知られていない金属類を混合してつくられた巨大なアンテナがその頂上にとりつけられました。リラ人はその金属をオリオンから持ち出して、この目的のために保管していたのでした。リラ人のリーダーたちがはじめてピラミッドのなかに入り、上方のチェンバー（小窓のある小部屋のような空間）にのぼったとき、民衆は歓喜にわきあがりました。まもなく信じられないような光の炸裂が、ピラミッド内部から頂上のアンテナのような反射装置を通して、宇宙へと放射されました。それは火星人が見たこともないような光景であり、一カ所からいっぺんに何千本もの稲妻の光の洪水が放射されたかのようでした。

その光が惑星上空の高くまで達すると巨大な音波のとどろきがはね返ってきて、ふたたび群衆から喚声があがりました。それまでリラ人に強制的に働かされていた火星人でさえも、われを忘れて興奮しました。彼らがピラミッドと反射装置の用途をたずねると、「われわれが用いたいと思うすべての目的に」という答えが返ってきました。

ピラミッドの建設に費やされた二〇〇〇年のうちに、もうひとつのプロジェクトが進められていました。そして多くの女性や年長の子供たちが、武器をつくったり核実験の手伝いをするために流れ作業的な仕事につかされていました。ときにはモルモットがそれらの兵器の効力を試すために用いられたり、女性や子供や老人が市街から外へと連れ出されて放射能にさらされたり、新しい武器の威力を試すために殺されたりしました。リラ人にとって人の生命とは、彼らの絶対的な権力や支配という目的のために奉仕する以外には何の価値もないものだったのです。

もとの社会すべての火星人が殺された火星での市民戦争以来、地球の低次元のアストラル界または「バードス」に相当するものが、火星のエーテル界で成長しつづけていました。殺人、恐怖、権力を求めての支配や生命の軽視が慣例となり、想念で満たされた悪夢のような地獄をあっという間に形成していったのです。それらの想念は自己再生する元素のような性質で、もともとはネガティブな思考の反復や誤用された感情エネルギーから生じたものでした。

その幻想にもとづいた世界では、魂が死という罠にとらえられて、肉体から抜け出した否定的な人間の意識の側面がふらふらとそこらじゅうをさまよい歩いていました。この種のアストラル界の現実は、人々のなかの不信や怖れ、支配その他のネガティブな状態を再生して強化します。そして社会は権力にとりつかれて急激に堕落していき、愛や良心をなくしたミュータントの集団になっていったのです。

新しいピラミッドを用いた実験が、リラ人のリーダーたちのおもな関心事となりました。それによって、彼らの知らないうちに大気圏に非常に大きな変化がもたらされていました。惑星のまわりのオゾン層が、現代の地球のスイスチーズのように、だんだん穴だらけになっていったのです。水銀を含んだ湖はすでに消え去ってしまい、ほぼ完全に干上がっていましたが、火星人やリラ人は少しもそれを気にかけていませんでした。というのも、その湖はこれまで何の役にも立っていなかったからです。だれもその湖が無機物のバランスと地下水の流れを維持するという重要な役割を果たしていることなど知らなかったのです。

火星独特のやり方で、水は合成という手段で生み出されていました。すなわち火星の湖では水の逆流を通して、太陽光線がある種の無機物と結びついたのです。火星の湖とは、湖の液体のなかで分子構造が内破することによって、太陽と特定の無機物が合成される製錬所のようなものでした。そこから水が湖の底の濾過器のような場所を浸透して地下水が生成され、それが泉の流れとなって湧きあがっていくのです。この銀河で最初にこのしくみが用いられたのが火星でした。

人々の無知、そしてそれが明らかな特定の目的のために役立つかどうかにかかわらず、すべてのものの神聖さを敬うという気持ちの欠如が、彼ら自身の急激な没落を招きました。前の周期の終末ごろから、すべての小川や泉が涸れていき、もとの大きさの半分程度に縮小しました。その当時、惑星の地軸が移動して水の産出に必要とされる最大限以上に太陽光線の照射時間が増加しました。その結果、旱魃が起こりつつありましたが、水位の変化は徐々に生じていて、まだ必要なだけの水は充分あったために、リラ人や火星人はそれに気づかずにいました。

変化はしだいに急速になっていきました。ピラミッドが建てられてから一〇〇年後に湖が池に変わり、多くの泉が干上がり、残された泉は流れが衰えて市民の日常生活に必要な量をほとんど供給することができなくなりました。五〇年後には人々は皮膚癌で倒れていき、水の配給と貯蔵が始まりました。さらにその五〇年後には奴隷階級の人々が生きるために必要な最低限の水を受けとるのも困難になり、リラ人さえも配給を制限されました。

水の供給がますます減少するにつれて、癇癪や日々の暴力が増加していきました。ふだんリラ人は、火星人をいましめるためや試験的目的のためにだけ暴力を用いてきました。奴隷は価値あるものであり、いつも強く健康であるよう望んでいたからです。また火星人のあいだでの暴力はごく小さなものでした。というのも、彼らはみな他人に対する権力をもたない奴隷だったからです。そのうちリラ人は、水不足や強度の日照りや酸素量の減少に対するフラストレーションを火星人の奴隷にぶつけるようになりました。そして人々は殴られレイプされ、ときには単なるスポーツのために殺されたりしました。リラ人は、他人に急激な恐怖や苦痛を与えたのを感じるときに、偽ったパワーの感覚を体験したのです。

火星人は怒りやすくなり、リラ人の権力に対してしだいに反発するようになりました。それがますますリラ人に暴力をふるう理由を与える結果となりました。女や子供は夫や父親のそばにいても安全ではなくなり、女たちは自分の子をぶつようになりました。リラ人が火星にやってきてから五〇〇年後に夜間外出禁止令がしかれて、拘置所をそなえた警察国家である火星は、完全な混乱状態に陥っていました。男たちの多くは家から移されて拘置所に監禁され、仕事のときだけ外に連れ出されました。

火星社会が三番目の五二〇〇年周期の終わりが近づくころには、火星は人口の三分の一程度しか支えきれなくなりました。そこでだれもが同意した唯一のことが、水をより多く、太陽光線をより少なくする必要があるということでした。

## プレアデス人の到着と平和の回復――一万五六〇〇年

かつてのプレアデス人との同意によって、プレアデスの光の使者たちが五二〇〇年周期の終わりに到着したとき、リラ人の敵意やおどしに出会い、武器の攻撃にさらされました。リラ人はそれらの新しい存在を武器で害することができないと悟ったとき、自分たちの非力を感じました。プレアデス人は火星のすべての住民に集会のために集まるよう命じましたが、リラ人は奴隷を拘置所から連れ出すことを拒み、罪人だから閉じ込めておかなければならないと言い張りました。それに対してプレアデス人は、それらの人々が奴隷であり、かつては罪人だったのは確かだが、それはリラ人が考えるような理由からではないと答えました。このときは絶対的な惑星の法則により惑星規模の集会が命じられた時期だったこともあって、プレアデス人はリラ人の拒絶を無視することにしました。そしてリラ人と火星人にむかって、たったいまからもしだれかを害そうとすれば、相手にしようとすることがすべて代わりに自分自身の身に起こることを告げました。プレアデス人は決してだれのことも罰するつもりはありませんでしたが、瞬間的カルマの法則を課す権利をもっていました。

火星人はリラ人の意志に反した行動をとることに恐怖を感じましたが、プレアデス人に励まされて仲間の男たちを解放するために拘置所へと向かいました。少数のリラ人が彼らを止めようとしましたが、奴隷たちを殴ろうとして棍棒をふりあげたとたん、自分自身がその棍棒に打たれて地面に倒れ込んでしまいました。

その場にいた群衆は、驚きで息が止まりそうになりました。そして火星人は拘置所へと走っていきました。彼らが囚人とともに戻ると、プレアデス人はリラ人も含めた火星にいるすべての住民のための法則を説明しました。その法則とは、次のようなものでした。

1. 今後五〇年間、この五二〇〇〇年周期の終わりに決定をくだすための集会にプレアデス人がふたたび戻ってくるときまで、瞬間的カルマの法則は物理的な暴力を人に対して用いようとするすべての人々に適用される。
2. 「一人を除く全員一致」という以前の原則はこの期間中もプレアデス人によって尊重されるが、瞬間的カルマの法則をとりのぞくという件には適用されない。
3. 人々はたとえその価値が何かを知らなくても、すべてのものやすべての人々を価値あるものとして扱うことを学ばなければならない。

4. それぞれの人間は、現在の状況を生みだすために自分が何をしてきたかを発見すべく、自分自身の行為をふり返らなければならない。

(この四番目の法則に対して火星人は、自分たちは奴隷だったので何も生みだす力などなかったはずだと言って抗議しました。しかしプレアデス人は、だれもが完全に自分自身の現実をつくったのであり、いかにして彼らがそうしたのかを発見するために歴史をふり返る必要があると告げました。また人々に転生について語り、彼らがかつて祖先だった人々と同じ存在であり、それゆえに歴史のなかで起こったすべてのことに対して責任をもたなければならないことを思いださせました)

5. 自分たちがたえず転生しているのを知ることで、火星人はその理由と自分の複数の生の目的について熟考するよう求められる。

6. 苦境のときには、すべての男も女も子供もそれを等しく分けあわねばならない。なぜならすべての人々が、その窮地を共同で創造したのだから。

7. 全体に影響を及ぼすような決定はすべて、「一人を除く全員一致」の原則が適用されなければならない。それが得られないものは何であれ実行がゆるされず、あえて行おうとする人または人々は、その行動によって自分自身の死を創造することになる。

8. リラ人は火星のカルマのなかで進化するために、五〇年後の次の集会の時期まで宇宙船で火星から離れることはできない。

プレアデス人は、彼らが人々を罰するわけではないことを慈愛をもってみんなに説明しました。プレアデス人のたったひとつの使命は、この五二〇〇年周期の始まりに火星人自身によってあらかじめ定められた惑星の法則を保護し、履行することだったからです。これが火星人やリラ人にとって、ともに学び進化するためのすばらしい機会であること、そしてプレアデス人はみんながそうなるよう心から願っていることを告げました。火星人やリラ人は一人の例外もなく、彼らの霊的な進化の守護者であるプレアデス人によって深く愛され気づかわれていました。火星の住民は、すべての人がかぎりない可能性を秘めた、価値ある聖なるスピリットと魂をもっていることを告げられたのです。プレアデス人は新しい秩序を確立するために数日間とどまったあとで、火星を去っていきました。

その五〇年間は、完全な混沌と狂気の期間と、静かな内省と熟考と再生の期間とのあいだを揺れ動きました。少数の火星人は自責の念にとらわれましたが、大多数の人々は侵略者に対する報復の機会をじっと待っていました。復讐に燃えた人々は暴力的な報復をくわだてようとすればするほど、捕虜になり拷問にかけられるという悪夢にうなされました。また自責の念にとらわれた人々は、自分自身の感情と思考のなかに入っていき学ぼうとするにつれて、夢のなかでプレアデス人と出会い、暴力を用いない別の方法を教えられ、可能性に満ちた愛あふれる未来を見せられました。夢こそが潜在的に人々をサポートするもっとも強力な道具だったのです。つまり、しばしば夢のなかでまさに彼らが求めている通りのものを体験し、それによって内なる現実がつくりだされたのです。

一二人の火星人と三人のリラ人が、瞑想のしかたと植物のエッセンスを感じる方法についてほとんど同じ夢を見ました。それらの夢を語りあいながら、彼らは自分自身を助ける方法に関する糸口が与えられたことを知りました。数人の人々がそれらの夢の内容を実際に試し、その結果に歓喜しました。また一緒に瞑想することでもっとすばらしい成果が得られることを発見し、小さな瞑想のグループが形成されました。大きなハードルとなったのは、はじめてリラ人の一人がそれらの集まりにやって来たときのことでした。人々は一瞬沈黙に打たれましたが、やがて二人の火星人が同時に立ち上がって彼を迎え入れました。彼らは、それがお互いの違いを清算して理解しあうための重要なステップになることを知っていたのです。そして人口の約三分の一の人々がともに瞑想し、「感じるための訓練」を一緒に実行するようになるまでにメンバーは膨らんでいきました。

グループ・カウンセリングのようなものもとり入れられ、そのなかで参加者たちは三人のグループに分かれて順番に夢、啓示、感情や思ったこと、疑問などを分かちあいました。それぞれの人が話し終えたあとで、その人が望めば二人の聞き手がフィードバックを与えることができますが、そうでない場合は、ただ互いに相手の話にじっと耳を傾けるのです。それから参加者たちがペアになって、両手を相手の膝において目を見つめながら交代で相手のエネルギーを感じとろうとします。これは彼らにとって特に難しいことで、多くの人々が極端なまでの自意識と恐怖を感じて、すぐに投げ出してしまいました。ときにはその訓練がばかげた意味のないものだと言いながら、怒って出ていってしまう人々もいました。何人かはふたたび別の集会に戻ってきましたが、それ以外の人々は帰ってきませんでした。

その五〇年の終わりまでには、住人の半数以上の人々が最低一度はそれらの集まりに出席し、約三分の一の人々が定期的に出席しつづけていました。プレアデス人が戻ってきたとき、火星の人々は全員が太陽光線からの保護と水以外は何もいらないということに同意しました。プレアデスからの派遣者たちは、個人や集団の心配事や結論を聞くことに何日間も費やし、それらのすべてを解決するためにさらに延期して火星にとどまりました。

火星には別種の異なったグループがいることは明らかでした。人口の三分の一が自分たちの過ちから学びはじめ、さらにもっと学び成長することを望んでおり、そのなかには一〇人程度のリラ人も含まれていました。いっぽう、復讐や権力を求めるなど、自分が望むことをするための自由だけを求める人々が残りの三分の二を占めていました。その三分の二のなかの火星人は、さらにリラ人への報復を望む人々と、単に火星からリラ人が追放されることを望む人々とに分かれていました。また三分の二のなかのリラ人はといえば、火星を離れることを希望する人々と、火星にとどまって彼らの実験と「合法的」な支配に戻ることを望む人々とに分かれていました。

プレアデス人による聖なる介在と、惑星の法則の執行のための掟は、つねに人々の合意にもとづいて行われるものでした。このときは太陽からの保護と水を求める合意だけが人々から得られたので、まずそれらの問題が最初に見直されることになりました。しかしそれらの問題に関してまで人々は分裂しました。火星人のほとんどは、火星人だけで決定できることを望んでいました。なぜなら、それ以外の人々は侵略者だったからです。

それに対してプレアデス人は、火星人がみずからの思考や意志でオリオンからリラ人を呼び寄せたことや、それゆえリラ人も火星人と同じ権利をもっていることを説明しました。けれども人々の合意にもとづいて決定するべきか、過半数の投票にもとづくべきかの同意は依然として得られないままでした。火星人はいまだに半数以上を占めていたので、過半数の投票によるほうを支持しました。またリラ人は数では負けていたので、彼らの唯一の希望でもある人々の合意によるほうを支持しました。そこでプレアデス人は、みんなが自分たちで結論を出すことができないのなら、最低二つの提案があることを告げました。

会議がふたたび招集され、プレアデス人は決定をくだすことと今後の動向について次の二つの提案をしました。ひとつ目の選択が、どちらの社会も人々の合意によって運営されるように人々が二つの社会に分かれることでした。そして惑星全体に影響を及ぼすような変更は、両方の社会の三分の二以上の同意がなければならないというものでした。

二つ目の選択は、火星人はそのまま火星にとどまり、リラ人はみずからの自由意志ですべての武器をもって火星を離れることでした。そのとき火星人は、人々の合意か過半数の投票かを決めなければならないということでした。どちらの方法でも、人への暴力に対する瞬間的カルマの法則は今後五〇〇年間課せられることになり、その間に火星のすべての住人は、さらなる学びと癒しのチャンスを与えられることになっていました。

この後者のほうの提案を聞いて、二四人を除いたリラ人のすべてがすぐに火星を離れることに同意しました。支配し自由に暴力をふるうことができないのなら、火星にとどまる何の意味も見出せなかったからです。

火星人の半数は平和を確信しましたが、残りの半数はリラ人に対する報復を望んでいました。復讐に燃えた人々はそのなりゆきに満足ではありませんでしたが、大多数のリラ人が去ることを決めたということで、なんとかなだめられました。しかし本当は彼らは、復讐ができないのならば、すべてのリラ人たちが去ることを欲していました。火星人の半数の穏健派の人々はそれに反対し、リラ人がそれを望むのならば彼らにも新しい生き方を選択する権利があると信じていました。プレアデス人は後者の人々に同意し、リラ人に関する決定が二四時間以内に実行に移されました。リラ人の宇宙船は平和と進化を望む人以外のすべてのリラ人を乗せて火星を去っていき、残された少数のリラ人は火星にとどまりました。

プレアデス人が惑星の法則に関して最後の決定をするために、会議がふたたび数日後に延期されました。そして五〇〇人程度の火星人と一二人の火星に残ったリラ人が、いまだに二つの異なった集団を構成しているという判断がくだされました。ひとつは霊的かつ進化の目的意識をもった集団であり、もうひとつが自分自身の欲望をすべて満たすための自由を求めている集団で、リラ人のように科学技術を発達させることをとりわけ望んでいました。

そこで彼らは二つの社会に分裂して、それぞれの社会で意識的または静かな合意が成り立つならば、いつでも聖なる介在を求めることができるという人々の合意にもとづいた決定がなされました。また惑星全体に影響するような変化が起こる前に、両方の社会のすべての住人の間で潜在的あるいは意識的な合意が成立しなければならないということも決められました。

そのほかの決定事項は、次のようなものでした。

1. プレアデス人は徐々により多くの水をもたらすことに同意したが、オゾン層に目に見えない穴が生じてしまったので、水位をしだいに上昇させるためにはピラミッドの使用を中止して、大気中への爆発を解除しなければならないと人々に告げた。
2. 次の五〇〇年の終わりに瞬間的カルマの法則が解かれるまでに、人々は良心を育てて進化しなければならない。
3. 過去五〇〇年間にわたって発達してきたあらゆる近親相姦による影響をＤＮＡレベルで浄化しなければならない(そしてその理由も人々に説明されました)。
4. いかなる方法においても、自然の資源を個人が買ったり売ったり支配したりしてはならない。水不足が続いているかぎり、水は平等に分かちあわれねばならない。
5. それぞれの集団に一人ずつのプレアデス人が霊的アドバイザーおよび総合的な相談役としてとどまるが、何も人々に強制はしない。人々は助けを受けるためにプレアデス人の助言を求めなければならない。この五〇〇年の終わりに、それぞれの社会は過半数以上の投票によって、プレアデス人のアドバイザーが火星にとどまるか去っていくかどうかを決定することができる。

火星人がそれらのすべての条項に同意し、数日のうちに社会を二分する準備が整えられました。火星に帰化したリラ人も含め、より穏やかな進化的な意識をもつ人々は、もとの社会の科学技術や歴史的重要性に興味がなかったために、ほかの場所に新天地を求めました。より権力志向のある人々は、現在の場所にとどまることに満足しました。そしてすべての人々が、まさに自分の望むものを手に入れたのです。

## 社会の二分割――一万五六〇〇年

移住者たちは、ラーと呼ばれるプレアデス人の霊的相談役にともなわれて出発しました。彼らの祖先が住んだ古い町を通りかかったとき、そこに数日間滞在して過去への平和の祈りをささげる必要を感じました。ラーは要請に答えて、浄化とゆるしの儀式や未来を視覚化する儀式を行う手助けをしました。それから彼らは満場一致で、歴史的な古い町よりも新鮮なスタートをきることができる場所のほうが好ましいという理由で、新しい故郷を探す旅を続けることに決めました。

さらに二週間ほどで彼らは肥沃な土地の果てまでたどり着きました。彼らの目の前には見渡すかぎり広大な砂漠が広がっていたのです。旅人たちが少し向きを変えて草木のある土地のほうへふたたび歩きだすと、二日後に理想的な場所が見つかりました。水の供給はやや豊富すぎるほどではありませんでしたが、それまで見たなかでは最高の土地であり、さまざまな作物が豊富に生い茂り、建物の建材となる石も充分に手に入りました。近くにはいくつかの洞窟があり、少なくとも女や子供や老人たちが住むには充分な広さでした。彼らはその場所を新しい故郷に定めました。

奉納の儀式がとり行われ、そのなかで移住者たちは自然の資源を敬い、必要なときだけそれを用いることや、進化し、学び、よりよい人間になるという目的のもとで生きるという誓いを立てました。また彼らは、転生して戻ってきたときの自身や子供たちのために、肯定的な遺産を残すような創造的な生き方をすることに専心しました。住居の建設が最優先されるなかで確実な進化が起こっていました。一〇〇年近くものあいだ、住民たちはその新しい町に住みながら互いに夢を語り学びあいました。基本的な日常生活がだんだん軌道にのってくると、彼らは霊的ガイダンスとアドバイスを求めてますますラーのほうに集まっていきました。ラーは人々にむかって、いつでも彼らの質問に答えたり求めるものを与えることはできるが、それ以上のことはできないと告げました。というのも、彼らの進化のその時点においては、それ以上を教えることは彼ら自身の成長を奪うことになったからです。人々は少なくとも週に一度はグループごとに、そして年に四回の季節の変わり目には全員がラーに会えるよう求めました。季節の変化は地球ほど際立ったものではありませんでしたが、四季という時間の周期は認められ、たたえられていたのです。

五〇〇年のあいだ、新しい町のほとんどの人が子供のように熱心に学びました。繊細な感受性がみがかれ、人々はしだいに感情的に正直になることに開かれていきました。彼らはラーとともに過ごす時間を大切にしていました。この周期の終わりに、人々はラーがいなくなることを考えただけで深い悲しみにとらわれました。彼らは全員がラーにとどまってもらうことに合意しました。ラーもそれに同意し、人々は現在のラーと自分たちの関係を祝って、ラーをたたえながら感謝をささげるための大きな祝祭を催しました。

また人々はラーにささげる霊的な神殿をつくることを決め、彼の容貌にそっくりの神殿を建設しました。それは霊的な進化こそ彼らが生きる目的なのだという メッセージを伝える、未来の世代への形見として残されることになったのです。ラーが人々の偉大な願い――神聖なる人間になるという――を象徴する存在だったので、神殿がラーを真似た人間の頭部のような形につくられたという事実が、そのメッセージを伝えていました。

神殿の建設は非常に大がかりな事業でしたが、それは愛の伝導活動でもありました（そこは火星の表面とつながってはいたものの、火星の表面ではありませんでした。この物語が展開するにつれて、やがてそれが明らかになるでしょう）。その神殿は当時ひとつの町がすっぽり入るほどの大きさで、そこにある岩山をくりぬいてつくられ、岩石やモルタル材で補強されたのです。その技術はかなり初歩的なものだったために、完成までに二五年ほど費やされました。

さて古いほうの町では、しばらくはゆっくりとぎこちなく文明社会が再建されていきました。自分自身を傷つけず、しかも人に物理的な危害を加えることができないという制約、すなわち瞬間的カルマの法則は、いかなる類いの支配をつくりだすことも無意味であるという状況を火星の人々にもたらしました。その生活はかつての世代の奴隷としての生活よりずっと楽なものでしたが、人々は退屈しきっていました。

また節目ごとに科学技術の成長を妨げるものに遭遇し、オリオンからもたらされた金属類は消え去りました。少ない水と暑すぎる太陽のもとでは大規模な採鉱の手立てもなかったし、だれも以前のように、それを強制されることがなかったからです。ときおりだれかが、やはりラーと呼ばれるプレアデス人のもとへアドバイスを求めに行きましたが、ラーにできることは進化や正しい行為や良心やスピリットに関する質問にただ答えるだけだったので、人々にはあまり役に立たないように感じられました。そこで人々は集団で、ラーに論争の解決と裁決を求めることに合意し、ラーもそれに応じました。彼らのなかには爆発が起こらないかぎり、ピラミッドを用いた実験を行ってもいいかどうかという論争が起こっていました。その当時ほとんどの人々は概してピラミッドに怖れを感じていましたが、いっぽうではその偉大な力に魅了される人々もいたのです。ラーは彼らにむかって、ピラミッドは巨大なエネルギー生成器のようなもので、それじたいは良いものでも悪いものでもないことを告げました。つまり、どのようにして何のために用いるかということがその影響力を決定づけるというのです。そこで最低でも一二人の人々が同時にピラミッドの内部に入って、全員が同意するまで何もしないという条件つきで実験を行うことが受け入れられました。

人々がピラミッドの危険性について質問したのをきっかけに、ラーは彼ら自身の無意識の思考と感情のパワーについて警告しました。しかし彼らにはラーの言葉がとるに足りない漠然としたものに感じられました。そして急いで一二人のグループを形成しはじめたのです。それは過去二五年間に起こったもっとも刺激的な出来事だったので、人々は騒然とわき立ちました。

人々はピラミッドの基底部に集合し、一二人の最初のグループがピラミッドの階段をのぼっていくのを見守りました。そして焼けつくような太陽の下で、夕暮れ時に一二人が階段を降りてくるのをじっと待ちました。そのグループは、内側のチェンバーの構造を詳細に説明する以外にはほとんど報告することがありませんでした。多くの人々がピラミッドに興味を感じてそのなかを覗きたがったので、それから数日間にわたって毎日新しい一二人の火星人のグループが入っていきました。ときおり何人かの人々が奇妙なぞっとするような感覚を体験したり、内部で瞬間的に閃光を見たように感じたことを語りましたが、それらの体験はごくわずかで深刻には受けとめられませんでした。また当時はまだ内部にいくつかの装置も残っていましたが、だれもその用い方を知りませんでした。

奇妙な感覚や光を体験した数人の敏感で好奇心の強い人々が、最初のピラミッド熱がさめたあとまでそこに入りつづけました。けれども彼らも、ほとんどの場合何も感じることはありませんでした。ある日それらの最後まで残った人々の一人が、ピラミッドについてラーに質問することを思いつきました。彼は数人の友人とともに興奮を抑えながらラーのもとへ走り、自分たちがピラミッドの内部で体験したことを語って、その意味をたずねました。

ラーはピラミッドの形状がエネルギーを受けとり、保持し、生成する能力をもっていることを告げました。また太陽や楕円軌道や時間のサイクルとも密接なつながりがあると答えました。ラーは、リラ人が破壊的なパワーを使うためにピラミッドを建設し、それが究極の兵器になると信じていたことも説明しました。彼らはそれを使って最終的に銀河を征服することをもくろんでおり、愚かにもそのようなことが可能だと思いこんでいたというのです。

さらにラーは、ピラミッドじたいが強力な力の場をもっており、より繊細な感受性をもつ人々にはそのエネルギーが感知できるので、奇妙な感覚や瞬間的な光のヴィジョンを体験する可能性も充分にあることを説明しました。ラーが、すべての存在がもつ第三の眼での透視力や霊的感知力に関する付帯的な情報を与えると、人々は熱心に耳を傾けました。そしてどうすればそれらの超感覚的な知覚を発達させることができるかを質問しました。ラーはそれらが進化の自然の産物であり、通常の五感を用いる延長線上にあることを説明し、特定の瞑想の訓練を用いることで、その進化のプロセスを加速することができると告げました。

霊的なすべての感覚を総動員したパワーという刺激に魅了され、人々はそれを可能にする瞑想に興味を覚えました。ラーは彼らに、意識を集中してエネルギーを感じるための初歩的な瞑想のしかたを教えました。そしてその瞑想がうまくできるようになった人は、次のレッスンにも来ることができると告げました。

数カ月後、数人の男たちと一人の女性がラーのもとに来て、次のレッスンの準備ができたことを告げました。ラーは彼らの進度をチェックするために、三〇分ほど瞑想して意識を集中するよう求めました。彼らはかなりうまくやっていましたが、さらにもっと修練が必要だったので、いままでの瞑想に加えて歩いて行う瞑想と目を開いたままで行う瞑想を教え、一カ月後にふたたび戻ってくるよう告げました。そして一カ月後には二四人ほどの火星人全員が、瞑想中なんとか三〇分ほど意識の集中を保つことができたので、ラーは彼らを次のレベルへ導きました。

ラーは、夕暮れ時にロウソクの光と鏡を使って毎日行う「第三の眼の瞑想法」を教えました。そのなかで人々は鏡の前にすわり、自分の左右両側にロウソクの光だけを置いた状態で自分の瞳を一〇分間見つめつづけました。彼らがすべきことはただじっと見ることでした。このエクササイズを毎日行った二週間後には、今度はペアになって相手の目を見ながらその瞑想を行うことになっていました。そしてさらにその瞑想を二週間続けたあとにラーのもとに戻っていき、自分たちが体験したことを報告する予定でした。

ところが最初の二週間しかたたないうちに、そのエクササイズをペアになってするのが怖いと言って人々が戻ってきました。なぜなら彼らは、そのエクササイズを一人で行っているときに非常に怖いものを見てしまったのです。鏡のなかに奇妙な怒った顔や、ときにはお化けのような顔まで現れ、また数人の人々は、自分自身の瞳のなかにオリオンから来て彼らを迫害した人々の顔を見たりしました。それは彼らを非常におびえさせました。ラーは彼らにむかって、彼ら自身の内側に自分でも気がついていない多くのものをかかえていることを理解できるようにするために、そのエクササイズを教えたのだと説明しました。鏡のなかのイメージは彼ら自身の人格のある側面や、癒されるのを待っている過去世のイメージが映し出されたものだったのです。

半信半疑ながらも、彼らはラーの話を聞いて学ぼうとしました。ラーは彼らに、ある存在が霊的なパワーの安全な用い方を学べるようになる前に、男女ともまず最初に霊的にも感情的にも浄化されなければならないことを告げました。そして人々の抑圧された殺人者としての自己が、いまだに彼らの霊魂の大きな部分を占めていることや、いまこそそれを変容することで自分自身を害するという恐怖にただ押さえ込まれるのをやめるときだと告げたのです。

そのグループの人々が、霊的な教えや成長や癒しのトレーニングのようなことを自分からすすんで考えてみようとしたのは、じつにこのときが最初でした。しかし彼らはじっと耳を傾けていました。彼らの主な原動力はいまだに科学技術を通して力と権力を理解したいという欲望でしたが、瞳のなかに彼ら自身の性質の影の側面を見ることを体験し、何かしらかの影響を受けたのでした。

そのときラーは、彼ら自身の影の部分を浄化する方法をグループで、さらに必要があれば個別に教えてほしいと求められました。彼はすぐに始めることに同意しました。その教えは霊的現象から離れて、瞑想の訓練を深めることやドラマ・セラピーのようなものからスタートしました。人々は自分自身の抑圧された部分を表面に浮かび上がらせるにつれて、それを演じてそれに声を与えながら表現すべきことがわかるようになりました。しばらくたったころに、成果のようなものが表われはじめました。つまり人々は自意識過剰になり、相手を信じられなくなったのです。しかし、そのドラマ・セラピーのワークを完全にやりとげるまでは、ほかのことを教えることはできないとラーに拒絶され、彼らは少しずつそれに取り組んでいきました。そしてグループの何人かが脱落し、一八人が残りました。

しばらくたってから、残った一八人の人々が彼らの友人や子供たちを集めて、ラーから学んだやり方を伝えました。そして親類のほとんどがグループに加わって、四〇人程度にクラスが拡張されました。社会の残りの人々はそのグループと隔絶していましたが、注目すべき変化として彼らを見ていました。

グループの年老いたメンバーが死ぬと、それは彼らの子供や孫に引き継がれていきました。途中で数人が脱落しましたが、三〇人から六〇人のメンバーが常時参加しつづけました。進化はゆっくりと、しかし確実に起こっていました。そしてひとつの技法をマスターすると、さらにもうひとつの技法がとり入れられました。そこでは感情の浄化がつねに最優先され、瞑想や教えを通してごく基本的な道徳や倫理観にはたらきかけることが、その次に重要視されました。彼らは残りの五〇〇〇年周期のあいだ、それらの二つの優先事項に加えて、ハイアーセルフとのきずなを発達させることにすべての意識を集中させました。

その周期の終わりに、ラーのもとで熱心に活動したその少数派のグループは、プレアデス人の存在が絶対に不可欠だと感じていました。ほかの多くの人々はつねにラーの叡智をより実用的な方法で利用し、それ以外の人々はラーの存在に中立的な立場をとって自由に接触をとっていました。それでラーが残るか去るかという決定の時がきたとき、大部分の人々が彼がとどまることを希望し、全員が彼を暖かく迎え入れました。そのときにそれ以前の約束通りに瞬間的カルマの法則も解除されました。多くの人々はこの制限の解除について半信半疑ながらも、自分たちが自由意志を通して種族として進化しなければならないことに気づかされました。そして次の五〇〇〇年周期が始まったのです。

瞑想をしたり自分を癒そうとする人々のグループは、ラーとともに活動を続けながらゆっくりと確実に変化していきました。火星人は本質的に誇り高く強情な人々の集団であり、彼らの進化はときには長い時間を要し、多くの抵抗をともなうこともありました。また別なときに彼らはその抵抗を打ち破って、情熱の高まりをおぼえたりしました。残りの社会のメンバーはそれまで通りに日常生活を送り、生活環境や栄養食品や医学的な治療（ほとんど植物や鉱物を用いた）や科学技術の面で通常のペースで進化していきました。彼らは太陽エネルギーを用いた新しい調理法を考案し、それがきっかけで太陽熱の総合的な研究と開発が導入されました。また彼らが供給できる以上の水分を必要とする植物を育てる方法として温室栽培が発達し、手に入る食物の種類が著しく広がりました。

次の五〇〇年間は、火星での生活は両方の社会でゆっくりとした一定の成長パターンをたどりました。しかしながら、それにつづく五〇〇年間にはより多くの試練がもたらされました。バクテリア状の存在のいくつかが、まるで昆虫のような寄生種に進化しておもに植物にとりついたのです。人々が何が進行しているかにまったく気づかないでいるうちに、それらの小さな生き物たちは多くの樹木や穀物や植物を破壊しました。両方の町はこの疫病に大いに悩まされましたが、特にもとの社会のほうが被害は深刻でした。彼らがその原因をつきとめたころには、植物や建材の供給や、衣類や紙の生産に用いられる繊維の供給に大きな被害が及んでいました。

両方の町において、その寄生体の問題にどんな対策が可能かをたずねられ、湖へ行き水辺のふちに付着した鉱物を集めてくるようにとラーは人々に告げました。それらの特定の鉱物の付着物は、土壌や岩石で濾過された成分を多量に含んでいました。ところで水位と雨量の減少につれて、土壌や水の化学的な成分はしだいに変化していました。つまりその変異した生命体は、彼らが生き延びるために必要な別の場所——すなわち植物——を求めて活動しはじめたのです。

ラーは両方の町の人々に、植物が育っているすべての場所に湖の鉱物を広範囲にふりまくように告げました。人々はまず食用植物やハーブや樹木から始めて、それらの必要な植物が肥沃な土地に変わったあとで、より一般的な作物に着手することにしました。ラーの説明によると、それらの粉末状の岩石のような鉱物は、水位の変化によって失われたものを土壌に与えてくれるはずだというのでした。また場所によっては水分を補給しなければならない場合もありますが、庭園地帯では通常の食物の給水で充分だろうということでした。そして成果が現れるまでには六カ月から一年程度かかるけれども、それを必ず信じるようにと人々は告げられました。

火星の住民たちは、環境の侵害が広範囲な影響を及ぼすことについて本当の意味で学びつつありました。一二〇〇年以上も前のリラ人と彼ら自身の祖先の活動が、いまだに自然界においてどのように問題を生みだしているかを目の当たりにしたのです。ラーはすべての出来事の象徴的かつ実際的な本質について述べ、そしてそれらが表わすポジティブな面とネガティブな面を語りました。さらに基本的な原因と結果の原理を説明し、すべての行為や結果はもともとの原因からの直接的な影響であることを説明しました。多くの人々にとって、それはさまざまなレベルで衝撃的な強烈な学びでした。彼らにとって、自分たちが何を生みだす可能性があるかを知るために、自分自身の行為や意識を吟味するということは、意識レベルでの大きな進化のステップだったのです。

不幸なことに、もとの社会に住む多くの火星人は、その認識をリラ人への古い非難と憎悪を表面化するための理由に使いました。彼らの感情生活において、それらのネガティブな感情が疼きをともなう傷口となって開いたのです。彼らの敵意と非難は瞬間的カルマの時代には深くうずめられ、それにつづく五〇〇年間もほとんど隠されてきました。そしていま、人々はDNAレベルでそれらの感情と思考のパターンを浄化する用意ができたのです。つまりその疫病は、彼らの否認と抑圧を表面に浮上させる役割を果たしたのです。

人々は怒りやすくなり、ささいな問題に関する感情的なドラマが強調されたり、小さな暴力沙汰が発生したりしはじめました。その結果、もとの社会は緊張感におおわれていきました。ところで瞑想をする人々は、残りの人々よりもそれに対する心構えができていました。それは彼らが長い世代にわたってDNAを浄化してきたからでした。彼らは彼らの霊的なコミュニティ内で結婚する傾向があったので、遺伝子レベルでの浄化がより進んでいたのです。彼らはコミュニティの外部の人々に、ストレスの扱い方、感情的な浄化、ドラマ・セラピーをはじめ、この新しくて古い問題を浄化する手助けになるその他の技法を教えることを申し出ました。大部分の人々はそれまで通りに彼らの考え方を認めませんでしたが、何人かの女性や子供と、古代の暴力と抑圧の世界に二度と戻りたくないと思っている少数の男性が援助を受けることを希望しました。そして約四〇〇人の新しい人々が自分自身の意識を癒し、めざめさせようとする人々のグループに加わって、全部で一〇〇〇人程度のメンバーが誕生しました。町の人口全体は三二五人に増えており、そこから見ると瞑想をする人々はいまだに少数派でした。しかしそれは重要な役割を担う少数派だったのです。

もとの社会の二つの集団間では二極化が急速に広まっていきました。次の五〇〇年の終わりまでに社会のなかで平和を愛する人々は、しだいに暴力的になっていく隣人たちと明らかに対立していきました。最初のころ彼らはほかの人々に理解してもらおうと努力しましたが、数世代にわたって暴力的パターンが加速されるにつれて、それぞれのグループ内に相手に対する偏見と決めつけをともなう深い文化的かつ霊的なすきまが形成されていったのです。その期間の終わりには、その社会でラーの存在に関する投票が過半数に達しなくなりました。つまり投票数がほとんど五分五分だったのです。

## もとの社会の分裂――一万七一〇〇年

ラーが去ることを発表したとき、穏健派の人々は非常に思い悩んで彼にとどまるよう願いました。それに対してラーは、彼がここに残ることを望む人々がこの社会を離れてどこかほかの場所で新しい社会をスタートさせるか、あるいはまた一五〇〇年前に分かれたもうひとつの社会に加わらないかぎりは、彼はここにとどまることができないと告げました。

そして一〇〇人以上の人々が、彼らの仲間の火星人とのきずなを癒して平和で安全な故郷をふたたび見出すことを願いながら、もうひとつの社会へ連れていってくれるよう求めました。そこでラーはプレアデスの「高等評議会」やもうひとつの社会の集団意識と相談した結果、平和のなかでの意識的な成長を願う人々は歓迎されると答えました。また到着にあたって、その社会の既成の秩序にしたがうことを期待されていると告げました。彼らは歓喜して長い旅路の準備にとりかかり、ラーに導かれて新しい故郷へと出発しました。

もとの社会に残される市民たちは、それらの人々が去ることに反対しました。というのも、平和を求める人々がその社会のバランスを保つための助けになっていたことを彼らはひそかに知っていたからです。去った人々の一部は、まったく同じ理由から去ることを躊躇しました。つまり彼らは、バランスを維持することを助けながら、より進化の遅れた隣人たちに変化のためのもうひとつのチャンスを与えたかったのです。けれども、あとに残される住民たちへの慈愛と懸念を抱きながらも、自分たちが継続的に進化するためにはラーの存在が不可欠であることを彼らは知っていました。それゆえ移民者たちは満場一致で去ることを決めたのです。

移住者たちは、ちょうど四週間ほどで新しい町にたどり着きました。彼らは盛大に迎え入れられ、ごちそうによるもてなしや祝賀会、講演会、儀式的な集会などが開かれました。また新しい衣類や一時的な住居までが用意されました。そのすばらしい再会の時は一週間以上も続きました。それから人々は、新しい住居を計画的につくる仕事にとりかかり、新しい住民に彼らの秩序や霊性や農業技術や出産の習慣に関する掟を伝えました。その新しい社会が霊的にも文化的にもはるかに進化しているのに、科学技術の面ではかなり進化が遅れていることを知り、新しい住民は興味をかきたてられました。

二つの集団の人々の交流が始まると、予感のような感覚をともなう共通の既視感のようなものが人々に起こりはじめました。多くの人々に共通するそれらの感覚について彼らがラーに質問すると、金星での最初の社会が近親相姦と容貌に対する偏見のために分裂したという歴史がラーによって語られました。また二番目の分裂として、階級区分と偏見のためにもとの金星の社会に犯罪者たちの集団が形成され、そのあとで犯罪者たちが新しい社会に加わったことが説明されました。ラーは金星におけるすべての歴史を語りながら、犯罪者たちの勢力が金星から追放されて火星に到着して最初の住民になったことや、いまの火星社会がすべて金星からの存在によって形成されていることを告げました。

ラーはまた、かつて火星に起こった、もうひとつの長いあいだ廃墟となっている社会ともとの社会との分裂を人々に思い起こさせ、そのときに暴力的な男権主義者たちがもとの社会のすべての人々を殺害してその町へ戻ってきたことや、それによって火星にはたった二五〇人程度の暴力的な人々だけがとり残されたことを告げました。そしていまふたたび人口が膨れあがり、そのときに殺された人々のほとんどが生れ変わってこの新しいスピリチュアルな社会に住んでいるというのです。またこの新しい町に到着したばかりの人々のなかには、かつての犠牲者のほかに、遺伝的かつ霊的な進化のプロセスにおけるかつての男権主義者たちもいることが告げられました。

偏見、権力闘争、分裂という彼ら自身の歴史に、人々はみな深く心を動かされました。彼らは集団としてその分裂の歴史を今度かぎりで癒すことを誓いました。もちろん、それは彼らの意識レベルではその社会内で癒されることを意味していましたが、潜在レベルではすべての歴史的な敵とともに癒されることを意味していました。そしてそのことが、やがてくる癒しと再結合のための霊的準備の先駆けになったのです。

いっぽう、二一五人程度に減少したもとの社会の人々は、不安で気が休まらない状態に陥っていました。彼らは何かを証明したいにもかかわらず、何をだれに証明すべきかさえわからなかったのです。またはっきりした理由もなく、自分たちの意識のなかの歴史的記憶に怒りと激しい非難を感じており、復讐することを欲していました。そしていつか近い将来にだれかとの対決を願う切迫した感覚をかかえたままで、日常生活は過ぎていきました。

次の一〇〇〇年のあいだ、二つの社会は疎遠な状態で相手の存在を思いだすことさえほとんどなく過ぎていきました。もとの社会では、霊的な平和を愛する人々が去って以来、ネガティブな想念と無定形の低次元のアストラル・エネルギーが急激に膨らんでいきました。男権主義がふたたび火星のもとの社会を支配し、男らしさを競うためのゲームや残忍性、女たちへの抑圧、たえまない不安という、初期のころの火星の状態がしだいに再現されていきました。この時代ともとの時代との唯一の違いは、このときの男たちの優越性の源には粗暴な力だけでなく、科学技術と霊的支配力が加わったということでした。残された人々は、サイキックな能力を発達させるはたらきが歴史的にピラミッドと関連してきたことを知っていました。そしてラーと平和主義者が去ったために、その分野への興味がふたたび浮上してきたのです。

男たちはピラミッドを使って意識を投影させる実験を始めました。とりたててはっきりした成果は得られませんでしたが、霊的レベルにおいて彼らのメッセージは、リラ人が古代の争いに決着をつけるために戻ってきて戦争することを呼ぶ招待状として受けとられました。それらの男たちは戦いを挑んでくる敵を求めており、いまだに潜在レベルでピラミッドとつながっているリラ人とのカルマが、自然なきずなを創造したのでした。そのうえ新しい町の市民たちが今度かぎりですべての敵との分裂を癒すという誓いを立てたために、リラ人への招待は無意識のうちに全員一致で決められたことだったのです。そして火星人は、まもなく古代の敵と直面することになりました。

## オリオンからの侵略者リラ人の帰還――一万八五〇〇〇年

時間と空間の制約のために、リラ人が実際に現れるまでには数年ほどかかりました。彼らの出現は火星の人々にとって破滅的なものでした。最初にリラ人は、両方の町から奴隷として価値のありそうな火星人をすべてもとの町へと駆り集めました。そしてすぐに残りの人々すべてが殺害され、ラーを祭る神殿は破壊されました。

それらの侵略者がみんなの合意のもとに「招かれた」ために、プレアデス人の「高等評議会」や二人のラーにはそれを阻止するためにできることは何ひとつありませんでした。二人のラーは、姿を透明にできるにもかかわらず肉体が殺されることを選びました。そうすることで火星のエーテル界から彼ら自身を解き放ち、プレアデスに帰ってほかのプレアデスの大天使とともに活動できるよう意図したのです。

自分たちの身に降りかかった運命を知る前に、人々は自分を守る手立てもなくリラ人の警察国家に捕われの身となっていました。オリオンからのリラ人は火星を去ってからおよそ三〇〇〇年後、太陽系の支配を勝ちとるための究極の兵器としてピラミッドの活性化を成功させようという決意を胸に、充分な活力を回復して帰ってきたのです。破壊され、とりのぞかれていたピラミッドのコントロールシステムの一部がすぐに再建されはじめました。こうしてピラミッドの再建、原子力の修復、武器の生産などが最優先項目となり、奴隷たちは長時間働かされました。

わずか五〇年後には、ピラミッドの頂上の金属の伝導体を通して大きな核爆発を起こすという実験を再開する用意が整いました。火星人はその実験が湖や水位やオゾン層に及ぼす影響をリラ人に警告しようとしました。そのことは彼らの歴史において決してくり返してはならないこととして、世代から世代へと注意深く語り継がれてきたからです。しかしリラ人に警告したり実験を中止させようとした火星人は、暴力や死を与えられました。火星にとっても火星人にとっても、すべてがふたたび失われたかのように思われました。リラ人を説得する方法はなかったのです。それらの侵略者たちは、リラ人の規則にすぐこびへつらった、もっとも過激な火星の男権主義者たちよりもはるかに冷酷で暴力的であり、権力に飢えていたのです。

最初の大気圏への爆発が実施されたとき、マグニチュード8ほどの大地震が記録され、それにともなっていくつかの小さな余震が発生しました。ピラミッドじたいは被害を被りませんでしたが、町と人々が被害を受けました。一〇〇人以上の人々の生命が奪われ、いくつかの建物が崩壊したのです。侵略者の最初の到来とともに多くの人々が殺されたこともあって、このとき二つの社会から集められた火星の人口は二五〇人程度に減少しました。町の整備と修復に数週間ほどが費やされました。多くの人々が死んでしまったこともあって、家は再建されずじまいでした。リラ人はひとつの家に一家族以上が住むよう手配し、かつてと同じように科学技術を最優先しつづけたのです。

その後五〇年間ほど、地震をともなった実験がしばしばくり返されました。武器の生産は増加の一途をたどり、大きなピラミッドのまわりに小さな岩で形成されたピラミッドがいくつか建てられました。それぞれの小さなピラミッドには音波生成器がとりつけられ、大気圏の爆破の効果をさらに増大させるという目的で用いられました。それは音波によるサイキックなパワーを有する核爆発を、一時に集中して太陽に放つためのものでした。その目的とは、太陽の内部の進化の符号を解明して軌道の時系列を変え、リラ人の戦士が太陽系を支配することができるような新しい波動パターンを組み立てることでした。

リラ人は、この太陽がプレアデスの中心太陽アルシオネと交信するための門であり、銀河の中心への門でもあることを知っていました。もしも彼らがその門を閉ざすことに成功したならば、そのときオリオンの太陽系内で彼らの仲間の反逆者に占拠されている恒星とつながることで、あなたがたの太陽系の守護者であるプレアデスの光の勢力を打ち倒すことができると考えたのです。彼らはこの方法で、この銀河に闇の勢力の新しい領土を確立することができると信じていました。

彼らの実験は、天文学的にも占星学的にも非常に特別な時期に行われました。彼らの目的を達成するためには、厳密にいえば、ある種の直列体制が必要とされるからです。以前、最初のリラ人の侵略者たちが不本意にも火星を去ったときに、その目標はたったの一二五年で失われてしまいました。しかし今度は五二〇〇年周期が終わる以前に直列が起こる予定だったので、プレアデス人がとめることはできないのです。

ところでリラ人の戦士が知らなかったのは、太陽の符号と、太陽じたいが高次元の波動のなかに存在するために、彼らが意図したような影響を低次元の波動によって及ぼすことは不可能だということでした。それで彼らが特定の空間と思われる太陽のその場所にエネルギーを送ったときに、その空間が実際には別の次元だったために、彼らが期待したような影響を与えることができなかったのでした。

やがて待ちに待った爆発の時がきたとき、日時計とピラミッドの建物内の幾何学形状がぴったりと直列を形づくりました。音波の爆発、サイキックな爆発、核の爆発という、すべての放射物が同時に放たれる準備が整ったのです。そしてまさにその時刻、すべてが予定通りに放射されましたが、その結果は計画とははるかに異なったものでした。霊妙でサイキックなエネルギーと光の炸裂を集め、音波の波動をともなった大轟音がとどろきわたり、惑星の大気圏に巨大な穴が開いて自然発火し、一瞬にして惑星上のあらゆる生命体が気化してしまったのです。その結果、惑星の軌道は変化しましたが、だれ一人それを体験できる人間は残りませんでした。

爆発が起こった瞬間にプレアデス人とその他の天使的な「光の存在」たちが結集しました。そして大気圏の穴にいくつもの大きな光の円錐をつくり、光のなかに保護されることを望む人々の魂とスピリットを、そこを通って収容できるようにしたのです。火星人のほぼ半数が光のなかに入り、コクーンに保護されて集められました。そしてヒーリングのために輸送用のプレアデスの光の船に積み込まれて、シリウスへと運ばれました。シリウスのイルカとクジラのスピリットはマスター・ヒーラーとして、ふたたび形態を得て誕生するための準備ができた人々の傷ついた魂とスピリットを再生させてくれるのです。

リラ人と残りの火星人の男権主義者たちは光に反発し、光の円錐から逃れて火星周辺のアストラル界にとどまりました。そしてついにはオリオンの五次元から平和の使者がやってきて、リラ星系に帰って次の進化のステップにそなえることに同意したリラ人のアストラル体を救い出していきました。火星の男権主義者たちは、時間と空間の失われたアストラル界にとどまりつづけ、その二万六〇〇〇年周期の終わりに火星の大気圏に設立されたカルマのトレーニング・スクールへと移されるよう、プレアデス人の手によって選択されました。彼らのガイドや「長老評議会」とともに、中間生での彼らの指導が始められたのです。

惑星と多次元空間としての火星は、浄化と再生のために爆発のあと何世紀にもわたってエネルギー的な保護膜におおわれました。いっぽう、その間にマルデックに人が住めるような準備が整いました。そして火星上のカルマのパターンは解除されずに、幾何学的なシンボルまたは符号という情報に中和されて収められました。つまり、これらの符号はネガティブ性を創造することはできませんが、その代わりに火星の歴史というメッセージを太陽系の集合意識にむけて投影しているのです。またプレアデス人は惑星の表面に、ラーの顔を模した彫刻を施すことを同意しました。その神殿の記憶は、火星の完全な歴史を未来の太陽系の住民に反映させるという惑星の使命において、とても重要なものだったのです。だからこそ、それはいまや死に絶えて乾ききった火星の表面上に、もとの神殿の何倍もの大きさにつくられたのでした。

【著者注】大切なのは多くの火星人が覚醒にいたり、少数の人々はアセンションしたという点を覚えておくことです。それゆえ火星人のカルマのパターンの変容と超越と癒しのための聖なる地図が創造され、いまでも火星の大気圏内に存在しています。人類のなかには二極性が存在しています。たとえば男性優位や心の克服に対しては、女性を対等にみなし当然払われるべき尊敬をもって対応すること、エゴの喜びと肉欲のための性的エネルギーの誤用に対しては、タントラの教えと性的な結びつきの神聖さと喜びを分かちあうこと、暴力に対しては非暴力、憎しみに対しては無条件の愛、などといった例があげられます。火星で光を選択してアセンションした人々を呼び入れてそれらのレッスンを学び、あなたがいまだにもっている火星のカルマのパターンを浄化するのを援助してくれるよう求めることができます。

火星で生きて覚醒に達した――あるいは少なくとも霊的な結びつきを獲得した――人々に、あなたがたが学んだレッスンをたたえるという願いをこめて、私（アモラ）はこの詩をささげます。また火星人のエゴを超えられなかった人々には、この詩を変容のための道具としてささげたいと思います。

完璧なる恋人

おお、けだかき男《ひと》よ、
その瞳に野望と憧れをたたえて
私を見つめるとき
おまえは何をみとめるのだろう
その視線は私にとどき
あつい情熱で私を包みこむ
それは私を手に入れたいという情熱
「おまえが絶対に欲しい」
とその瞳は言う
瞳は嘆願し、あるいは渇望する
「私はずっと孤独だった」
とその瞳は語る
おお、けだかき男《ひと》よ、
そんな目で
私を見ないでほしい。
その瞳を鏡に映してごらん

やすらぎがおまえを待っている。
もしもそこに征服者や
騎士や
飢えた男が見えたなら
その男に言ってあげなさい
剣を置き、鎧かぶとや盾を手放すようにと
もう戦争は終わったのだから。
それからおまえの腕を彼の肩にまわして
その瞳をじっと見つめてごらん
そして彼の剣や鎧かぶとや盾が
しまわれて取り去られたら
そして彼がおまえにむかって泣きながら
「兄弟よ」と語りかけてきたら
そのとき、けだかき男《ひと》よ、
瞳の奥に魂の光を輝かせて
私のもとにおいでなさい
その目には
「私という存在」の光と
本質が見えるだろう

その瞳のなかに愛と尊敬を見たとき
私はおまえを見つめかえすだろう
けれどもそこに絶望と飢え、
征服欲や所有欲を見たのなら
私は誓って顔をそむけるだろう
おお、けだかき男《ひと》よ、
どんなふうにおまえは私に
贈り物をするのだろう。
母親のために花を摘む子供のように
はずんだ心で
賞賛を得ようと
この胸に飛び込んでくるだろうか
それともどれほど思慮深く心やさしいかを
どれだけ寛大であれるかを
私に見せてくれるのだろうか
その魅力を強く印象づけるために?
私の愛と感謝を勝ち取るために?
ゆるしと慈悲を願いつつ
私が欲していると思うものを
さしだすのだろうか
私の関心と愛のすべてを
ひきつけるに値すると思われるものを?
おお、けだかき男《ひと》よ、どうかその贈り物を
おまえの庭の
孤独と恐怖のなかで待ちわびている
おまえの魔法の子供に持っていきなさい
彼はおまえの心づかいと現れを
必要としているから
その子を胸に抱きあげて
ゆすってやり
なでてやり
雨あられと愛をそそぎなさい
そして誠実でありなさい
やがてその子が腕のなかで眠ったら
そっと横たえて
それから私の部屋の階段をのぼりなさい
もしも私の魂の光と
「私という存在」の美が見えたなら

また、花や詩、甘い言葉やキスで
私をたたえたいと願うなら
飾る必要や期待や
見返りを求める心ではなく
誠実とともにそれを与えなさい
甘くかぐわしい花の香をかぐときや
おだやかな畏敬とともに日没を眺めるときの
静かな高潔さを保ちながら……
おお、けだかき男《ひと》よ、
おまえの尊敬の重さをではなく
与えたり破壊したりする権力でもなく
どうかおまえの喜び、心、イメージ、
そして価値を
私に負わせてほしい
この責任のほうが
私にははるかにずっと大切なもの
おまえの平和と幸福を
そして自己への尊敬と愛を
見つけにいきなさい

神や女神と一緒に
それらを花々や木々のあいだや
そよ風や沈む夕陽のなかに見つけなさい
そしてその発見を分かちあってごらん
生きることや死ぬことに理由はいらない
私の賞賛が力の源となり
私の指さきが救いとなり
私の瞳が自己認識となってしまえば
私はおまえへのさげすみを育て
おまえは私をひどく嫌って
反発するようになるだろう
おまえが私に与えるそのパワーは
私が本当に欲するものではない
それはせいぜい
私の疑いの心をなだめてくれて
私の存在がおまえにとって重要だとか
必要で価値があるなどと
感じさせるだけのもの
偽りの使命感に満たされても

それははかない
おまえは私を
私自身の本質という感覚から引き離し
魂の真実から引き離し
女神である存在から遠ざけ
私の真のパワーと光から遠ざけて
檻のなかに閉じ込めるだろう
私を敬愛するその瞳の裏に
孤独と要求、そして
承認を求める贈り物を隠し
賞賛の言葉の裏には
絶望を隠して
おまえは私を確実に無力にしていくだろう
おお、けだかき男《ひと》よ、
その子がおまえの庭でやすらかに眠ったら
そしてその騎士が
剣や鎧かぶとや盾を下に置いたなら
そのときこそ
私の階段に近づきなさい

そこではじめて
私はおまえを迎えにいくだろう
その瞳に魂が宿り
愛によって明るく輝くとき
私の瞳が輝いて見つめかえすのを見るだろう
おまえが心から与え
その言葉におごりがないとき
そして私なしに自分自身がだれかを知るとき
私は自由におまえから受けとり
私の愛を思う存分さしだすだろう
なぜならそのときは
私たちのどちらも
決して破壊されたりしないことを
知っているから。
まず自己と
その内なる美と叡智と
聖なる本質に身をゆだねた二人だけに
降服が訪れて
それらが私たちのものになる

そのとき手に手をとって
光に溶けあい
私たちの双子の星が
ふたたび輝く

この詩をコンピュータに入力し終えたとき、私は窓の外一五メートルほどのところに四つのとがった枝角をもつ雄鹿がいることに気がつきました。その鹿は以前にも、ときおり立ちどまって私が歌うのを聞いていました。出会った最初のときから、私たちのあいだには特別なつながりが存在していたのです。私が歌いながら食べ物を投げてやると、彼は用心深く少しずつ近づいてきたものでした。そして頭を前後にピンと立てて、二メートルほど離れた安全な距離から私の目を見つめました。けれども、私たちが本当の意味で出会ったのはこの日だったのです。

彼を見たとたん私は二階へと走り、ブドウをボウルいっぱいに入れました。それから表へ出て、彼から九メートルほど離れた地面に腰をおろしました。彼は一方の目の片隅で私を観察しつづけ、動揺していて以前よりも用心深くなっているように感じられました。そこで私は、彼が私のほうをふり向くまで一曲また一曲と歌いついだのです。私がもっと自分の中心にいて内側が静かになるまでは、彼は私に心を開かないだろうと気がつきました。私は彼の洞察力に敬意を表し、それからテレパシーで彼の名前をたずねました。それに対して私が聞いたのは、「私を感じてください。それが私の名前です」という返事でした。彼のエネルギーを感じとると、彼本来の性質に反応して「アーネスト」という名前が私の心に浮かんできました。

アーネストは四メートル近く離れた場所までゆっくり歩いてきて立ちどまり、私が投げたブドウを目当てに地面を探し、見つけたブドウを頬張りました。そのあとさらに、私がその甘い果実を放り投げた二メートル以内まで近づいてきました。その間ずっと私は、彼の神聖さについて感じたことを歌いながら話しかけていました。つまり私は即興で、「あなたはとっても美しい」とか「生命の美よ」と歌いかけたのです。また動物や人間が最終的に互いを信頼できるような環境が生まれたときに、動物にも人間にも平和が訪れるだろうという内容の詩歌をつくり、彼と私がその平和をたったいまから築きあげることができる、と彼にむかって歌いました。そして私があふれだす涙で胸がいっぱいになって声がつまったとき、彼は私の手のひらからブドウを食べたのです。彼の瞳は私から一〇センチも離れていない距離にあり、そのとがったアンテナのような角はもっと近くにありました。彼は、感謝があふれる私の目をまっすぐに見たかと思うと、さしだされ楽しんでいる食べ物を安心したように見て、それを交互にくり返すのでした。

アーネストが私の膝の上のボウルをつついたので、私はそれを目の前の地面に置きました。そして彼が思う存分ブドウを頬張っているあいだ、その一粒を私は自分の口のなかに入れました。そしてアーネストが彼の疑問を反映するようなしぶい表情で見守るなかで、それを食べたのです。私は彼に、「私たちの聖なる結びつきをたたえて、あなたのために用意したこの食物を二人で分かちあったのよ」と言いました。すると彼の顔から困惑した表情が消えて、ふたたびブドウを食べつづけました。ボウルの中身を食べ終えると彼が私の両手をそっとつついたので、私は空になった両手を彼のほうにさしだしました。私の手を彼は鼻で何度かなめたりつついたりしてから静かに立ち上がり、涙にぬれた私の瞳をじっと見ていました。そのとき私たちはかたく結ばれたのです。

彼が去っていくとき、私はそっと「あなたの右側にブドウが落ちているわ」と話しかけました。彼はすぐ立ちどまり、ブドウを見つけるとそれを食べてまた歩きだしました。私は静かに「ナマステ」と言い、彼の姿が見えなくなるまで両手を祈るように組んでいました。きっと彼はその意味を理解してくれたと思います。

彼との出会いのすばらしい贈り物とは、男性と女性が再発見しなければならないバランス、尊敬、信頼というヴィジョンを確認できたことです。それは私や多くの人々が掲げている「人間と動物がふたたび調和と尊敬と信頼のなかで生活する」ということでもあります。そしてそれはまた金星の「愛」と「内なる美の感謝」との調和が保たれたときに、純化された気高い火星のエネルギーがもつヴィジョンなのです。

# 第3部

# マルデック

MALDEK

私たちの太陽系の進化に関するラーの話が続きます。

火星上の生命が破壊された直後に、銀河の別の部分に大きな混乱が生じました。植物と哺乳動物両種の遺伝子の環境適応の実験によりわかったことですが、この銀河内の生命体は総じて遺伝子に傷をもっているのです。その遺伝子の傷が、不自然な早死の傾向をもたらしました。三次元の惑星上で膨大な数の生命体が創造されているあいだに、(遺伝子内の)染色体の循環パターンと周波数がその惑星自身や太陽の軌道周期と密接に調整されました。そこで考慮に入れられていなかったのは、それらの周期がほとんど感じとることのできない波動レベルの周波数の変化をもたらしながら五二〇年ごとに少しずつ変わっていくことでした。その変化は、本来組み込まれている「休息」を促す進化上かつ周期上の変化と密接な関係をもっていました。つまり目の瞬きとちょうど同じように、その期間はすべてのパターンがいっせいに一瞬だけ停止するのです。その時空の連続体におけるたったの千分の一秒間に、すべての生命ある種は「現実との照合」を刻みつけます。それから彼らは現時点での太陽の符号に合わせて再調整され、一見変わりないように見えるみずからの生命の軌跡をふたたび歩みつづけるのです。しかしながらパターンの変化によって意識だけでなく遺伝子にも影響が及ぼされるためには、染色体がその瞬間だけ回転を止めて受容的になる能力を秘めていなければなりません。

この段階での染色体と意識間の力学関係は、それまでずっと認識されていませんでした。つまり染色体が意識のあとにしたがうと信じられてきたのです。その後、植物や動物や人間の肉体が意識の休息やパターンの変化に反応することができないということが発見されたとき、それがすべての種の寿命が次第に短くなっていく決定的要因だということが明らかになりました。

寿命の短縮化とは、時空の連続体のなかでの推移に対して、「停止よりも萎縮を」という染色体の反応によってもたらされたものです。この萎縮は細胞内の抵抗エネルギーの永久的な「刷り込み」を生みだし、それによって細胞の回転速度に最小限の変化がつくりだされました。そして神経系に穏やかな緊張を生じさせながら、細胞や染色体が太陽や惑星の軌道パターンにつねに追いつこうとしているかのように見えたのです。その変化が非常に微妙なものだったので、銀河のいくつかの領域から来たプレアデスの光の使者やその他の自然界の専門家による遺伝子研究や実験で、そこに問題があることを知り、その源を発見するまでに無数の年月が費やされました。

その発見は、ある惑星から別の惑星へと植物の種を移植する過程のなかでなされました。適応性の実験においては、ある植物がほかの植物から「学ぶ」ことで、外部からの援助なしに、みずからの細胞の流れのパターンを自動的に調整することができるかどうかが調べられました。その移送された植物は、たしかに自然界の植物のパターンに順応しましたが、それらの総体的な流れのパターンの細胞の回転において「痙攣」が生じました。そして地球上の月のサイクルに相当する期間が過ぎたころには、移送されたばかりの植物がかすかな萎縮を体験したのです。この萎縮は以前から存在していた五二〇年ごとの短縮現象を加速させる結果となり、そのためそれらの種の死亡率が大きく増加しました。そして新しい惑星に来て二年以内に、その種が通常生き延びる年月の二分の一程度にまで寿命が縮まってしまったのです。それに対して、最初から惑星に生息していた植物は、本来の寿命を保っていました。つまりなんらかの理由から、すべてのサイクルの終わりと新しい始まりにおいて、以前の五二〇年周期から引き継いできた萎縮の誇張がもたらされ、移植された植物が大きな緊張下にさらされるまでそれが継続するのです。

その植物を食べている動物も緊張の兆候を示しはじめました。動物たちの肉体が、いままで栄養物として用いてきた植物の一部を拒絶するようになったのです。それはたとえばビタミンCをとりのぞいたジャガ芋を食べるようなものでした。それを毎日食べつづけると肉体はビタミンC欠乏症に陥り、その結果、新しい病気が発達します。その動物の消化システムは、最初に「緩慢」という症状を示しました。というのも動物の肉体もまた萎縮を体験しなければ、細胞の回転における変異によって萎縮してしまった植物の細胞構造の一部を吸収することができなかったからです。それはまるで、その植物のなかの萎縮というはたらきが、動物がみずからの肉体に同じような死を誘因しなければ吸収することができないような死のホルモンを放出しているかのようでした。

さらなる研究において、その植物を食べる人間にもそれとおなじ現象が起こることが解明されました。それゆえ新しい惑星に転送された動物や人間は、彼ら自身の種の染色体の変異を保有するだけでなく、彼らが口にする植物の染色体の変異に適応することを強いられるのです。この現象によって人間のなかにもたらされる感情的衝撃は、「細胞レベルでの変化と死」への恐怖でした。この種の恐怖は、人間の細胞が周期と死に関して生来そなわった自然な認識をもっていた人間存在の始まりのころには知られていなかったものです。

かつて肉体をもち、いまでは中間生にいるスピリットや魂に対しても、その研究がさらに拡大されました。染色体の萎縮とその結果として生じる感情反応のパターンは、人間の生を体験した魂にも刷り込まれていることが発見されたのです。死と変化への怖れという理由から、このパターンは人生に対する抵抗というかたちをとりました。プレアデス人とデイヴァの王国が、遺伝子の変異と種族間における変異の転移という問題の解明にすぐにとりかかり、細胞や染色体の萎縮反応を無効にする意識を合体させるという目的のもとにDNAの鎖のなかでさまざまな変化が起こされました。そしてその成果として五二〇年周期の休止が起こったとき、エーテル体と肉体とが意識の反応パターンにしたがったのです。この適応を完全にするためには数回の周期が費やされましたが、最終的に時空の連続体の短い休息のあいだに染色体と細胞がただ「停止」し、それから意識が新しくも馴染みのある活動に戻ったときにそれらの通常の回転を再開することが可能になったのです。正しいDNAをもった新しい動物や植物を充分に誕生させることで、残りの動物や植物にそれらへの順応のしかたを「教え」ながらすでに存在している変異を逆転させるためには、さらに数周期を要しました。

プレアデス人とデイヴァによって解決されるべき次の問題とは、総体的な進化のパターンを変更せずに、人間のスピリットへの魂の刷り込みをいかにして修正するかということでした。そして人間を新しい肉体に誕生させ、彼らに正しい染色体のパターンをもつ植物や動物を食べさせる以外にそれを可能にする方法はないという決定がなされました。植物や動物が変異のパターンを正すために互いの染色体に「教える」ことができるのなら、彼らは人間の染色体にも「教える」ことが可能なはずだからです。

これがマルデックが位置していた場所です。火星上の文明社会の終末に先立って、マルデックという惑星は南国の楽園として発達しました。マルデックには熱帯雨林、ジャングル、海洋環境をはじめ、あなたがたの太陽系のどの惑星にもかつて存在したことがないほどのより多くの植物や動物の種が繁殖していました。そしていま、火星人——かつての金星人——にとってもうひとつの故郷の惑星が必要となり、マルデックがもっとも有望な場所だったのです。地球にははるか以前から、二万五〇〇〇人程度のアンドロメダ人の奴隷集団が居住していました。彼らはそこに、アンドロメダ銀河のひとつの太陽系全体を統括する「至高存在」

という高次元の地位から怒りに身をまかせて堕落した、専制的な五次元の大君主によって連れてこられたのです。そして氷河期がきたとき地球の全人類が滅亡し、彼らの魂は癒しと新しい人生のためにプレアデスへと運ばれました。

マルデックに人類がやって来たころ、地球はふたたび氷河期の終わりの生き物が生息することのできる惑星に発達していましたが、その気候はまだ人類が住むにはあまりにも不安定でした（またいっぽうで、地球には独自の未来の計画が用意されていました。それについては次の章で述べられます）。恐竜や、海亀を巨大にしたような陸や海を旅することができる生物など、地球は進化の過程にある巨大な種の故郷になっていました。けれども彼らの肉体と脳との関係はいまだに充分に発達しておらず、たとえ気候が充分に安定していたとしても、新しい人類や動物の種が導入される以前に、それらの巨大な種の進化のためにより多くの時間が必要とされたのです。

プレアデス人がＤＮＡの変異を発見したさいに、すでにマルデックにいる植物や動物のパターンを修正するための充分な時間がないということが唯一の問題でした。それゆえ最初の人類の入植は、新しい方法で準備されました。そしてマルデックに連れられてくる人々の自己信頼の欠如という理由からも、またつねに一定のしかたで修正される必要がある進行中の染色体とＤＮＡの変化という理由からも、プレアデス人とシリウスの大天使の「高等評議会」は、惑星の「至高存在」として仕える一人の守護者がマルデックに来て惑星の大気中の高次元にとどまることを決定しました。

その「至高存在」は、すべてのマルデック上の存在の高次の意識と個人的に溶けあう必要があり、太陽と銀河の符号を解読して惑星に伝える役割を担うことになっていました。これはかつての火星人やその他のマルデックに住むことになっている集団を、ある特定の時期に火星に運び入れることによって実行に移されます。その時期とは銀河の中心から放射されるフォトン・ベルトが、シリウス、アルシオネ、太陽、そしてマルデック自身と一直線上に重なるときです。

そのとき「至高存在」はフォトン・ベルト内の宇宙の門として機能し、そこを通って人間の魂やスピリットの存在たちが火星表面への道をたどることになっていました。人間たちは光の身体《ライトボディ》という形をとり、フォトン・ベルトや「至高存在」の意識を通過するあいだに波動を下げながら火星の表面にたどりつきます。そして彼らの光の身体は、地球上の月の一サイクルに相当する以上の期間をかけて、さらに波動を落としながらふたたび肉体を形成していくのです。

その「至高存在」は、個と一体を同時に保有することができる非常に進化した存在であり、火星やその他の銀河の市民の進化と愛に、完全にその身をささげなければなりませんでした。その存在は火星全体や火星上のすべての種のために「聖なる計画」という「夢」を保持し、火星や宇宙や銀河の星々からの符号をつねに完全に受容できる状態にあり、いつでも問題が生じたときに必要なことを自分で決めて解決する能力がなければなりません。そして大天使ルシファーが、この高い任務に選ばれたのです。

大勢の天使やデイヴァやその他のガイド、守護者たちが、ルシファーや銀河の中心との集団での融合をすませたのち、準備のためにマルデックへと送られました。プレアデスの光の使者やアンドロメダからの天使存在の集団も、準備のために集まってきました。というのも、新しいマルデック人の進化のためのガイダンスにおいては、どちらの集団もともに重要な役割を担っていたからです。多くの傷ついたアンドロメダ人がここに連れてこられたために、またアンドロメダと天の川はいわゆる双子の対になる銀河ということもあって、アンドロメダ人はあなたがたの太陽系の将来に強い興味を抱いていました。そして彼らは、きたるべき地球上での「宇宙的な人種の混合」という「聖なる計画」のためにここにやってきたのです。

しばらくのあいだ、マルデックに仕えるすべての存在たちは同じプロセスを体験しました。銀河の中心と溶けあい符号化されたあとで彼らはシリウスの意識と門を通過し、さらにアルシオネの意識と門を通過し、それからプレアデスのすべての星々を通過して、最後にあなたがたの太陽系の太陽を通過しました。それらの存在たちが通過したそれぞれの太陽や星は、彼らが太陽系へたどりつくまでに通過する隣りへの門だったのです。より大きな姿をした守護者の一部が、惑星の「チャクラ・システム」を維持するためにマルデックの大気中の渦巻き状の地点に配置されました。その他の守護者たちは惑星の軌道を一定に保つよう、地軸を維持し固定するために送られました。さらに他の存在たちははじめに惑星の中心へと送られ、そこでフォトン・ベルトからの符号と指令を受けとり、そのあとで太陽や星々からの符号とルシファーからの指令を受けることになっていました。

先例のひとつとなったのが、互いに対になった聖なる男女の存在たちをマルデックの中心核に配置したことです。彼らはタントラのエネルギーや創造的な生命力、男女の愛、バランス、平等を保持しています。それらの対になった存在は、太陽の符号やルシファーからの特別な指示にもとづいて指令を受けとり、その惑星とそこに住む人々のために内側から外へむけてエネルギーパターンを確立させるのです。彼らの主要な役割とは、互いに性的に融合した状態になることでその結合から惑星表面の地層へむけて、そしてさらに大気中へとエネルギーの波動を放出することです。男性性と女性性のバランスをとることと性的な癒しは、もとの火星人にとってもマルデックに来て人間としての生きることを選択したその他の集団にとっても、いまだに大きなカルマの課題だったのです。

【著者注】私はこの後者の役割について非常になじみがあります。というのも、これが私が最初にこの太陽系内で活動しはじめた時期であり、その場所だったからです。私はマルデックの中心核の女性存在の一人であり、タントラの結合、男性と女性の平等と均衡という男性パートナーとのバランスを保持していたのです。

## ルシファーが五〇〇〇体の魂をマルデックに持ちこむ――〇年

マルデックへの人間の入植に先立つ二万六〇〇〇年周期の終わりに、フォトン・ベルトが太陽や星の門やこの惑星と正確に一直線上に重なりあったとき、ルシファーがそれぞれの結ばれた門を通ってマルデックへとやってきました。そして彼は光の身体をもつ五〇〇〇個以上の魂と融合して、彼らを一緒にここに運びこみました。

彼がやがてマルデック人となる五〇〇〇体の魂とともに六次元まで降下してきたとき、それぞれの魂に二人の天使を割り当てる役割を務める太陽の天使の大集団が加わって、魂を吹き込まれた光の身体のその後を引き継ぎました。そして惑星の表面で四次元のときに、彼らはそのプロセスを思いだすために一度だけ月の一サイクルの期間中立ちどまりました。その期間中に肉体に帰りつつあるそれらの存在たちは、惑星の大気や波動パターンや軌道に順応したのです。そして順応のための期間が終わると、最終的な三次元形態への次元降下が行われました。マルデック人にとっては、宇宙を旅して天使と過ごしたおぼろげな記憶とともに、短いまどろみののちに惑星マルデック上で「めざめた」かのような体験でした。それはまるで覚醒夢のような出来事だったのです。一年ほどのあいだ、彼らはテレパシーで自分の二人の守護天使と交信することができました。その期間の終わりにはテレパシーによる交信の手段が断たれて、夢での交信だけが継続されました。マルデック人はその変化に前からそなえており、それが起こったときには準備が整っていました。

この時点において簡単な家屋が建てられ、食物や基本的なハーブの薬が人々に知られて手に入るようになっていました。彼らは必要なときに静かなコミュニケーションと夢を通して、彼らの守護天使やルシファーを呼び出すことができるのを知っていました。また存在するすべてのものが神聖であり敬意を払われるべきことや、男と女が対等であり、互いに異性の本当の価値と役割を知らなければならないことを教えられました。そして生殖による再生産と死は、魂とスピリットの関係を癒して進化するために必要なものだということも説明されました。ちなみに彼らが惑星に到着する以前に、対になるカップルがすでに決められていたので、パートナーと結ばれて対になるという傾向は、このころまでは本質的にそなわったものでした。

人々は前世や故郷の惑星については知らされておらず、変容される必要のあるパターンに関してだけ告げられました。最初の五二〇〇年間は、高次の存在からの基本的な不干渉が意識レベルで存在していました。しかしそのいっぽうでは、ルシファーや大勢の天使、ガイド、デイヴァやその他の彼の援助者たちが軌道パターンや太陽の符号や大気の状況を維持しながら、マルデックを他の惑星や星系からの侵略から守っていました。そうした現存する仕組みの変化は――特に彼らが高次の存在からの直接的なコンタクトに巻き込まれるかどうかは――それぞれの社会において「一人を除く全員の合意」を得ることによってしか起こらないことになっていました。また五二〇〇年周期の終わりにプレアデスの光の使者のメンバーがそれぞれの社会に転生し、マルデック人の意識を進化という目的にめざめさせることや、その他の必要とされる助言や教えを提供することになっていました。そのときに現存する秩序の再評価もまた行われることになっていたのです。

## 火星人とアンドロメダ人の社会

この社会には、およそ七五〇人の火星人（原初の存在の魂の分裂により）のほかに、アンドロメダ銀河の惑星上のより進化した集団にかつて奴隷として仕えていた存在たちがいました。後者の人々は、惑星の地下と大気中への核爆発によって故郷の惑星が破壊されたときに、そこを離れた人々です。このアンドロメダ人も七五〇人程度いました。彼らはかつての火星人と一緒にひとつの社会に配置されたのです。

## オリオン人の社会

長い世紀にわたって隷属させられてきた、オリオン星系のひとつの惑星からの約一五〇〇人の人々がこのひとつの社会を構成しました。彼らの弾圧者は、かつて火星を二度侵略したリラ人と同じ集団から来た存在たちでした。オリオンのひとつの太陽系全体が、それらの権力に飢えた存在によって牛耳られ統括されていました。そして火星と同様に、彼らがその惑星の大気圏を破壊して全住民を破滅させたために、それらの集団は新しい惑星を必要とする状況下に置かれたのです。彼らの惑星が居住不可能になったさいに、その集団全体が自由になることを欲したために、プレアデス人が銀河の中心からの指令にもとづいて介在し、癒しと準備のためのいくつかの過程をへて彼らをマルデックへと連れてきたのです。

## ブラック・ホール社会

三番目の社会は、かつて別の銀河に転生した一〇〇〇人の存在たちで成り立っていました。ある太陽の作用による内部炸裂がブラック・ホールをつくりだして、彼らの故郷を破壊したのです。これはほかの集団のように人間の支配と権力と科学技術の誤用によってもたらされたものではなく、二つの銀河の衝突の結果として生じたものでした。霊的な見方をすると、いわゆる「衝突」とは実際に二つの巨大な天体の存在が結ばれて溶けあうことであり、少しも災いを意味するものではありません。

この「ブラック・ホール社会」の一〇〇〇人の存在は、その衝突が起こったときあなたがたの二万六〇〇〇年周期に相当するよりも少ない期間だけ進化していました。彼らの性質は幼児のように無邪気であり、無垢、旺盛な好奇心、そしてだれもが幸福になってほしいという基本的な資質をもっていました。彼らのカルマ的な歴史の多くは、自分にも人にもいつも幸福であってほしいと望むあまりに不快な感情を否定することと関係がありました。また彼らは、自分自身やまわりのだれかが病気になったり不幸になったりすると敗北感を感じたために、罪悪感や羞恥をかかえこんでいました。その結果として、耽溺（中毒）がこの種族の問題になりました。アルコール、幻覚を起こす植物、セックス、そしてあらゆる愉快な感覚などが「ハイ」状態または幸福であろうとする試みのなかで極端に重要視されてきたのです。それゆえ銀河の衝突すなわち合併が起こったとき、彼らは高次元にアセンションする用意が整っておらず、「合併」という体験が「激変」という体験になってしまったのです。

# 幼い魂の社会

残りの一〇〇〇人の存在たちは、あなたがたの太陽系に似た、天の川のはるか辺境に位置する星系からの二つの集団で構成されていました。ほかの新しいマルデック人とは違って、それらの人々は、その領域の太陽からの個々の魂の符号をもたずに故郷の惑星を離れた存在でした。それは目標への方向づけや進化へと向かう外側からの刺激なしに、彼らがどうなるかを見るためのものだったのです。それらの存在自身は、一次元と二次元の生命形態からおよそ一〇〇万年以上の期間をかけて進化した魂でした。集団の意識として、それらの両方の集団は彼らに意味と目的をもっと与えてくれるような何かを探し求めていたのです。

この「幼い魂の社会」のメンバーは、高次元から三次元の現実にみずから選択してやってきた存在たちと接触することによって、新しい選択と動機を発見する用意ができていました。存在という本質に関する興味や、それがだれによってどのように創造されたのかという疑問が彼らの意識にも入ってきたのです。それらのスピリットを切望する幼い魂は、ほかの社会との起こりうるつながりを通して、そしてはじめて「至高存在」や太陽と関係をもつことを通して、スピリットを見つけるためにマルデックにやって来たのです。

以上のマルデックの四つの社会は、最初の二〇〇〇年間は互いに完全に孤立した状態を保っていました。これはそれぞれの社会が遠距離にあり、最初から出会う時期が決められていたことによるものでした。どの集団にも新しい故郷の惑星とその環境に慣れるための、そして可能なかぎり遺伝子レベルで癒されるための、また探検という意識的な衝動を発達させるための時間が必要だったのです。そして二〇〇〇年後にマルデック上の大部分の植物や動物の染色体の変異が浄化されると、マルデック人はそれらのより健康的な食料源に対して魂のレベルで、そしてDNAの変異が癒されるというかたちで反応しはじめました。

マルデック人は概して単純で少し無気力な人々でした。そして彼らの肉体への魂のつながりの一部の側面と、七番目のチャクラにおける創造への衝動は、染色体の変異が少なくとも部分的に癒されるまでは休止状態にとどめられることが前もって決められていました。それは彼らの脳の松果腺は、同意にもとづいた活性化のときまでは、高次元の波動やコミュニケーションや光を受けとるための装備ができあがっていないという、単純な理由からです。そのときとは、二万六〇〇〇年の進化のサイクルで最初の五二〇〇年周期のちょうど半分にあたる二六〇〇年をさしていました。

マルデック人が旅をするようになったとき、ほとんどの場合まだ霊的に眠っていたために、現実の本質に疑問を感じたりすることもありませんでした。けれども旅をして探検したいという衝動はしだいに活性化され、人々は諸国をめぐる旅に出かけはじめました。それらの旅は最初は三〇人以下の小さな集団で、一度に二〇日間以内で行われました。マルデックは豊かな惑星だったので、人々は最小限の食料を持参して旅をしました。というのも、その当時の人々は肉食で、食料を旅の途中で見つけることができたからです。そして旅の終わりには大きな集会が開かれ、旅人たちは自分が体験したことを報告しあいました。

## 火星人とアンドロメダ人の社会の住人が、幼い魂の社会の住人と出会う――二〇〇〇年

やがてもっと遠くの場所へ旅したいと感じる人々が現れはじめました。彼らの次の目標は、ある丘陵地帯を越えることだったり、ほかの世界が存在するかもしれない場所へと大きな川の流れに沿って歩いて行くこ

とだったのです。そしてそれらの長期にわたる旅へと、六〇人以下のさらに大きな集団が準備を整えて出かけていきました。そうしたより広大な探検の始まりの時期に、火星人とアンドロメダ人の社会からの一隊が旅の途中で幼い魂の社会から来た人々と出会いました。

はじめ両方の集団はびっくりしましたが、好奇心をもって互いのあいだに存在する溝を埋めようとしました。それぞれの社会には、さまざまな違いが存在しました。また方言の違いはありましたが、事実上言葉は同じものでした。というのも、四つの集団が互いに接触をとりあったときに文化的な差異だけが存在するようにという意図のもとに、どの社会にももともと基本的に同じ言語が与えられていたのです。

この最初の出会いから人々は数日間ともにキャンプをして、物語を聞きあったり、小さな言葉の壁を乗り越えて食物を分かちあうなかで、互いの共通点と違いを発見していきました。それはその場のすべての人々にとって刺激的な時間であり、好奇心と創造的な思考が開花していく最初の大きなステップだったのです。最初彼らにとってもっとも興味があったのが、人生における実用的な側面を比較することでした。また態度や文化的な個性の違いに関して話しあうことも、その次に興味のある話題でした。彼らのその時点での進化と脳のはたらきのレベルでは、それが彼らの好奇心の及ぶ最大限の範囲だったのです。

約一週間のキャンプののちに、彼らは使節団を構成して新しい友人の社会を訪問することを決めました。そして敬愛する故郷に戻るとき、およそ半数のもとの社会のメンバーと半数の新しい社会からのメンバーがその集団を構成することになりました。ちなみに幼い魂の社会の人々は、自分たちの故郷の社会にいるときでさえ火星人とアンドロメダ人の社会の人々に主導権をゆだねる傾向がありました。また火星人とアンドロメダ人の社会の人々は、幼い魂の集団の人々とくらべてより断定的で知的にも発達し、創造的で好奇心にあふれているように見えました。

それら二つの集団の新しい友人をしたがえての帰郷は、大きな話題を巻き起こしました。火星人とアンドロメダ人の社会は、マルデック以前の彼らのカルマ的な歴史ゆえに新来者たちに対して深い本質的な不信と懐疑を抱いていました。火星人もアンドロメダ人も侵略者によって隷属させられ故郷の惑星を破壊されたために、幼い魂の社会の無邪気な人々に対して潜在的な怖れと不安をもっていたのです。いっぽう、幼い魂の社会の人々はとても素朴で相手を信頼しきっていました。また彼らは自分たちよりも進化した、少なくともより経験を積んだ魂と接触することを切望しており、躊躇せずに彼らのホストである新しい友人に主導権をあずけました。そうした事実が、火星人とアンドロメダ人の社会のメンバーが彼らを受け入れて住家を共有することを比較的容易にしてくれたのです。

幼い魂の社会では、火星人とアンドロメダ人の社会からの訪問者たちは畏怖と驚嘆と偉大なる熱狂をもって受け入れられました。だれもが新しい友人たちに自分の家に宿泊してもらうことを望みました。また彼らは、客人が居心地が悪くなって何かを話したり行動を起こしたりしようとするまで、長いあいだじっと訪問者をすわったまま見つめつづけたりしました。そして客人が何かを依頼すると、その要請はすみやかにかなえられ、客人の要求に答えられないときには申しわけなさそうに謝罪さえしたのです。火星人とアンドロメダ人の社会の人々は非常に寛容だったので、そうした彼らのホストの弱点を利用しようとはしませんでした。むしろ彼らは、それを奇妙にうっとうしく感じたのです。

互いに取り決めた日数が過ぎたあとで(それを私ラーは便宜上、月の一サイクルと呼ぶつもりです)、両方の社会からの旅人はもとの集合場所へと出発し、そこでふたたび数日間を過ごして、それぞれの社会を訪れた感想を分かちあいました。それから訪問者だった人々は故郷へと帰り、それぞれの社会の約三〇人の新しいメンバーが彼らとともに新しい友人の故郷へと同行しました。

この交換制度は二年以上も継続され、それぞれの社会から全部で一五〇人ほどの人々が隣人の故郷を訪ねて行きました。特色ある特産品の交易が提案されましたが、ほとんどの品物が長い苦難をともなう旅路には耐えられないように思われました。ところが火星人とアンドロメダ人の社会への帰途の途中で、それを解決するアイディアが発見されました。一人の男が岩が転がるようすを見て、回転を利用して物を運ぶ簡単な方法を思いついたのです。包みや束になったものを引きずったり運んだりするのは重労働ですが、転がすことには希望がもてました。それから六カ月以内に、簡単でしかも効果的な車輪を有した荷車が発明されました。

いっぽう、残りの二つの社会も短い旅を始めていましたが、彼らはいまだに他の社会の人間にめぐりあってはいませんでした。彼らの進化のレベルと文明の発達は、ちょうど出会ったばかりの他の二つの集団と非常に似通ったレベルにありました。

## 交易が始まる——二〇〇三年

最初の二度にわたる交易の旅では、頑強な男たちが火星人とアンドロメダ人の社会から幼い魂の社会へと、交易の品々を満載した貨車を交互に引いていきました。二つの町をつなぐ広い通路が掘られて道路として用いられましたが、それでもなおそれは非常に緩慢な時間のかかる旅でした。そして火星人とアンドロメダ人の社会の男たちは、彼らが取引した品物をいっぱい積んだ荷車を引きながら故郷へと帰っていきました。交易が始まったことで、マルデック人の生活スタイルに新しいジャンルの刺激と可能性が加わりました。そして二度目の旅のあとで、彼らは大きな雄牛のような動物に荷車を引かせることを思いついたのです。動物に引き具を付けて調教するのにしばらく時間がかかりましたが、二つの社会が最初に出会ってから三年半以内に労働用の動物の利用が開始されました。

ちょうどそのころ、創造的なアイディアが二つの社会にほとんど同時に現れました。二つの集団は一緒に新しい方角を探索しながら、自分たち以外の火星に住む人々や新しい環境や自然の資源があるかどうかを発見することを思いついたのです。それぞれの社会から三〇人のメンバーが幼い魂の社会に集合して、新しい共同での冒険の旅へと出発しました。

彼らは月の一・五サイクルに相当する期間を旅して、広大な無限にも見える海にたどり着きました。さらに数日間ほど海岸沿いを歩きながら旅を続け、ボート(そのころはまだ発明されていませんでしたが)なしでは渡ることができないほど大きな川の入り江に到着しました。そのときに丸太が川から海へと流れ込んでいくのを見て、川を利用した移動手段に関する最初の発想の種が植えつけられました。その川のほとりで彼らは数日間キャンプを張り、その間に川が細く浅くなった奥地の方に内陸を見つけましたが、そこでは何も発見できませんでした。しかしそれまで見たこともないほど大きな魚をつかまえる方法を考案し、シーバスに似たはじめての魚料理を楽しみました。

## 三つの社会が出会う――二〇〇四年

旅から戻って、彼らはその旅が刺激的で興奮に満ちていたことを認め、次の合同の旅は火星人とアンドロメダ人の町から出発することに決めました。そして次の旅では、体験したことがないほどの乾いた暑い日射しの照りつける荒野へとたどり着きました。その平坦な大地は永遠に続くかのように思われましたが、月の二・五サイクルが終わるころ、もうひとつの大きな川に出会いました。

その大きな川のほとりで旅を打ち切らざるをえない運命に思われましたが、今度こそ川を横切ろうとする新たなひらめきが訪れました。というのも、彼らがその川の岸辺を行ったり来たりしているうちに、はるか向こう岸にいる人々の一群を見たからでした。それらの人々の容貌は、ひとつの大きな違いを除けばほかの二つの社会のメンバーと非常に似通っていました。つまり、それらの人々は黒い肌をもち、なかには雪のように白い髪の人がいたのですが、この二つの社会の人々はそうした肌や髪の色をはじめて見たのです。

川の両側で大声で話しあおうとしても無駄でした。その川はとても深くて流れが激しいため、とても相手の声を聞きとることなどできなかったのです。旅人たちは、はじめて出会った見知らぬ人々のちょうど対岸にキャンプを張りました。彼らは、それらの人々との出会いに強烈にひかれて離れがたくなってしまったのです。やがて旅立つ時がきても、それぞれの社会から半数ずつの全部で一〇人の志願者がその場にとどまり、オリオンから来た黒い肌をした人々の対岸にキャンプを張りつづけることになりました。またオリオンの社会の人々も、一隊が故郷へ帰るときに数人が選ばれて、その川岸でキャンプを張りつづけることになったのです。

残りの人々は、その川をなんとかして渡りたいと願いながら愛する故郷へと帰っていきました。そして故郷で話を聞いた人々は好奇心を刺激され、その新しい集団とどうにかして接触をもちたいと思いました。川の両岸にマルデックの三つの社会を代表する住人たちを残したまま、故郷の人々は彼らの新しい発見と克服できそうにない川という障害に思いをはせて興奮に沸きかえったのです。

## 最初の川越え――二〇〇四年

三つの社会の人々を巻き込みながら、だれもがみな自分たちの目下の必要をかなえてくれるような乗り物を発明しようと一生懸命でした。彼らの体重を運ぶことができるような何かを浮かべるというのがもっとも簡単な解決の糸口でしたが、海へと流されていく丸太の光景を思い起こしたときに、材木をつないでいかだ船をつくるというアイディアが浮かびました。しかしさらに難しい問題は、それが目的地を越えて下流へと流れるのを防ぐために、どうやって舵をとるべきかということでした。そして実験と失敗の創造的なくり返しのなかで、彼らは最終的にオールづくりにとりかかり、ついに適切なデザインにたどりついたのです。火星人とアンドロメダ人の社会の人々が、その開発のプロセスの主導権を握っていました。八人の漕ぎ手用の四組のオールをつくることを思いついたあとで、彼らは幼い魂の社会の人々に、川に戻って計画を実行する準備が整ったことを知らせました。

その川のほとりに戻るまでに、月の二・五サイクルという長い月日が費やされました。目的地に到着し、川のほとりでキャンプをしていた仲間たちと彼らのアイディアを話しあったあとで、彼らはいかだを組み立てるのに適切な大きさの木を探しはじめました。そしてキャンプ地に着いてから二週間ほどで、あとは実験を待つばかりの手作りのいかだが完成しました。

まず最初に船荷を乗せずに一六人のもっとも逞しい男たちが乗ることになりました。そして八人の男が常時オールを漕ぎつづけながら、必要な場合にそなえて一人につき一人の交替要員が配置されました。その川は氾濫もなく荒れくるうほどの激流でもなかったので、男たちはなんとか一生懸命にいかだを正しい方角へと漕いでいきました。最初の試みで川を横切ることに成功しましたが、目的地よりも八〇〇メートルほど下流に流されてしまいました。川の両岸の人々は彼らを見守りながら、いかだが流れ着いた下流のほうへ川岸を歩いていきました。

いかだが対岸に着いたとき、川の両岸から人々の喚声が聞こえました。黒い肌の人々はいかだを岸に着けるのを助けようとして駆け寄りました。それから人々は立ちつくしたまま、なんとなしにお互いを凝視しあいました。彼らは相手を頭からつま先まで観察してから、それぞれの類似点や相違点について話しあいました。そしてまたしても彼らは、文化や方言的な違いはあっても、みんなの言葉が似通っていることを発見したのです。

オリオンの社会の人々は、自分たちより明るい肌をした人々を自分たちのキャンプ地に招待し、そこで訪問者たちの衣服を脱がせはじめました。到着したばかりの旅人に入浴とマッサージをふるまうのがオリオンの人々の風習であり、ごく当たり前の礼儀と考えられていたからです。しかし訪問者たちは、この奇妙で怪しげなふるまいに不意をつかれて、かたい表情になってしまいました。オリオンの社会の人々は、彼らの客人の表情に現れたあからさまな困惑を理解することができませんでした。というのも、彼らの心のなかでは彼らを敬っていたからです。

数分ほどたったころ、わけのわからないオリオンの社会の住民が、「これはあなたがたに敬意を表わすための行為です。あなたがたはそうされるのが嫌なのですか?」と質問しました。訪問者たちの一人は、自分たちが敬われているのではなく、侵害されているように感じると答えました。それを聞いてオリオンの住民の一人の女性がその意味を瞬時に理解し、自分たちの習慣を詳しく説明しました。彼女はそれから彼らにむかって、彼らは旅から帰った人をどのように迎えるのかたずねました。そしてそれがきっかけとなって、それぞれの社会の文化や生活スタイルの比較が始められました。

半日ほどたったころ、オリオンの社会とその他の二つの社会からの住民が、いかだをキャンプ地まで引き戻そうとしました。ちょうど乾いた岩だらけの道を半分ほど引きずって戻ったところで、だれかがいかだを川岸に浮かべて上流へ引っ張ることを思いつきました。そして全部で四〇人の旅人とキャンプ地にとどまっていた一〇人が、夕暮れまでにオリオン人のキャンプ地に向けて川を渡ることに成功しました。人々は一緒に食料を用意し分かちあいながら、夜を徹して祝宴をあげて語りあいました。訪問者たちは月の一サイクル以内の距離にあるオリオンの社会へと招待され、心から喜んでそれを受け入れました。そしてその翌日に、彼らの旅の新しいステージへと旅立ったのです。

その六〇人の一隊がオリオンの社会に到着するまでに、彼らはちょっとした言葉の違いも大部分理解するようになり、相手の歴史のあらましを知りました。そして彼らは、息が止まるほどの驚きと好奇心をもって、出会ったすべての人々に迎え入れられました。特にいかだを作ったときの話を聞いて、人々は彼らに畏敬の念を抱きました。もちろん訪問者たちは、ふたたびホストによって儀式的な沐浴とマッサージのために裸にされそうになりましたが、今度は多くの訪問者がその体験に対して「霊的に自分自身を向上させて」おり、自分でも驚いたことにそれをとても心地好く感じました。およそ三分の一の訪問者たちはそれをどうしても体験する気になれませんでしたが、最初に彼らと出会ったメンバーの助けを借りて、そうした非攻撃的な行為における文化的な違いを説明しようと試みました。こうして饗宴と長時間に及ぶ質疑応答がくり返されたのです。訪問者たちは数日間の観光ツアーに招待され、その間にすべての隣人や家や庭や店を見てまわりました。

オリオン社会の人々は、自分たちが発明した穀物をひいたり衣類の繊維を紡いだりする単純な器具についてさえ、それを誇りに思っていました。彼らは器具や道具を見せて、いつどのようにして、そしてだれによってそれらが発明されたかを説明しました。それに対して訪問者たちは、それらの器具をどうやって用いるのかと質問しました。また火星人とアンドロメダ人の社会からの訪問者たちは、より洗練された手法に関する新しい意見をしばしば述べたために、その実演を要請されました。そして簡単につくれる品物がその場で制作されて実演され、それらの訪問者たちが非常に頭がよく器用だという評判を獲得しました。その評判は、いかだとオールの発明によりすでに確立されていたものでしたが、住民たちが口々に話をするうちにしだいに社会全体に広がっていったのです。

月の一サイクルが経過したあとで、帰郷の計画が立てられました。オリオンの社会のメンバーも彼らに同行するよう招待され、五〇人が随行することに決まりました。そして火星人とアンドロメダ人の社会からの三家族と幼い魂の社会からの三家族が、オリオンの社会にとどまることになりました。そういうわけで故郷へ帰る旅では、三五人の二つの社会からの旅人たちが、五〇人のオリオンの社会からの住民をエスコートするかたちになりました。オリオンの約半数の住民が、旅人の一隊とともに川まで出かけていって見送りました。これは旅の歩調を遅めて食料を余分に持ち運ぶ必要をもたらしましたが、それにもかかわらず、彼らが一緒にいくのを思いとどまらせようとする人は一人もいませんでした。オリオンの住民は、その魔法のようないかだの用い方をぜひとも自分の目で確かめて、自分たちの仲間の冒険に自分も少しでも参加したいと思っていたのです。

川を渡りきってから、さらに月の二・五サイクルの旅が残されていました。旅の時間を短縮するために話しあうべきことが多々ありましたが、その時点では陸地の旅に関するかぎりは何を話しあっても無駄なように思われました。雄牛の荷車は人々の歩みと同じくらいか、荷車が荷物でいっぱいならばそれ以上に遅かったので、もっと速く旅することなどとうてい不可能に思われたのです。

一隊が火星人とアンドロメダ人の社会に到着すると、またしても興奮と長い語らいの夜と質疑応答の時間や社会見学、そしてその社会が開発した糸を紡ぐ器具や機械的な発明など、あらゆる道具の実演がくり返されました。車輪と雄牛の荷車は、特にそれがつい最近開発されたものだと知らされたときに、オリオンからの訪問者にさらなる畏敬と感嘆をもたらしました。

新しい社会での一週間の休息と発見のあとで、およそ半分のオリオンの住民が、川を横切る旅にいたメンバーと一二人の火星人とアンドロメダ人の社会の住民とともに幼い魂の社会へと旅立っていきました。それら三つの集団が混ざりあった旅は、すべての人にとって非常に愉快なものでした。食料を分けあい、待ち受けているわくわくするような冒険の旅について語りあう夜は、旅の途中のさまざまな風景や気候や地形と同じくらいに旅のハイライトだったのです。そして月の二・五サイクルという月日を費やしたにもかかわらず、旅はスムーズに愉快に過ぎていきました。

オリオンからほかの二つの社会の訪問にやって来た人々のなかには、そのままとどまって新しい知人とともに暮らすことを望む人もいました。そしてみんなの同意のもとに三家族が幼い魂の社会にとどまり、五家族が火星人とアンドロメダ人の社会にとどまることになりました。それ以前に幼い魂の社会からの数家族が火星人とアンドロメダ人の社会に移住し、火星人とアンドロメダ人のメンバーが幼い魂の社会にすでに永住していました。こうしてマルデックの住民たちは混ざりあっていきました。

二つの社会のちょうど中間地点に小さな村が誕生しました。それはもともとは二つの社会をむすぶ旅人たちの休止場所として、そして人々が交易品を預けて拾っていくことができる貿易センターとしてつくられたものですが、建設から一年のうちに、それぞれの社会から三〇人の人口を収容できるほどの小さな村に成長していったのです。また、交易品の交換に立ち寄った旅人用の宿泊施設の建築も新たに進められていました。

火星人とアンドロメダ人の社会とオリオン人の社会のちょうど中間に、交易と旅人のためのもうひとつの村を建設しようというアイディアがすぐに実行に移されました。そして最初に川を横切るのに成功してから一年半以内に、火星人とアンドロメダ人の社会がある側の川岸に新しい村がつくられました。当初はそれぞれの社会から一二人程度のメンバーでスタートしましたが、それは一年もたたないうちに三つの種族がほとんど均等に混ざりあった二〇〇人もの人口をかかえる大きな村に成長しました。

まもなく異なる種族間のつきあいや結婚がとり行われるようになり、発見の旅から一〇年後には三つの社会はますます融和されていき、あらゆる可能な混合からの子供たちが誕生しはじめました。そして人々はそれらの変化や新しいチャンスにわくわくしました。多くの人々はもとの社会にとどまることを選びましたが、すべての人々がほかの社会からのメンバーを歓迎し、異人種間の交配や結婚に関してのためらいはまったくなかったのです。

探検と旅の時代に入ってから一二年後に、幼い魂の社会の人々と火星人とアンドロメダ人の社会の人々が、川が注ぎこむ大海原へとたどり着いたかつての旅を思いだし、その場所に戻って川の向こう岸を探検するために別のいかだを建設しようという話がもちあがりました。もしかしたら、その向こう岸にもうひとつの社会が存在する可能性もあるので、だれもがそれをつきとめることを望んだのです。旅の計画が練られ、三つの社会からの総勢約六五人が新しい旅へと出発しました。彼らの友人が旅しているあいだ、家に残った人々は荷車のデザインをさらに進化させるために忙しく働きつづけました。そして旅を短縮する方法をついに見つけだしました。

探検者たちは川に到達すると、自分たちがオールを漕いでいるときでも川の流れによって下流に押し流されたことを思いだし、さらに一キロ半あまり上流へ行っていかだをつくることを思いつきました。今度のほうが流れが強いので上流への距離やオールを漕ぐ強さを計算する必要があったために、彼らはこの冒険のためにさらに大きなオールをつくりました。いかだが完成し、みんなが川を渡りきると、ふたたび彼らは海岸沿いを歩き出しました。数日後、彼らは二つの集団に分かれました。遠くにとがった三角の山が見えたのですが、半数は内陸へと入り、半数はそのまま海岸沿いを歩くことになり、月の半サイクルが過ぎたときにちょうど中間地点にあたるその山のふもとで落ち合うことに決めたのです。

## 旅人がブラック・ホール社会にたどり着く――二〇一二年

時が過ぎて二つの集団が集合場所で落ち合ったとき、どちらの集団も報告することがとりたててありませんでした。そこで彼らは、ふたたび二つに分かれてさらに遠くまで探検することに決めました。今度は月の一サイクルが経過したときに落ち合うことにしたのです。彼らはできるだけ広い領域をカバーしようとして長時間旅を続け、旅の途中で見つけたものを食べながら時間を無駄にしないように心がけました。彼らは是が非でも新しい人々の集団を見つけたいという強い感情に支えられ、決して望みを捨てなかったのです。

決められた時間の半分が経過しないうちに、内陸部の集団が四番目のマルデック人の社会にたどり着きました。その街は中央を川が流れる狭谷に位置しており、旅人の一隊がそこに実際にたどり着くまで目につかないような場所にありました。その街に近づいていくと、彼らは人々の驚愕に出会いました。訪問者たちが声をかけると、街のあちこちから人々が駆け寄ってきましたが、明るい肌と金髪の人々や、明るい肌から中間色の肌をもつ黒い髪の人々や、非常に暗い肌と黒い髪や雪のように白い肌をもつ人々がいりまじった奇妙な一隊を見て、それらの人々は息が止まりそうなほどびっくりしたのです。

ブラック・ホール社会の住民は、珍しい青みがかった灰色の肌と青黒い髪と黒い目をもっていました。彼らはそこまで際立った青色ではありませんが、地球の東インドの神であるクリシュナの現代の絵によく似た容貌をしていました。彼らはまたほかの三つの社会の住民よりも長身で頑強であり、それが非常に際立った特徴になっていました。そしてまたしても言葉の類似性に関する発見がなされると、コミュニケーションはかなり簡単に進みました。

旅人たちは、まるで彼らが天国から地上に降り立った神であるかのように、ブラック・ホール社会の住民に迎え入れられました。ブラック・ホールの住民には、ほかの社会の存在などまるで考えたこともありませんでした。ですから、ほかの社会から来た人々が自分の家にやって来ることなど、まして驚愕すべきことだったのです。数日間にわたる話しあいと質問によって、訪問者たちが神であるという神秘感がとりのぞかれましたが、今度は彼らのなかに新たな興味が湧きあがってきました。いっぽう、旅人たちは丁重にもてなされましたが、それは昔のほかの集団との最初の出会いのときと比べて、より距離感のある慇懃さのように感じられました。

数人の探検者が、海岸沿いを探検中の旅人との約束の場所と日時に集合するために出発していき、やがて残りの一隊とともにブラック・ホール社会へと帰ってきました。旅人たちは、ブラック・ホール社会の住民とは別々に寝泊まりしました。自分たちが粗雑に扱われたわけでもないのに、彼らはかつて慣れ親しんだ以上にホストの人々から切り離されているように感じていました。

ブラック・ホール社会で月の一・五サイクルを過ごしたあとで、旅人たちは故郷へ帰ることに決めました。彼らのホストにも彼らと一緒に別の社会を見に来るよう招待し、ブラック・ホールの社会の人々が、ほかの社会の全員に受け入れられ、互いの生き方を紹介しあえることを約束しました。しかしブラック・ホール社会の住民は、すみやかに彼らの申し出を辞退し、旅人たちの使者をあとに残していくよう招待もしなかったのです。そこで旅人たちの一隊は、全員が故郷へと帰ることになりました。

旅人たちが理解していなかったのは、ブラック・ホール社会の人々の起源でした。二つの銀河の突然の衝突により、すべての人々の即死とともにブラック・ホールのなかで自分自身を一時的に見失うという体験がもたらされたことで、変化への怖れや、突然または予想外の出来事への恐怖とともにそれが人々の魂に刷り込まれていたのです。そして旅人たちの一隊の到着は突然すぎる予測できない出来事であり、それと同時に、海や川やいかだや車輪や荷車に関する話は、人々の心を揺さぶってめまいのような魅惑的な感覚を残しました。

彼らの不安や恐怖の潜在的な理由は、ブラック・ホール社会の人々自身にも理解されていませんでした。しかし彼らは部外者から漠然と距離をおき遠ざかることによって、できるだけ影響を受けないようにしていました。ですから招かれざる人々が去ったときにはホッとしたように感じていました。しかしそのいっぽうで、新しい可能性という世界への扉はすでに開かれてしまったのです。つまりブラック・ホール社会の住民が、そのまま現実を回避しながらいまの安全で幸福な状態でいることは不可能でした。自分たちが理解していた以上のことが人生には存在するということを知ってしまった以上、彼らの霊魂はもう決して前と同じではありえなかったのです。

## 発見と発明——二〇一二～三二〇〇年

故郷へ帰ってきた旅人たちは、青い種族の人々の旅への興味の欠如と、彼らの丁重な、しかしよそよそしい応対のしかたについて話しあいました。そして、その方向への探検の時間をこれ以上無駄にする必要はないという同意のもとに、貿易や旅の状況を発達させることや文化的な視野を広げることに熱中しました。音楽と原始的芸術の形式の交流と融合によって、そこから新しい音楽とデザインが生まれました。こうして月日の経過とともに、あらゆる分野における進化がますます加速されたのです。いかだは屋形船と類似のものへ、それからさらにある種の浮き橋へと進化しました。この後者の発明は、水位が上がり水流が激しくなって橋が流されるまではうまく機能しましたが、それからさらに開発されたのが、水位による影響を受けない遊泳性の橋でした。その橋の建設には、川の両岸に約二・五キロにわたる同じような高さをもつ土手がある場所が選ばれました。この橋を最初に渡る実験には五〇〇人以上が参加しました。もちろん全員がその橋を渡ることになっており、その日の最後まで橋が無事保たれたときには、人々は輝かしい新しい発明を祝いました。

それから最初の二六〇〇年の終わりまでの数世紀のあいだ、科学技術や文化の分野における平均的な進化が続きました。そのころまでにほとんどの染色体の損傷が浄化されているか、浄化の過程にありました。そして人々のＤＮＡや太陽の符号の内部にそなえつけられたタイミング・メカニズムが活性化されました。最初、人々は夢の内容をより詳細に記憶していた程度でしたが、やがてその夢の重要性を認識するようになりました。それから彼らの七番目のチャクラと松果体が活性化され、人々はそれまでただ何気なく受けとっていたエネルギーや意識の存在に気づきはじめました。また微妙な色あいの多様性に目を向けて知覚的な深みを見分けるようになりました。そしてさらに触感、音感、聴覚、嗅覚をはじめとする形や色彩の微妙な違いにめざめていったのです。また彼らのより洗練された味覚に合うように調理方法も変わっていき、三次元的な立体感を生みだすことを強調する写実主義の傾向をともなった芸術が新しい意味をもつようになりました。肖像画を得意とする人々は特に尊敬され、一般的に生き生きとした芸術作品が偉大な賞賛を受けました。

頑丈な橋の建設はひきつづき継続されました。また入植からおよそ二七〇〇年後には、なめらかに回転する車輪が開発されて、荷車を使った旅が従来の半分の時間に短縮されました。三つの社会は交易や交流を深めながらますます溶けあい、他の社会の血をひく人々や異種族間の結婚から生まれた子孫が、それぞれの社会のほぼ半数を構成するようになりました。

その後の一〇〇年間には、装飾的な建物や象形文字が発達しました。さらにそれに続く二〇〇年間には最初の本である粘土の平板が生みだされ、のちにそれがパピルスという紙草に書かれるようになりました。やがて書き文字が簡略化されて、基本的な語根の変化をもつ六〇の主要な文字が生まれました。学校がはじまり、そこで子供たちは歴史や芸術や書き文字や基本的な生活技術を学びました。そして才能を示す人々には楽器づくりや音楽、橋の建設、薬による癒しやその他の専門技術が教えられました。

## ブラック・ホール社会への二度目の旅——三二〇〇年

三二〇〇年以上ものあいだ、小さないさかいや嫉妬心がマルデック人の生活をくもらせることはほとんどありませんでした。芸術的な興味や快適さの追求など、人々の生活は多様な広がりを見せていき、だれもがです。

みな幸福に暮らしていました。その当時三つの混合された社会の人々は、みんなで協力してブラック・ホール社会へふたたび探検者の一隊を送りこむことに決めました。青みがかった灰色の肌とたくましい身体をもつ背の高い人々のことが昔から言い伝えられており、人々はもう一度彼らと分かちあいをしてみたかったのです。

五〇人の人々が旅に出発し、もっともすばらしい芸術品を持参していくことになりました。彼らは陶器や絵画や文字の書かれた巻き物や小さな道具をはじめ、スパイス、ハーブの薬、極上の織物、香水、腐らないおいしい食べ物などを注意深く包装しました。それらすべての贈り物や彼らの文化の見本となるものが善意を伝えてくれ、かつて遠ざかった人々から自分たちが今度こそ受け入れられることを望んだからです。

旅人たちが到着したとき、ブラック・ホール社会は混乱状態に陥っていました。人々は、変化を怖れるあまりいまだに原始的な暮らしをしていましたが、極端な気候の変化によって洪水や土砂崩れや作物の壊滅がもたらされ、多くの家屋や建物が崩壊してしまったのです。そのような深刻な時期によそ者が現れたので最初はショックでしたが、彼らが被害を一掃するための援助を惜しまないのを見て、住民たちはすぐに安心しました。旅人の一隊は人々のために調理を受けもち、住民がしなければならない雑用のための時間をつくってあげようとしました。そして作物のある場所を探しだし、彼らが持参した食物を住民の人々と分けあいました。旅に持参した道具類は、破損した建物の修理や再建に利用されました。

建物がすべて完成したとき、故郷からの残りの贈り物がブラック・ホール社会の人々に贈られました。住民たちは贈り物だけでなく、彼らが費やしてくれた時間と労力に、そして旅人たちのやさしさや寛容さに感動して深く感謝しました。

街の再建が終わると、訪問者たちは他の三つの社会の発明や文化や全般的な進化について住民に語りはじめました。彼らはブラック・ホール社会の住民たちに、彼らの社会のメンバーがほかの社会から歓迎されるどころか必要とされていることを告げました。そして彼らが多様性を愛することや、文化的な違いを分かちあうことの豊かさを説明しました。また他の三つの社会の歴史をからめながら、それぞれの社会がどれほど他の社会との交流によって利益を得てきたかが語られました。

訪問者たちが故郷へ戻るころには、ブラック・ホール社会の住民は彼らの友情を受け入れ尊重するようになっていました。訪問者たちは、使節団を残して生活をともにすることで新しいやり方を教えてほしいと招待されました。そしてブラック・ホール社会の住民の二〇人が、旅人とともに別の社会を見学にいくことが決まりました。そしてとうとうマルデックの四つの社会がひとつに結ばれたのです。

ブラック・ホール社会からの帰りの旅は、行きの旅とくらべてゆっくりしたペースで進められました。というのも、ブラック・ホール社会の住民たちは、いままで長距離を旅したことがなかったので、他の人々のように長時間歩くことができなかったからです。旅人たちは頻繁な休息や一日に旅する時間の短さに耐えきれず、ときおり苛立ったりしました。しかし彼らはかなりよく順応し、自分たちの不満を内側にそっとしまっておきました。

その一隊が最初の目的地である幼い魂の社会に着いたとき、彼らは盛大な祝賀会やすばらしいごちそうや音楽やダンスで歓待されました。ところがかなり内気なブラック・ホール社会の旅人たちは、丁寧ではあっても無口でよそよそしい態度をとったりしました。彼らはときには数人でいることを好み、そんなときは人数が少なければ少ないほど好ましいのであって、お祝いにかけつけた大群衆にはなかなか馴染めなかったのです。ブラック・ホール社会の人々にとって、新しい旅はすぐれた建築物や芸術的な影響や全般的な豊かさなど、すべてにおいて圧倒されるものでした。また彼らの故郷の環境や生活スタイルに比較すると、そのホストたちはほとんど退廃的にさえ見えました。しかし彼らは不作法な人間ではなかったので、自分の意見を心の内に秘めておきました。

旅人の一隊が三五〇人の人口をもつ途中の町へと出発し、そこからさらに火星人とアンドロメダ人の社会へと向かったとき、ブラック・ホール社会の旅人はますますホームシックになっていきました。文化や科学技術の発達やすばらしさを見せられれば見せられるほど、ブラック・ホール社会からの訪問者は自分たちの生活の質素さが懐かしくなり、帰りたくなったのです。しかし、それでも彼らは無礼にはなりたくなかったので、それぞれの社会を訪れて、日常の生活スタイルと創造的な表現手段のすべての側面を見せてもらいました。

オリオンの社会に月の一サイクルに満たないほど滞在してから、訪問者たちは故郷へ帰りたいという希望を伝えました。ホストたちは、なぜ彼らが自分たちの社会の美しさや進化に感銘を受けないのかが理解できませんでした。しかし訪問者たちは、自分たちが充分なもてなしを受けて多くのことを学んだので、そろそろ故郷の社会に帰りたいとだけくり返し主張しました。

ブラック・ホール社会への帰りの旅は、その距離にあわせて段階的に進められましたが、ほとんど一年近い歳月が費やされました。そのころまでにブラック・ホール社会の旅人たちは、彼らの小さな谷間に帰るのを恋い焦がれていました。そして故郷にたどり着いたとき、いやいやながらに旅を続けていた彼らはホッとしたと同時に寝込んでしまいました。つまり故郷で通常の感覚に戻る前に、全員が長旅の疲れを解放する期間を体験したのです。

ブラック・ホール社会に滞在したほかの三つの社会のメンバーは適度に満足していました。しかし彼らは、人々のよそよそしさや進化への保守的な態度には決して慣れることができませんでした。他の三つの社会からの旅人の一隊が旅立つ準備が整うと、ブラック・ホール社会に礼儀正しく、しかし情熱をもって住みついていた人々も、彼らの友人とともに帰ることになりました。旅人たちは、その社会との再度の分離という緊張と胸騒ぎを覚えながら去っていきました。けれども、それは関係するすべての人々が抵抗することのできない選択だったのです。

彼らの友人が旅立ったときに、故郷にとどまったブラック・ホール社会の住民は、遠方からの短い期間の友人に対して複雑な感情をもっていました。何か価値あるものを失ったような感じと同時に、よそ者たちの影響から故郷を守り抜いたような安堵感も感じていました。帰ってきた旅人たちが、三つの社会の祝賀会や精巧な装飾、すばらしい食物や複雑な建物その他の生活などに感じた嫌な気分を語ったとき、ブラック・ホール社会の住民はふたたび混乱した感情を体験しました。自分たちには何かとても大切なものを見逃したような気がして、でもそれと同時に自分があの別の世界の一員でないことをありがたくも感じたのです。

三つの社会からの旅人たちは、ブラック・ホール社会の住民に影響を及ぼすことに失敗したのを感じながら故郷へ帰りました。けれどもまた、全員がブラック・ホール社会の人々の周辺に感じていた緊張と不安から解放されてホッとしていたことも事実でした。そして三つの社会はふだん通りの生活に帰っていきました。

最初の五二〇〇年周期の残りの期間は、独創性や文化の発達に費やされました。人口が徐々に増えていき、四〇〇〇人程度だった三つの社会の人口が、いまではほとんど五〇〇〇人近くになっていました。それらの存在のなかには、魂を分裂させて同時に男女の生まれ変わりを体験する人々もいましたが、それが人口の増加の一因にもなっていました。いっぽうブラック・ホール社会は、最小限の変化を保ちながら一〇〇〇人程度の人口を維持していました。

オリオンの社会と火星人とアンドロメダ人の社会のあいだを流れる川と、幼い魂の社会とブラック・ホール社会のあいだにある川には、それぞれ頑丈な橋が架けられました。もっとも後者の橋は、ほとんど利用されることはありませんでしたが……。数頭の牛に引かせる荷車がより大きな荷物を運ぶようになり、ときには老人や子供が荷車に乗って旅をしました。また芸術や音楽や言葉の分野における偉業が大部分の人々の高い賞賛を集めるようになり、その人自身にも誇りのような感覚を与えてくれました。採鉱や冶金術が現れて発達し、宝石づくりや宝石のデザインが新しい分野として誕生して、多くの刺激をもたらしました。

それぞれの社会には指導者的立場の人物が自然に存在していましたが、だれも他の人に対して権力をもつことはなく、指導者たちは、その生来のリーダーシップの資質をたたえられました。つまり彼らは、すばやい思考力と正しい判断をくだす能力とコミュニケーション能力をもっていたのです。それぞれの社会には数人の男女の指導者がいて、実際に人々を支配することなくリーダーシップの役割を担っていました。

人々の日常生活は、今日の現代社会の人々の生活と比較するといまだに原始的なものでした。電気はまだ知られておらず、移送手段は徒歩か牛の荷車であり、川はもっぱら渡るためにだけ用いられていました。釣りが人気のある仕事になり、食生活にさらなる多様性が加わりました。また農業の発達も、食料の選択という多様性と質の向上に貢献してくれました。けれどもマルデック人の意識はまだまだ物質世界だけに向けられており、その五二〇〇年周期の終わりの自然な次のステップとして、霊的なめざめが用意されていました。

その周期の終末から七五年ほど前に、四つの社会や小さな途中の村々にプレアデスの光の使者が誕生しはじめました。それぞれの社会に一二人ずつ、そして小さな村々に四人ずつのプレアデス人が生まれたのです。それらの子供たちはどうしても必要なもの以外は両親の遺伝子を引き継がないことを選択したために、生まれたときから普通の子供たちとは際立って違っていました。濃い色の髪と肌をもつ家族のもとに金髪や赤毛の子供が生まれたり、どの種族とも似ていない変わった顔立ちの子供が現れたりしました。言葉を話すようになると、すべての社会の新しい子供たちが、方言とは違う聞き慣れない独自の癖のある話し方をしはじめました。また非常に聡明で、動作もほかのマルデック人の赤ん坊や子供よりずっと敏捷でした。そして彼らがあまりにも多くの愛や穏やかさを発散しているために、人々は彼らをどう扱ったらいいのか見当もつきませんでした。

プレアデスの子供たちは言葉を話せるようになると、自分に話しかけて世話をしてくれる、光でつくられた身体をもつ星々からやって来た背の高い人々のことを話しだしました。子供たちはマルデック人にむかって、その星人はいつもそばにいるけれども、彼らが物質ではなくスピリットと光でできているので、マルデック人には見ることができないと説明しました。そして、それらの特別な子供たちは、ほかの子供たちが嫉妬するほど自分の家族や他の家族の人々から愛され、賞賛されて注目されるようになりました。

それらの子供たちは、成長するにつれてしだいにその叡智や愛や知識を人々と分かちあう能力をみがいていきました。彼らは人々に魂やスピリットや、カルマやあらゆる存在の進化について語りはじめました。また人々をいつも守ってくれ、人々や惑星のために世界を安全に保ってくれる光の守護存在についての話や、転生とその背後の目的も説明してくれました。そしてマルデックのすべての人々が以前にほかの惑星でどのような人生を送り、マルデック人自身の祖先の肉体においてどのような生を送ったかが、とりわけ詳しく説明されたのです。プレアデスの子供たちは、人々が以前いた惑星や星系の名前を告げ、彼らの社会がそうした名前で呼ばれるべきだと主張しました。

## プレアデスの子供がそれぞれの社会に新しい名前をつける――五一二五～五二〇〇年

火星人とアンドロメダ人の社会の人々は、彼らの社会を「火星II」と呼ぶようになりました。なぜなら火星はマルデックと同じ太陽系に位置していたからです。人々は夜空に火星を見つけだす方法を教えられ、たとえそれが恒星のように見えたとしても、本当は火星がマルデックのように太陽光線を反射する惑星だということも学びました。

幼い魂の社会の住民は、彼らの社会を「ソラリス」と呼ぶよう告げられました。それがその社会を構成する二つの集団がやってきた太陽系の名前だからです。彼らがマルデックに連れてこられたのは、彼ら自身とはまったく違った進化の歴史を体験したほかの存在たちと相互に影響しあう必要があったからだと説明されました。

オリオンの社会の人々は、夜空のオリオンという星座をさし示されて、次元と銀河をつなぐ銀河の門としてのその星系の歴史を告げられました。そして琴座からやってきた権力に飢えたリラ人に関してと、彼らが銀河の門を支配しようとしてオリオンの太陽系のひとつを征服したけれども、その目的が部分的にしか成功しなかった話を告げられました。そのときリラ人はそれらの存在たちを隷属化して拷問にかけ、最後にその惑星を破壊しましたが、プレアデス人や銀河の中心から来た霊的指導者層による聖なる介在によって、その惑星の人々が解放されて自由になったことが語られました。そこで彼らは自分たちの社会を「自由なオリオン」と呼ぶよう告げられました。

「自由なオリオン」の住民と「火星II」の住民は、彼らの奴隷としての歴史の類似性に気づかされました。

火星人もリラ人の侵略者によって、オリオン星系の住民と同じような歴史を体験したからです。またアンドロメダ人も似たような過去をもっていましたが、それはリラ人ではなく他のアンドロメダ人によってもたらされたものでした。それらの歴史が明かされたことで、集団のあいだに強いきずなが創造されました。

ブラック・ホール社会の住民も彼らの過去を告げられました。そして感情的にも精神的にも幼児のように無邪気な本質について説明されました。プレアデスの子供たちは、二つの銀河の衝突とブラック・ホールに関する物語と、なぜ住民たちが変化や突然の予想外の出来事を怖れるのかという理由を告げました。またつねに幸福であることを望み、現状を維持したいという嗜癖に表われた彼らのカルマ的な問題についても説明しました。そしてブラック・ホール社会は、住民がやって来た太陽系の名前にちなんで「ソガン」と名づけられました。

こうしてマルデックには、正式に「火星II」「ソラリス」「自由なオリオン」「ソガン」という四つの社会が誕生しました。それに加えて、「火星II」と「ソラリス」のあいだにある交易のためのひとつの村が「自由の街」と名づけられ、「火星II」と「自由なオリオン」のあいだのもうひとつの村が、最初に川を渡ったのがその場所だったことから「奇跡の街」と命名されました。

そのころまでにプレアデスの子供たちのほとんどは一〇代前半に成長し、住民たちと定期的な集会をもっていました。それらの集会の役割は、人々に彼ら自身の進化の歴史を教えることでした。すなわち全般的な霊的進化の目的や、きたるべき時代に何が約束されているかなどが告げられたのです。この後者の情報はかなり漠然としたかたちで語られ、すべてのもののスピリットや神聖さにいかにして波長を合わせるかというガイダンスで大部分が構成されていました。

マルデック人はカルマのパターンを変容させる必要があることを、そして文明が成長していくにつれて、過去を変容させて学びを得るためにときどき試練が提供されることを告げられました。また自分自身の現実を創造することにみずから責任をもつことや、無意識に反応する代わりにあらゆる状況において自分自身の反応のしかたを選ぶ自由があることなどの教えがすべての住民に説かれました。人々は、それらの二つのガイドラインこそが、至福に満ちた成長と進化の鍵であることを教えられました。

プレアデス人の子供はみな一人の例外もなく、人々が被害者意識や無力感に関するすべての考え方を変容させ、「神聖なるもの」または「神／女神／すべてなるもの」とともに共同創造者にならなければならないと告げました。そして物質世界の限界という幻想を超越するプロセスが、霊的成長や垂直方向の霊的な結びつきとともにやがて自然に起こってくることを語りました。つまり、マルデック人が霊的にも波動レベルでも進化して自分自身の豊かな叡智を認識するとき、それらの物理的な限界と思われるものを超越し、やがて光そのものの存在に変わるのです。それには多くの進化のサイクルが費やされますが、それこそが彼らの天命であり、すべての人々が最終的にこの覚醒という体験を成就させ、自分自身や存在するすべてのものに内在する神性とふたたびひとつになるのだということが告げられました。

残りの六〇年間は、すべてのマルデック人に霊的な教えと簡単な訓練が与えられました。高い理法を追究する儀式的訓練センターであるメルキゼデクの神殿が、みずからの全生涯を霊的学びにささげることを望む人々のために創設されました。（これらの神殿は、それからずっとのちの地球上でアトランティス時代に建設されたメルキゼデクの神殿と異なるものではありません。どちらの惑星においても、これらのミステリー・スクールで授けられた教えや儀式は、三次元の現実にいながらにして覚醒し、キリスト存在になることを目指す人々のためのものなのです）

またもし人々が希望するならば、プレアデスの光の使者やアンドロメダの霊的指導者層のメンバーが師として神殿にとどまることになっていること、しかし求めていない人に彼らの教えを強いるようなことは決してしないことも告げられました。そしてすべての住民が、神殿の創設にあわせてそれらの霊的指導者が彼らの世界にとどまることを希望したので、それが実行に移されました。

最初の五二〇〇年の終わりに、自分たちが霊的進化を求めていることや、神殿と霊的指導者の重要性についてすべてのマルデック人が同意しました。ところでソガンの人々はいまだに孤立を希望し、いっぽうその他の三つの集団は彼らと融合することを望みました。その結果、ソガンの人々の自由意志が尊重され、今後さらなる接触がとられる場合には、ソガン人がその主導権を握らなければならないことが他の三つの社会の人々に告げられました。

そしてすべてのマルデック人は、現存する秩序というルールにひとつの追加事項を加えて、それを守ることに同意しました。つまり、人々が自分自身の思考のプロセスを通して保護されることを希望するかぎり、侵略から守られることが新たに加えられたのです。またプレアデス人とアンドロメダ人の霊的指導者たちは、それぞれの社会や村人の大多数が希望するあいだは人々とともにとどまるということが告げられました。そしてこれらの合意事項とともに、それ以外のルールや変化についても次の五二〇〇年周期の終わりに見直されることになっていました。

サイクルの転期の集会のあとに、人々がかつて体験したこともないような異常気象が続きました。それはかすかな地軸の移動のときでさえも、軌道パターンや太陽の周波数や太陽の符号の変化に適応するために必ず起こらなければならない出来事だったのです。マルデック人はあらかじめ警告されていたので、それらの変化に対してしっかりと準備ができていました。彼らは忠告にしたがって食料をたくわえて洪水になる場所から移動し、要請通りに屋根ふき材料を進化させて、その他の準備を整えました。そんなわけで洪水や雷鳴行うだけですんだのです。

や雹《ひょう》をともなった嵐や一連の地震が去ったとき、平常通りの生活を継続するために必要な修繕や修復を少し

## マルデック人の霊性の発達――五二〇〇～一万四〇〇〇年

次の五二〇〇年周期の全体が、霊的成長とすべての人々が実践することができる霊的訓練法の確立にあてられました。人々は頻繁にメルキゼデクの神殿を訪れるようになりました。そして形而上学的な法則や霊的な理法の研究に人生をささげたいという人々は、すぐに神殿のとりこになりました。

その時期の二番目の焦点となったものが芸術、音楽、そして建築でした。人々の創造的な欲求が高まるにつれて――ソガン人でさえも例外ではなく――内面と外見の美しさが重要になっていったのです。彼らは感情的にも霊的にもより深いエネルギーの状態を体験することを学びつつあり、芸術的焦点の分野だけでなく人々との関係性にも、その新たに見出された深みが反映されました。

彼らが体験しているレベルは、より「いまにいる」ことと、友人や自分自身により完全な注意を向けるよう学ぶことからきていました。また彼らは愛情といつくしみをもって性的行為を結ぶことを学びました。彼らの体験は、瞑想の初心者が静寂のなかに「いる」ことをはじめて体験したときのようなものでした。先にはまだまだ長い道程がありましたが、彼らは重要なスタート地点に立っていたのです。

ソラリス人は彼らの進化のプロセスを低次元からスタートした（高次元から下降するのではなく）ので、まだまだあらゆるレベルにおいて進化がもっとも遅れていました。彼らはつねに熱心に学び探求しようとしましたが、そうした進化のレベルの違いからときおり小さな衝突がもたらされました。いっぽうソガン人は

ほかの人々から孤立していましたが、彼ら自身の歩みのなかで進化しつづけていきました。端的にいうと、ゆっくりとした絶え間ない成長はこの惑星の全人類に共通するものであり、それを妨げる障害や軋轢はほんの少しだったのです。

五二〇〇年の終わりには、マルデック人は意識的に自分に責任をもち、互いに尊重しあいながら自然の資源やあらゆる生命を敬う存在になりました。彼らは基本的な生活水準をはじめ、創造性、霊性、交通手段、人間関係など生活のあらゆる分野において、自分自身の生活を向上させることや自己吟味に夢中になりました。ところで彼らの霊性はいまだに非常に儀式的なものであり、ほとんどの人々が実用的な観念レベルでの体験にとどまっていましたが、それはスピリチュアルであることを学ぶ過程にいる進化の存在にとってはごく自然な姿だったのです。

## カルマのパターンが段階的に再導入される——一万四〇〇〇～一万八〇〇〇年

周期的な再評価の時がきたとき、すべてが寸分のくるいもなく予期された通りに進行していきました。それゆえ基本的な惑星の法則は、まったく同じままに残されました。そして銀河の中心から、次の進化レベルのための魂の符号が「時間を解放するほどの量」だけ太陽を通って放出されました。それは一貫性、道徳、安全性やその他の重要な資質を発達させた人々が、過去からの自分自身の影の部分に出会うときでした。言葉を換えると、個々の人間や集団の過去の体験から生じたカルマのパターンが、彼らの意識や生活のなかに解放される準備ができたのです。神殿はそのまま残され、プレアデス人とアンドロメダ人は、人々への援助や理解とともに、提供された新しい試練の方向性をさし示すための指導者としてマルデックにとどまり続けることになりました。

その変化は、最初は人々がほとんど気がつかないほど非常に微妙なかたちで少しずつ起こっていきました。火星IIの人々は、より男権主義的な意識の焦点へとゆっくり移行していき、男だけが神殿のなかで一日中勉強をゆるされるようになりました。女たちは夫の従属物とみなされることが一般的になり、いっぽう男たちは乱交を始めました。また彼らは、交易を支配下に置こうとして、自分たちの仮想上の優越性をほかの種族の住民に押しつけるようになりました。三番目の五二〇〇年周期のはじまりから三世代かけてそうした変化が起こっていき、その兆候がしだいに明らかになっていきました。

男は女よりも頻繁に神殿を訪れ、より大きな決定権をもつようになりました。女たちは自分自身の価値をだんだん軽視するようになり、またそれが当然であるかのように扱われましたが、そのことを思いきって口にするのを怖れました。そして実際に口に出したとたんにカッとして怒りだし、それに対して男は防衛反応に出ました。家庭内の口論や小さな暴力沙汰が起こりはじめましたが、それが関係する人すべての羞恥心を呼び起こしたために、ふつうは秘密裏に処理されました。こうした男女間のいさかいや口論の頻度が増加するにつれて、人々は互いに情報を交換しあうようになり、深刻な問題が生まれつつあることを認識していきました。

ある男たちの集団が神殿へと出かけてその問題を提示し、神官や巫女にガイダンスと理解を求めました。そして彼らは、つい最近まで彼らの記憶のなかにひそんでいたカルマのパターンのことを告げられ、男性と女性がふたたび対等になるための彼ら独自の道のりを見つけなければならないと告げられたのです。それから感情的につらい立場に追い込まれたときに、互いにコミュニケーションをとりあう方法や、パートナーを自分と対等な存在とみなすための練習方法を教えられました。この平等と共同創造という姿勢は、ほかの社会の住民との関係にも同じように当てはめられるものでした。

「自由なオリオン」では、人を信頼することについての激動期を体験していました。彼らはふだんの日常生活のなかで、相手の行為に隠された動機を疑うようになっていたのです。その結果、競い合いや権力闘争が急速に広がっていきました。たとえばだれかがリーダーシップの資質を表わしたり、とびぬけた寛容さを示したり、芸術や発明の分野に秀でたりすると、人々はその人間が権力を欲しているのではないかと疑ったりしました。やがてだれもほかの人の意見に同意しなくなり、だれかが権力を獲得することを妨げようとして拒否権を利用しはじめたために、その社会で何かを決定することが困難になっていきました。

そのパターンが全市民の将来の計画を決める集会でついに爆発し、どなりあいが始まりました。数人のリーダーは互いに隠された動機を抱いていることを責め合い、社会全体にとっての善ではなく自分自身の利益ばかりを追い求めたのです。激しい口論のあとに殴りあいになり、集会全体が混乱と暴力のなかで幕を閉じました。自由なオリオンの住民が抱く他者の支配に対する不信感と怖れは社会全体に蔓延し、ほかの社会の人々——とりわけ押しつけがましい火星IIの人々——に対しても同じような態度をとるようになっていきました。

相談を受けた神官や巫女は自由なオリオンの人々に、被害者意識というカルマのパターンが潜在意識下で活性化されたためにまわりの人々がすべて弾圧者に見えるのだと説明し、その問題を好転させるには、みんなが自分自身の思考と態度を見直して洞察力を培う必要があることを告げました。みずからの潜在意識下の怖れを人に投影することをやめて、自分が信頼できると思った人物を心から信頼することを意識的に学ばなければならなかったのです。

同じころソラリスの住民は、羞恥と低い自己価値という感情に溺れはじめていました。彼らはほかの町の住民と自分自身をくらべて、知性や芸術の面で明らかに劣っていることを恥ずかしく感じていたのです。彼らはどんなに努力してもみんなにかなわないと思いこんでいたので、目に見えてやる気をなくしていきました。ソラリス人は学んだり体験したりすることがどれほどあるかを認識するという進化の地点にきていたのですが、学んでいないことのあまりの多さに自分を無価値だと感じていました。それは非常に危険な転換期であり、多くの鍛練と自己愛、そして恥にもとづいた謙虚さではない真の意味での謙虚さが求められるときだったのです。

数世代以上にわたって彼らの生産性と全般的な生活の質が損なわれていき、家事や子供の世話や、家や建物の手入れの分野での怠慢が明らかになりました。無気力と空虚感が彼らを内側からむしばんでいたのです。彼らは自分にはマルデックの生活に貢献できる価値あるものが何もないと信じこんでおり、それゆえ試してみようともしませんでした。彼らが権力を欲しているほかの住民に決定権をあずけるのはごく自然ななりゆきでしたが、それらのネガティブな状態に屈服することなく決然とした態度を保っていた数人のソラリス人がいました。そしてその問題が否定しようもないほど蔓延したとき、ついに神殿に助けを求めに行ったのがそれらの人々でした。

神官と巫女は、ソラリス人の進化の旅の性質がそうした欠乏感と低い自己価値をもたらしたことを告げました。というのも、彼らはほかのマルデックの人々のような、経験のうえに成り立った歴史的な背景をもっていなかったからです。言い方を変えると、彼らはほかの人々がすでに通過した進化のステップへの道程を歩いていたのです。それゆえ彼らは、ほかの人々には当然なことを理解するために一生懸命努力しなければなりませんでした。たとえば多くのマルデック人は隠されていた創造性や霊的な能力をめざめさせましたが、ソラリス人たちはそれらの能力をまず最初に学び、表現できるようになるという進化の地点にさしかかっていたのです。高次の生命体や「光の存在」とのつながりを求めてマルデックにやって来た彼らは、自分たちが学び成長するためにはだれかしら手本になる人々が必要だという事実を理解しなければなりませんでした。ありのままの自分自身を受け入れることが唯一の治療法であり、自己憐憫や羞恥は彼らの最大の敵だったのです。

ソガン人は、しばらくのあいだ自分たちの嗜癖と向き合いながら、あらゆる問題の存在を否定したいという欲求に直面していました。彼らは幸福または幸福という名目にしがみついて、実際はそうでなくても、だれもが幸福であるかのようにふるまっていたのです。彼らは感情の痛みを感じることを怖れ、「ハイ状態」にとどまるためのありとあらゆる手段を見出しました。バーやカジノが流行し、多くの人々のお気に入りの娯楽の場になりました（それらは地球上のアメリカの西部開拓時代における、ダンスホール・ガールズをかかえたサロンの開設と似たようなものでした）。アルコール、乱痴気騒ぎ、不義密通、セックスへの耽溺、そしてドラッグさえソガン人の生活の一部になっていきました。女も男も同じように、耽溺と感覚への執着という呪文のもとで堕落していったのです。

深い傷と怒りの感情を生みだしながら結婚生活が破綻していき、両親がサロンやカジノに出かけているときや、家で何もできないほど酔っぱらっているあいだ、子供はずっと無視されつづけました。そして栄養失調や出産時の障害が幼い子供たちに広がりました。また最悪の事態として、死の病いである梅毒が発生したのです。彼らの免疫組織がドラッグやアルコール、かたよった食生活や不規則な眠りによってダメージを受けたために、人々の肉体とスピリットは弱体化していきました。否認や不義密通や愛のないセックスが彼らの魂と肉体と脳とのつながりを全般的に深く傷つけていき、それらの影響の総合的な結果として、性病が繁殖するための完璧な土壌がつくられたのです。新生児は病いをかかえて生を受け、大人や幼い人々はみな病気になって苦しみながら死んでいきました。しかし一部の人々は、カルマのパターンの解放による影響を受けずに、真面目で道徳的にもまっすぐな状態を保っていました。

神官や巫女は、ソガン社会の健全な人々の一部から、大きな集会を開いて人々に呼びかけてほしいと求められました。それに対して神官たちは、集会を開くのは嬉しいけれども、すべての人々に出席を強要することはできないと答えました。その集会には約四〇〇人が出席しました。神官や巫女は彼らに、カルマのパターン、つまり人々の意識の奥底にひそんでいる幸福を求める嗜癖や、感情的な否認——それこそが明らかな嗜癖行動の本当の原因なのですが——に関する話をしました。そして問題を癒すために次のことを必ず実行するよう人々にアドバイスしました。

①ホリスティックな視点で食生活にのぞみ、ハーブを用いた治療法を実践して断食を行うこと
②感情的な否認とその癒しに取り組むためのカウンセリングを求めて、神殿に来るようにすること
③自分の魂とスピリットにふたたび結びつくための、いくつかの規則的な霊的な実習を開始すること
④自分自身や「神／女神／すべてなるもの」や人々との親密感をつくりだすように働きかけること

神官や巫女は求められるかぎり、あらゆるレベルで人々を援助したいと思っていましたが、まずは人々のほうから助けを求める必要がありました。つまり神官や巫女は、それを人々に強いることはできなかったのです。

すべての社会において、これらの教えと援助の申し出に対する反応は同じものでした。一部の人々は当然のように自分の行動を正当化し、急速に退化への道をつき進んでいきました。また一部の人々は援助を求め、彼らの献身のレベルによってさまざまな成果がもたらされました。なかには自分で何の努力もせずにヒーラーに「治して」もらおうとして神殿へと訪れる人もいましたが、その結果は予想通りのつまらないものにな

りました。その他の人々は、自分や家族を悩ませる問題を打破するために必要なことを何でもするつもりで神殿へとやってきました。それらの人々はすぐに成果を表わして変化を見せはじめました。しかしそれらの人々でさえも、そのプロセスが長期的な鍛練とかたい意志、そして必要なときに援助を求めることが必要だということを知りました。

この時期に、それぞれの社会間の交易は緊迫状態にありました。蒸気で走る陸上車の発明が交易を物理的にずっと速く楽なものにしましたが、感情的かつ霊的な混乱や相手への投影があまりにも多すぎたために、自国内はもちろんのこと、異なる集団間ではなおさら市民の関係を維持するのが困難だったのです。そのうえ三つの社会の交易にたずさわる人々のなかで争いごとが起こりました。そのときいちばん被害をこうむったのが交易産業だったために、社会間の交易や旅行が衰退し、やがてほとんど断絶状態に陥りました。

だれ一人として起こっていることの意味を完全には理解していなかったのですが、人々はそれぞれの社会でカルマのパターンや、それが自分たちの生活に与える影響について気づきはじめていました。一部の人々はその認識を否定したり無視することを選択しましたが、だれもが例外なく最低一度は自分自身の行為の裏側にある真実を聞く機会が与えられました。そしてそれに対してどういう行為をとるかは、その人自身の自由意志にかかっていたのです。

手に負えないほどに暴力が広がったとき、自由意志に関する唯一の例外が起こりました。すべての住民のあいだでさまざまな理由や痛みのために、争いが加速されたのです。それぞれの社会は、自分自身を変えながらみずからの現実を創造することに心から責任をもって取り組む人々と、個人的な放蕩や被害者意識や深く横たわる苦痛のなかにどっぷりと浸りきる人々とに分かれていました。そして霊的にも感情的にも責任を負おうとしない人々は、ますます抑制がきかなくなっていきました。とうとう彼らは、進化の方向を目指している人々に市民戦争をしかけました。罪の告発、隠された動機、優越感、全体的な不信感などが混ざりあって、そのような行為を引き起こしたのです。そして一部の社会で否定や退行のなかにいる人々は、ふつうの日常生活を送るのが困難になり、理由もなく通りで人々を襲いはじめました。その付近一帯を一人で歩くことが危険になり、夜間外出禁止令が出されました。

## 暴力的犯罪者の強制的な監禁が始まる――一万七七五年

マルデックの社会や村じゅうに社会不安や暴力がはびこり、人々のあいだの二極性も広がっていきました。それぞれの社会で自分に責任をもちながら成長をめざす人々が、何かしらの法律や法の施行がとり入れられるべきだと最終的に判断しました。犯罪は例外なく暴力によってもたらされたために、適切な処罰が取り決められたのです。こうして監獄がつくられ法を施行する役人が選抜されて、自分から暴力をしかけた人はすべてとらえられ、監禁されました。

いっぽう、カウンセラーや神殿の仲立ち役として奉仕することを志願した人々が、監獄のなかの囚人をたずねて歩きました。それらの志願者は囚人のもとへ足しげく通いながら、理解や慈愛、そして問題に対処するための非暴力的な方法を提案しようと試みたのです。囚人のなかには彼らの努力によって影響された人々もいましたが、大部分がそうではありませんでした。彼らはますます敵意をむき出して怒りっぽくなり、規律や霊的な教えや人から前向きな影響を受けることに反感を示しました。

どの社会でも、それらの深い混乱状態にあるトラブルメーカーたちをどう取り扱うべきかについて大きな過渡期を迎えていました。それは彼らがはじめて体験するジレンマであり、だれもが途方にくれてしまったのです。神殿に援助を求めればアドバイスや理解が与えられましたが、神官や巫女はその人本人の学びや成長を侵害しないためにも、対応策を具体的に告げることはゆるされていませんでした。

進化の次の段階は、くり返し暴力をふるう犯罪者に対する死刑という考え方とともにやってきました。最初はほとんどの人々がその極端な恐ろしい考えにショックを受けて、その選択を完全に却下しました。排斥したい人たちを、彼らが暴力をふるうからという理由で死刑にすることは大きな論議を巻き起こしたのです。死刑を肯定する人々は、暴力的な人間が市民の安全や、自由意志によって生きる権利を侵害していると主張し、それゆえマルデックで彼らが生きることはゆるされるべきではないと主張しました。

議論がえんえんと続けられ、数年間ほど結論が出ませんでしたが、その間も暴力的な犯罪者の一時的監禁は継続されました。しばらくたってから、三度目の犯罪でとらえられた人々は、不定期間あるいはその人が変わるまで拘束されるという決定がくだされました。犯罪者はそれを彼らの自由意志への暴力だと叫んで激しく抗議しましたが、その訴えはさほど深刻には受けとめられませんでした。

ソガン社会の一人の子供が、泥酔した父親によってくり返しレイプされたすえに殴り殺されたとき、最初の死刑が実行に移されました。その男は、三度目の犯罪に関する法律が可決される以前に何度も刑務所に入っており、この最後の犯罪のときには自分が少なくとも半永久的に監禁されるだろうことは知っていたはずだったのです。その男の死刑は、立法集会に出席した人々の三分の二の同意にもとづいて決定されました。改心していない犯罪者は出席をゆるされなかったために、そこに出席した人々は投票数で負ける危険はなかったのです。その男は、希望する人々が何人でも見物できるような郊外の広場で絞首刑にされました。ほかの暴力的な人々がそれを見ることで、現在とりうる選択を見直すよう願ったからです。こうして死刑は絶対的な法律にはならずに、大多数の投票によって個々のケースごとに施行される選択肢としてさしおかれることになりました。

暴力的行為がしだいにエスカレートしてすべての社会に広がっていくなかで、ソラリス人だけがほんの少しの影響を受けたにとどまっていました。しかしながらアルコールとドラッグの中毒がソラリスにも現れはじめ、その他のそれにともなう問題も、初期の段階でくいとめられないかぎり、やがて現れる運命にありました。

## すべての社会における死刑――一〇八〇〇年

ソガンでの絞首刑から一年以内に、ソラリス以外のすべての社会で死刑につながる殺人事件が起こりました。それらのほかの社会とソガンとのコミュニケーションが途絶えていたにもかかわらず、惑星規模での影響力がはたらいていたのです。そのころマルデックは、三番目の五二〇〇〇年周期にあと四〇〇〇年ほどで突入する時期にさしかかっていました。いっぽうでは成長と平和が過去のものとなり、荒廃と不安が蔓延していました。

それぞれの社会で死刑が定められた初期のころは、それが暴力的な人々の怒りと反感を刺激して、さらに残忍な暴力や殺人が誘発されました。それらの社会で死刑がくり返し宣告されるにつれて、死刑の選択がより簡単に行われるようになっていきました。そしてとうとう三度目の犯罪という自覚をもたずに人に暴力をふるった一人の男性が、絞首刑に処せられたのです。死刑の決定は非公開の投票にもとづいていましたが、大多数の合意によってその火星IIの社会の人は死刑にされたのです。

下層階級のあいだでさらなる犯罪の種類が現れはじめました。レイプや窃盗や個人や公共の財産の破壊が勃発したのです。そこで、まもなく監獄にとらえられる犯罪の種類がいくつか加えられました。また囚人は感情や霊的なカウンセリングを強要される代わりに、それを受けることを希望するかどうかを質問されるようになりました。心から援助を受けることを求めて本当に行動を改めた人もときおり現れましたが、大部分は援助を断りました。

マルデックの社会は、より規模が小さいというだけで、しだいに現在の地球上の社会のようになっていきました。犯罪者が自分たちの生活の保護と権力の獲得を求めて徒党を組んでギャングとなり、それによって法の施行が非常に困難になりました。またいっぽうでは性能のいい武器の開発が進められ、それまで警官は棍棒と手錠のようなものを所持するだけでしたが、さらにナイフや短刀や催涙ガスの一種を携帯するようになりました。

マルデックに人類が住みついてから一万一四〇〇年ごろには、「自由なオリオン」と「火星II」で銃の開発が急速に進められました。最初は警官だけがそれらの武器をもっていましたが、すぐにギャングが銃を盗みだして、すべてが混乱状態を極めていきました。市民戦争が現実のものとなり、だれも通りを安心して歩くことができなくなったのです。警察の権力がさらに強大なものになり、まもなく彼らはギャングのメンバーや逮捕の妨げとなる市民を打ち殺してもいいという権限さえ与えられました。もちろん市民戦争はさらに激しくなり、マルデックは警察国家に変わっていきました。

ギャングの大部分のメンバーが警官によって殺害されて壊滅にいたるころには、それ以前の数百年間にはなかったほど犯罪のとりしまりが厳しくなっていました。すべての社会で警察権力が情け容赦のない揺るぎないものとなり、巻き返しをはかろうとしてほかの社会からギャングのメンバーの一部が逃げこんだソラリスでさえも同じ状況にありました。ギャングたちが逃亡した直後に、火星IIから救援隊が駆けつけて最後の一党が撲滅されたために、彼らの試みは実現しませんでした。

マルデックでの生活はより安全で平和なものになりましたが、人々の霊魂には大きな衝撃が刻まれました。マルデックの人々はたとえそれが社会的にゆるされたことでも、あまりにも多くの犯罪者を殺す手助けをしたことに羞恥と罪悪感を感じていました。しかし彼らは、ほかにどういう方法をとっていいのかわからなかったのです。犯罪が抑えられてからも、多くの人々が不安にさいなまれて何かにおびえるようになりました。不信感が広がり、暴力には暴力で対抗することで自分を守るという必要性が人々のなかに深くしみ込んでいきました。

それぞれの社会から使節団が派遣され、自分たちの問題やそれをとり扱う方法について話しあいましたが、みなお互いの問題がほとんど似通ったものであることを発見しました。ソガン人の社会からも一二人の男性と女性の使節団を送って、ほかの社会で何が起こっているのかを知りアドバイスを求めようとしました。そして、すべてのマルデック人が同じ状況下で似たような緊張状態にあることを知ったのです。

一万一六〇〇年までに、マルデックのすべての社会でほとんどの犯罪が支配下におさめられました。そして彼らは監獄と強力な警察権力を維持しつづけたのです。彼らの次の試練はいかにしてさらなる問題を防止し、社会の安全とバランスを保つかということでした。そうしてすべての子供たちに、道徳や情緒面での健康や法律に関する教育が施されることになったのです。また犯罪の勢力を一掃するために、すべての社会でささいな犯罪にもだんだん長期的な監獄への収容期間が強要されることになりました。もちろんそれによって、彼らの世界から物理的そして霊的な問題がなくなったわけではありませんが、人々はより多くの安全と支配を感じることができたのです。こうして警察国家は存続しつづけ、人々はそれを歓迎して生活の一部として受け入れていました。ちなみに警察の勢力は彼らの権力と支配力に非常に密着したものでしたが、決して穏やかな市民に権力を悪用することはありませんでした。

不幸なことに、ほとんどのマルデック人たちにとって神殿は影の薄い存在になっていきました。人々は神官や巫女が彼らの問題をすすんで解決しようとしてくれなかったという事実を、何ごとも自分自身で解決しなければならないという啓示だとみなしたのです。それでも神殿に通いながら、自分自身のカルマのパターンや霊的な進化に取り組む数人の人々がいました。また非常に若いころに神殿に入って、霊的成長と研究にその一生を費やすことを選ぶ人がつねにいたのも事実です。かつてすべての社会で非常に強い影響力をもっていた霊的な意識の焦点は、ほんの少数の人々の生活の一部になってしまいましたが、それでもそれはほそぼそと続いていったのです。

三番目の五二〇〇年周期の終わりまでに、マルデックは霊的成長や進化よりも、個人や人々の活動を支配することに意識の焦点を合わせるようになりました。惑星の人口は七〇〇〇人ほどに膨れあがり、そのうち神殿との交流を保っていたのはわずか一割ほどの人でした。実際、すでに少数のマルデック人がそのころまでに覚醒にいたっており、そのため進化と達成のパターンが惑星にすえつけられていました。

ただ一人の人間が覚醒に達したりアセンションすることで、すべての種族がその恩恵を受けとります。というのも、それによってほかの人々があとをたどれるエネルギーの地図ができるからです。そして覚醒にいたった個人が多ければ多いほど、残りの人々が霊的達成へと向かう磁力はますます強力になっていきますが、いっぽうそれらの抵抗によって生じる二極性もまた強まっていくのです。このときまでに自由なオリオン出身の四人とソガン出身の二人と混合種族の二人に加えて、三人の火星IIの人々が霊的な達成の段階にいたっていました。まだ目に見える変化は何も起こってはいませんでしたが、これはマルデックにとってすばらしい恩恵だったのです。

この五二〇〇年周期が終わりに近づくにつれて、数人の新しいプレアデス人がそれぞれの町や村のマルデック人の家族に生れました。そして彼らはほかの周期的な変化の時代に現れた存在と似たような成長のパターンをへて人々を指導するようになり、人々のためにもうひとつの種類の意識の手本を設定しました。彼らは一〇代に入り成長するにつれて、マルデック以前とマルデック以降の人生における人々のカルマのパターンに直接かかわる話を語りはじめました。

人々はほかのだれに対してよりも、その彼ら自身のめざめた子供たちの話に反応を示しました。そして、その言葉に耳を傾けるようになりました。マルデックの人々は惑星で起こったことを非難されるわけではなく、共同創造や自由意志や、進化の目的、正しい行為などに関する宇宙の法則について、新たに彼らから教えられました。すべての人間が進化のプロセスをたどる魂をもち、その魂の進化に意識レベルで責任をもたないかぎりは、苦しみと恐れと否定のなかでの生活が続いていくことに人々はやっと気づかされたのです。

## 一〇〇〇年の恩寵の時代――一万五六〇〇～一万六六〇〇年

心から彼らの言葉に耳を傾けようとするマルデック人が、プレアデスの幼い人々に暴力や犯罪に対してどう対処すべきかを質問すると、やがて恩寵の期間がもたらされることを告げられました。そして、その期間中に人を傷つけようとしたり人の自由意志を奪おうとする者は、その相手へしようとしたことがそのまま自分に帰ってくるという瞬間的カルマの法則を体験することが告げられました。つまり、その後一〇〇〇年にわたる恩寵の時代に、マルデック人は瞬間的カルマの法則のおかげで何も怖れる必要がなくなることを説明されたのです。

彼らはその時代を、過去五二〇〇年にわたって鮮烈に演じられたカルマのパターンを打破するために利用することができるだろうというのでした。また感情的な否認やネガティブな思考、被害者意識、コントロールや支配、耽溺という問題に対応するための癒しの技法が、ヒーラーとして働く準備が整った人々に伝授され、神殿の神官や巫女や帰依者たちにも、霊的な教えや癒しの技法が授けられることになっていました。そして人々自身にも、鍛練による霊的な意識の焦点と癒しが求められるというのです。マルデックの人々は、神殿のメンバーの指導のもとで集団で瞑想を行うための集会場を最初に設けるよう提言されました。それが人々が共同創造者としての高次の意図をもちながら、互いにつながりあうための最良の方法となるはずだからです。

人々は、大多数の合意があれば高次元からの援助を求めることができるように要請しました。もしも過去五二〇〇年間にその要請ができていたならば、たぶん死刑や警察国家以外のなんらかの答えを見つけることができたはずだと人々は感じていたからです。そして彼らの願いは聞きとどけられました。それ以外はこれまでどおりの惑星の法則が継続されました。

驚くほど抵抗をともなわずに警察組織は解散しました。監獄はとり壊されたり別の用途に利用されたりしました。ゆるしや過去の解放、そして新しい種類の「ともに勝利する」未来を共同創造するという誓いの儀式的祭典が、それぞれの町で催されました。このころまでに人間として生まれたプレアデス人は中年期の大人になっていましたが、彼らは神殿の神官や巫女や、光の船で到着したプレアデスの大天使の代表者とともにその祭典の指揮にあたりました。すべてのマルデック人が出席を求められ、ほとんどの人が実際に儀式に出席しました。しかし、いまだに古いやり方にしがみついている一人よがりな数人の人々は参加を拒んで、自分自身の選択をするようとり残されました。その儀式的祭典にはまる一週間ほどが費やされました。

この時期の終わりにマルデックに生まれたプレアデス人は、それぞれの社会で集団でアセンションをし、霊的な達成と超越のエネルギー的な手本がすえつけられました。光の船は、それぞれの神殿に新しいプレアデス人の使者を遣わしてマルデックを去っていきました。アセンションという出来事を目撃した人々は、深い平和と愛に満たされて再生、希望、決断という感覚を与えられました。

次の一〇〇〇年間は偉大なまでの霊的加速度に満たされた時代でした。マルデック人は彼らの感情やカルマのパターンをどのように扱ったらいいかを学びました。集団で瞑想を行う集会が定期的に開かれて、みずからの人生を霊的成長と神殿にささげることを選ぶ人々が増えていきました。儀式に参加しなかった人々はとり残されましたが、数世代ののちに彼らは死に絶え、この急速に進化する霊的な惑星マルデックを去っていきました。その当時人間の一生は一五〇年程度でしたが、若い頃にめざめた人々はひとつの人生のなかで著しい霊的成長をとげることができました。その結果、霊的な達成の域にいたった最初のソラリス人を含め、それぞれの社会からの数人の人々が覚醒にいたったのです。

彼らの社会において、音楽と芸術がふたたび大きな役割を果たすようになりました。また最初はほんの数人程度でしたが、ソガン人がほかの集団と交わりはじめました。そして四番目の五二〇〇年周期に入ってから五〇〇年ほどたったころ、激しい洪水によってソガンの町全体が破壊され、ほとんどの人々が避難所を求めてソラリスにたどり着きました。住居を失ったソガン人はしだいにソラリスの社会に溶けこんでいき、やがてその社会に完全に統合されました。約三〇〇人のソガン人が自分たちの社会を再建して独立して住むことを選びましたが、ほかの集団とも友好関係を保っていました。彼らの社会は、多くのソガン人が住むソラリスから徒歩で二日または蒸気の車で四時間ほどの場所に建設されました。新しい社会には小さな神殿が建てられ、神官や巫女や以前のソガン人の神殿の帰依者の何人かがそこに住みついて、ヒーリングの実践や指導を行いました。

一〇〇〇年間という瞬間的カルマの恩寵の時代を終えるころには、マルデック人はふたたび平和な人々に戻りました。瞬間的カルマの法則は解除されましたが、それは人々の生活スタイルにまったく影響を及ぼしませんでした。実際、過去数百年のあいだほとんどその法則が用いられなかったために、大部分の人々がそれをあまり意識しなかったのです。

## ルシファーの堕落――一万六六〇〇～二万八〇〇年

マルデックの入植の歴史全体にわたる高次元世界での「至高存在」としてのルシファーの役割の大半は、銀河の中心からの符号と指示を保存し、適切なデイヴァや天使やガイドや守護者や、電磁的かつエネルギー的なグリッドと地軸を守護する番人にそれを伝達することでした。もちろんルシファーは、必要に応じて援助者や個人的なガイドを分散させて、高次の集合意識の発展に全力を傾けました。そしてマルデック人がより強力な高次の集合意識を発達させつつあるこのとき、ルシファーの役割は変わってきていました。集団の進化のパターンは、覚醒して高次元で仕えることを選んだマルデック人とともに、マルデック人自身の高次の集合意識によって保持されていました。それゆえルシファーは、むしろ霊的世界の行政官のようなものに近い存在になっていたのです。

ルシファーはマルデックでの体験以前にも種の進化を目撃したことがありましたが、このときが「至高存在」として仕える最初の体験でした。またいっぽうでは、彼にとってみずからの自治権を保ちながら、惑星全体やその住民の意識と溶けあうことは大いなる学びだったのです。そして彼自身が気づかなかったのは、マルデックの集合意識の低次元の波動パターンも彼に刻まれたという点でした。そのルシファーの潜在意識――それを彼は自分がもっていることを知らなかったのですが――にもっぱら影響を及ぼしたパターンとは神聖性への不信感でした。そのほかにも、暴力や被害者意識、耽溺、羞恥、低い自己評価、全般的な不信感などが彼の潜在意識に刻み込まれました。しかしマルデック人の進化によって、高次の集合意識を保持するという彼の役割が緩和されるまでは、彼は自分がそうした意識をもっていることさえ自覚していませんでした。やがてルシファーが少しずつ高次の集合意識から離れて、その意識を直接体験する代わりにその意識と交流しはじめると、彼は自分自身の存在を通して落ち着きのなさや不安な動きの波動を感じるようになりました。ところがルシファーは、それらの体験を単に彼とマルデックとの関係の変化から生じる余波だとみなして重要視しませんでした。それらの波動は、まれにではあっても規則的なパターンをとっていました。いってみればそれは彼の潜在意識あるいは影の側面から直接はね返ってきたものだったのです。

ルシファーは、自分自身がすべてのレベルで誘惑や誤りから超越した状態にいると過信することで、それらの感覚や思考のパターンを見逃しつづけました。やがてそれらはますます頻繁に訪れるようになりました。つまりその威力を無視して否定すればするほど、それはますます強力になっていったのです。まもなく彼は、人々の進化をもっとコントロールする必要性と、そのコントロールがなされないままで人々が進化することへの漠然とした不信感を感じるようになりました。こうして潜在下の刷り込みは、ルシファーの意識にますます深く浸透していったのです。

自分のあらゆる意識と感覚が真理にもとづいていると思いこんでいた彼は、その衝動を確かなものと考えるようになっていきました。彼自身の意識がくもってくると、マルデックの天候もそれに反応し、雨や曇り空、稲妻、台風が頻繁に訪れるようになりました。思考のコントロールと人々への不信感という一人よがりな考えにのめりこむことが彼の認識をくもらせており、太陽の符号の濾過システムのなかで文字通り曇りやもやをつくりだしたのです。

天気と気候をつかさどるデイヴァが、なぜ太陽の符号にアクセスしにくくなり、ときには漠然としかつながれなくなったのかをルシファーに質問すると、彼はそのデイヴァが自分自身の任務の怠慢に対する言いわけをしようとしているのだと思いました。彼はそのデイヴァの行為に論理的な理由などないと考えるのをやめなかったのです。つまり彼は、他者に対してある程度の不信感を抱くようになり、それがデイヴァやガイドにも感染していきました。彼は裏づけとして、あるデイヴァの集団に別の集団を観察するよう依頼しましたが、その依頼された集団は、結局何の不正も見つけることはできませんでした。そこでルシファーは、デイヴァをはじめ天使やガイドやその他の高次の奉仕者に対する大規模な調査を開始しました。彼は自分自身がその太陽の符号の断絶の原因かもしれないとは思いもしなかったのです。つまり自分自身のはたらきの有用性に関しては、最後までこれっぽっちの疑問も抱いていなかったのです。

マルデックの人々は、邪悪なエネルギーや天候の変化と似通った感情パターンを体験していました。彼らの気分は極端なほど揺れ動きました。彼らは台風のあいだ不安にとらわれて癇癪を起こしました。また曇り空や霧の日が続いたあとは、もやもやした気分に襲われました。そして太陽がふたたび顔を出すとホッとしましたが、自分があまりにコントロールを失ってしまったことに対して警戒心が芽生えていきました。彼らは自分自身の感情と肉体をコントロールする必要を感じましたが、それが可能だとは信じていませんでした。というのも、ルシファーの人々の進化の能力に対する信念の欠如が、潜在意識レベルで彼らに影響を与えており、彼らの自己信頼という総体的な感覚が変わりはじめたからです。

人々は自分をコントロールしようとしてそれまで以上に一生懸命努力し、できるかぎり神殿へと出かけていきました。つまり彼らは、だれかの援助がより以上に必要だと感じていたのです。集団での瞑想やヒーリングの実践、そして自己観察がある程度の助けになりましたが、やがて耽溺がふたたび人々に忍び寄ってきました。霊的に進化する能力がないという隠された怖れが高まった結果、人々は心の平安や自信をとり戻しリラックスさせてくれるような興奮を探し求めるようになりました。

それらの人々を観察しながら、ルシファーはますます彼らがコントロールされる必要があると確信しました。彼は太陽の符号やクラウン・チャクラというポジティブな結果をもたらす役割や、時間を解放するための進化的刺激の能力に関して、自分に自信を失っていました。また彼は、惑星の中心で生成されるエネルギーはあまりにも精妙すぎて効果的ではないと感じていました。そのうえ人々になんらかの影響をもたらす個人的なガイドとしての能力にもまったく自信を失っていた彼は、高次元のガイドや人類への奉仕者たちは、だれ一人として心から人間のことを思いやってもいないし、まして人々の幸福についてなど考えたこともないと思いこむようになりました。そして、すべてのガイドや天使やデイヴァやその他の奉仕者たちは、ルシファー自身が長いことそうしてきたように、ただロボットのように秩序にしたがっているだけだと信じたのです。また彼がともに働いてきた銀河の中心やプレアデス人やその他のすべての存在たちは、ある種のトランス状態に陥っており、そのため彼らは個々の状況について適切に思考し対応することができないという事実に自分一人がめざめたのだと彼は信じていました。そして自分だけが適切な対応や決定をくだすことができるのだと心から確信していたのです。

こうして潜在意識下の刷り込みのなかへと墜ちていった時点で、ルシファーは「聖なる真理」や純粋な光とのすべての接触を失いました。彼は妄想状態に陥り、神の側にこそだれもを眠らせてあやつるための巨大な筋書きがあるのだと思いこみました。そして彼がめざめて、マルデック人の進化あるいは存在全般に対する支配権を握るためには、彼が神や光の勢力よりももっとパワフルにならなければならないと考えたのです。だれかが神に反旗をひるがえし、神がすべての存在を押さえこんで私たちが神と同じくらいパワフルであることを知らせまいとして私たちを彼の支配下においている、ということを証明しなければならないとルシファーは考えていました。

その五二〇〇年周期の終わりまで、ルシファーはますますそうした思いにのめり込んでいきました。さらに彼は、だれもが神の催眠術のような魔力のとりこになっているので、彼自身がしっかりと自分の考えをもたなければならないと痛感しました。つまり彼が支配力を握るまでたった一人で働き、太陽やプレアデスやシリウスや銀河の中心の符号から解放されなければならないと思いこんでいたのです。

いっぽう、マルデックの人々は突然のように感情的発作を起こすようになり、さらに気ちがいじみた行動に走る人々も大勢現れました。痴呆症、偏執病、多重人格障害、ノイローゼなどが急激に人々に広がっていきました。暴動があちこちで再発し、神官や巫女までが太陽や惑星の中心から入ってくる情報の変化によって影響を受けはじめたのです。ルシファーの狂気は、太陽の符号とマルデックのあいだにはてしなく広がっていくヴェールを創造しました。

そして太陽の符号が届かなければ、マルデックの中核の「光の存在」たちは、その惑星へ伝達するための指令やエネルギーパターンを受けとることができないので、彼らはそこでいわゆる「やっつけ仕事」をするようになっていました。その符号やパターンが妨げられて不規則になったとき、「光の存在」たちは最初は受けとったものをすべて送りつづけました。しかしその送信がますます不規則になってやがて混乱を極めると、調和に欠けた情報を削除し、もっとも一般的な送信のパターンに戻ることが決定されたのです。「光の存在」たちは指示を求めてルシファーにテレパシーの波動を送りました。ところがそれに対して彼らが受けとったものは、極端にねじ曲げられて解読不可能になった記号だったのです。「光の存在」たちは何かが不調をきたしていることを知りましたが、その原因やどう対処すべきかについては何も思いつきませんでした。

マルデックのあちこちで、そして神殿内でさえ権力闘争が起こりつつありました。神官や巫女たちも、互いに争うことによって高次元世界の汚染に反応しはじめたのです。ヒーリングの技法の妥当性や、どの儀式がどんな目的に用いられるかをめぐって議論が紛糾しました。神官や巫女は帰依者や相手からの情報を一人占めし、それがみんなのためだと考えていました。そして自分だけが高次の使命とつながっていると思いこんでいたのです。

ギャンブルや飲酒、ドラッグ、暴力、愛のないセックスがふたたび非常にありふれたものになりました。それらのマルデック上の人々が堕落していく兆候のひとつひとつを見て、ルシファーはマルデックにコントロールが必要だという自分の結論が正しいことにますます自信を深めていきました。人々はあらゆる健全な現実との接触を失い、だれもが意識の「もうろう状態」や極端な感覚的刺激を通しての快感を探し求めました。頻繁に自殺が起こり、気候がまったく不安定になりました。そして作物は実らず、動物や植物は急激に死に絶えていきました。マルデック上のどこを見渡しても平和や健全さがほとんど存在しなくなったのです。

四番目の五二〇〇年周期の終わりに近くになって、銀河の中心から放射されるフォトン・ベルトが惑星に接触しはじめると、ルシファーは活動を開始しました。彼は指揮下にある全勢力が、惑星とフォトン・ベルトの影響力とのあいだの防壁となるよう仕組んだのです。彼は彼に仕える天使やデイヴァたちに、マルデックのまわりに光を反射する巨大な保護膜を形成するよう命じました。彼は天使たちに対してそれはマルデックを守るためだと言いましたが、それ以上詳しいことは説明しませんでした。

ルシファーの指示にしたがうことになっていた天使たちは、それを実行に移しました。いっぽう、マルデックの中核にいる「光の存在」たちは、憎悪と不信の波動をルシファーから受けとりながらタントラの送信を継続しようとしていました。そして彼らは、そのころには少しやけ気味になりながら、そして結果的にはエネルギー汚染をもたらしながらそれを行っていたのです。

プレアデスやシリウスやアンドロメダの光の大天使のような高次元の「光の存在」は、ルシファーや、保護膜を支えるために補充されたすべての存在によって形成された保護膜を突破しようと試みました。そして最終的にマルデックをとりまく内側と外側からの圧力があまりにも強烈になったために、惑星が完全に軌道の外に投げ出されたのです。ルシファーはただそれだけを目論んでいたのですが、その結果起こるすべてを見通していたわけではありませんでした。マルデックが軌道をはずれて投げ出されると、外側の気温が上昇して大気が自然発火しました。そして内側の圧力の層が崩壊して惑星全体が砕け散り、たくさんの小さなかけらになったのです。

マルデックの中核の「光の存在」たちは、惑星をとりまく大気圏内の多くの存在と同様にこなごなに砕け散って宇宙へと放り出されました。準備を整えていたプレアデス人やシリウス人やアンドロメダ人は、傷ついた存在たちが惑星を離れると同時に彼らをヒーリング用の保護膜であるコクーンに収容しました。もちろん人類をはじめとするすべての生命体も、マルデックが爆発した瞬間にこっぱみじんに吹き飛ばされました。それらの人間の魂や魂のかけらもまた癒しのコクーン内に集められ、そのすべての存在は地球へと送られました。そしてコクーンは海のなかに投げ込まれ、数百年前からそこに住んでいた何千頭ものイルカたちによって看護されたのです。

【著者注】こなごなに砕け散り、負傷した人間や高次元の「光の存在」を収容したコクーンが地球の海に到着したとき、イルカたちは私たちを迎える準備ができていました。私自身もそのときの一員であり、そのときのすべての出来事を鮮明に追体験したことがあります。爆発が起こったときマルデックの中核にいた私たち全員が、コクーンに収容されて地球へ連れてこられました。イルカたちは、星や太陽やその他の惑星との高度に洗練されたネットワーク網を用いて、私たちの到着や状況をあらかじめ知らされていました。そのネットワーク網は、彼らの電気的回路や「カー」の身体を通してはたらきかけてきます。そしてじつは彼らの光の身体や電気的回路やカーの身体は、私たちの未来の姿の青写真なのです。彼らはより高次に進化した私たちの兄や姉であり、進化の手本として地球に配置されたのでした。それゆえ彼らは完全に覚醒した多次元的な「光の存在」として、私たちをみずからの運命へと導く磁力的な役割を果たしてくれたのです。

それらの愛にあふれた存在たちは、すぐにコクーン内の人々のようすをひとつずつ確かめてまわりました。そしてコクーンの壁を通して、内側の存在たちにテレパシーで愛と励ましのメッセージを送りました。彼らが鼻でコクーンを回転させながらソナーを用いて星や太陽からの高周波の放射物を伝達しているあいだ、大勢のイルカたちが群れをなしてコクーンの周辺を泳ぎまわっていました。彼らは私たち全員をいつくしみ癒すことで、意識と平和をとり戻させてくれたのです。

では、ふたたびラーの話に耳を傾けてください。

ルシファーは、もしかしたら彼を唯一理解してかくまってくれるのはオリオンの戦士だけかもしれないと判断し、彼らの社会へと逃亡しました。そして彼の予想通りに、オリオンの戦士たちは光や銀河の中心に対抗する自分たちの戦いに強力な味方を得たことで大喜びでした。こうしてみなさんにも知られているルシファーの反逆が始まったのです。

破滅の最後の兆候が見えなくなるまでの、地球の数百年に相当する期間、マルデックの大気は炎となって燃えつづけました。そして最後に残ったのが、私たちも知っているような火星と木星のあいだに散在する小惑星帯です。この地帯には「女神の小惑星」であるパラス、アテナ、ベスタ、セレス、ジュノー（ヘラ）が存在しています。その女神たちは、かつてパワーと主権をもちながら、半神半人の男権主義者たちにそれを奪われたすべての存在を表わしていますが、現在は地球で癒しと回復の途上にあります。それらの起源を考えると、暗号のように意味深い象徴だとは思いませんか？

キロン（ケイローン）は土星と天王星のあいだにある巨大な小惑星です。それはこのマルデックがつくりだした小惑星帯と、占星学的にみて聖なる複写体になっています。ちなみにキロンは傷を負ったヒーラーという占星学的意味をもっています。彼は奉仕の途中で負傷し、次元上昇するために自分自身を癒さなければならない存在なのです。あなたの占星学のチャートにおけるキロンの位置とアスペクトは、あなた自身の個人的な傷あとを明らかにする大きな鍵になっています。そしてそれが癒されたとき、あなたは自分自身の全体性、覚醒、そしてアセンションへと導かれるのです。そこで大切なのが、前にもいったように男性性と女性性のバランスであり、パワーと性的なエネルギーを正しく用いることなのです。

【著者注】ところでほんの少数ですが、覚醒してアセンションしたマルデック人がいたことは確かです。彼らはいま木星の四次元と五次元に住みながら、霊的統合、光、信頼、そして自由というさらなるレッスンを掲げています。それらのマルデック人のアセンションしたマスターを呼び寄せたり、あなたの木星や女神の小惑星とキロンとのあいだの占星学上の関係をさぐることは、あなた自身がマルデック人だったときのカルマのパターンを認識して癒すための理想的な方法です。

見せかけの権力、信頼、霊的探求というマルデック人のレッスンの神髄をたたえ、私は次の詩をささげます。

## 思いもよらない出来事

「時はいまです」
その声が背後から
静かに私を引きよせて、
いまこの場の
すべてが同時に
始まり終わる
この瞬間に
私を引きもどす。
たしかだが柔らかい
私の肩の感触が
言葉のない響きを伝える
「時はいまです」と。

頭をちょっとひねらせるだけで
私には彼女が見える。
私は彼女の目のなかに
またしてもそのメッセージを見る。
私は瞳をさしのべて
「もう少しだけ待って」と言う。
彼女はほほえみながら
慈愛をこめて答える
「時はいまです」

「いらっしゃい」と彼女は言う。
私の肩のうえの彼女の手に
はじめてかすかに
彼女の誘いに
ふさわしい程度だけ
力が加わったとき
私は最後にもう一度だけ
後ろをふりかえる。
彼女の手の感触と
頭を縦にふるような揺らぎによって
「いらっしゃい」とまたしてもくり返される。

大きく息を吸い込んで
私は彼女のほうをふり向き、
そして離れてから
ふたたび一緒になる。
スピリット・ウーマンと私
手と手をつないで

「ふりかえらないで」
彼女は言う。
そしてその言葉は
すばやい
恐怖の震えを私に送りこむ。
私は反射的にふり向こうとするが
彼女はいま手に
かたく力をこめて
私の隣にぴったりと寄り添い
ふたたびくり返す
「ふりかえらないで」と。
私の心臓が大きく鼓動し

そして私たちは歩きつづける。
私は懸命に彼女を見る。
「最後にもう一度だけ……」
私は目で彼女に語りかける。
彼女の目は私をさえぎり
「ふりかえらないで」
と静かに警告する。
私は彼女の心のこもった
励ましを感じ、
そのメッセージは
愛のなかでくり返される。
けれども私の衝動は強く
自分をおしとどめることができない。
そしてすばやく私はふりかえる
最後にもう一度何かが私を
引きもどしながら、
こう語りかけてくることを願って
「ここにとどまりなさい。
ここがあなたがいる場所なのです」と。

けれどもその代わりに、
暗闇と空虚な静けさだけが待っている。

私はいま
理解できるような答えを
求めて彼女を見る。
しかし彼女の瞳や
彼女の心臓や
彼女の感触や
彼女の無言のすべてが語りかける
「あなたを引きとめようとしたのに」と。
私をつつむ彼女の腕に力がこめられ、
しかもやさしく
私をふたたび
前へとひっぱっていく。
私は理解したわけではないが
深い静けさが
穏やかな波のように
私のなかを通過していく。

そして一緒に
私たちは歩きつづけた。
前方には何もなく
後方にも何もない。

いまここに
存在するという
思いもよらない
感覚が浸透していく
私にはわからない
なぜ自分がこんなにも長いあいだ
これを避けてきたのかを。

時間の経過が
いまここで
その力を失う。

何分または何時間
あるいは何日または何百年
私たちが歩きつづけたか

私にはわからない。
私たちは決して立ちどまらなかった。
そしてその動きの
静けさと平和のなかで
ひとつひとつの歩みのなかで
日々の生活が過ぎていく。
私に強さと
誠意と
忍耐と
信頼という感覚を
与えてくれた何かを私は
自分が学んだことを知っている。
それらは本物であり、
呼吸をしたり
髪にそよ風を感じたり
あるいは澄んだ小川から
自分の顔に冷たい水を
浴びせかけたりするように
私にとってごく自然な

あまねく遍在するものである。
私たち二人は動いていく
静かに
うやうやしく
前方へと
活気に満ちた歩みとともに
そこにいたすべてと
「すべてなるもの」に
「ナマステ」と語りかけながら

またそこにいるだろうすべての存在や
すべての人々に語りかけながら。
そしてひとつひとつの歩みとともに
少しずつ
私が背負ってきた
という意味での
重荷の
すべてが、

そして私の過去のだれもが
ひとひら、ひとひら
こぼれ落ちていく。
夕暮れの空に
消えかかる太陽のように
それは
たやすく消滅する。
最後に
残ったものは
私のなかの
「光輝く無限」ばかり、
そして私はとり残された
光輝く無限のなかに。

「時はいまです」
彼女の言葉は
新しい意味を帯びてくる
しかし私には
理解することができない。

私の内側と外側の
光輝く無限が大きくなるにつれて
彼女は私の手をきつく握りしめ
そのあとでそれを手放す
そしてそのしぐさはどういうわけか
彼女の言葉をこだまさせる。
私の瞳は答えを探し求める。
しかし彼女の瞳は
最初に明るくなり、
それから
消えかかりはじめる。
彼女のイメージが消えていく
光輝く無限のなかに。

私は驚きであえぎながら
彼女を引きもどそうと
手を伸ばすが
そうすることができない。
最後に、

静かにうなずいて
愛に満ちた笑顔を見せながら
彼女は去っていく。

静寂という音が
忘れ去られた記憶を鳴り響かせる。
時間という風が
私の中心を吹きぬける。
私は一人
どこにもない道へ向かって
そしてそこから
歩きつづける
くれなずむ空を
だれも知らない場所へと
突然かけぬけていく
流星のように。
私の背後には、暗闇
前方には、柔らかなもや
そしていまここに

光輝く無限がある。

私の内側のなにかが
どうにか落ち着きをとりもどす。
平和と受容
という波動が
なぜかはわからない
けれども
私のなかに広がっていく――
前方には何もなく
背後にも何もない
私はただ歩みつづける。
私自身という
いまここにいる
「われあり」という
聖なる存在の感覚が
思いがけなく
私のなかに浸透していく。
私にはわからない

なぜ自分がこんなにも長いあいだ
これを避けてきたのかを。

そして私は歩きつづける——
何分か何時間か何日かも
わからないほど
しかし私は決して立ちどまりはしなかった。
そしてふたたび
一歩一歩という
私自身の歩みのなかで
静寂と平和のなかで
何かを学ぶ。
私はより以上の存在になり、
強さと
誠意と
忍耐と
信頼が深まってゆく。
私がリアルに
そして自然に存在するほど
私はあまねく遍在する。

静寂と崇敬
のなかを歩みつづけながら
私はひとりで
活気に満ちた「ナマステ」を
そこにいたすべてと
「すべてなるもの」と
そこにいるだろうすべてと
そして自分自身に語りかけながら
歩いていく。
そしてひとつひとつの歩みのなかで
私が彼女や
私たちや
すべてのものに
与えたという意味での
重荷が
すべり落ちていく
ため息のように

やさしく
たやすく消え去ってゆく。

最後に
残ったものは
私のなかの
「光輝く無限」ばかり、
そして私は
とり残された
光輝く無限のなかに。
そのときこそ、
内側の深い場所から
私は遠い懐かしい
声を聞く。

「時はいまです」
今度は聞こえてくる――
抵抗もないままに――

内なる輝きとともに
私はやさしく答える
「ええ!」と
そして目を閉じて
彼女の声を聞く
「あと数歩進むと
前方に橋があります
アーチ型の橋です
あなたは橋の中央の
一番高い場所に立つまでは
向こう側を見ることはできません
ゆっくりと歩いていきなさい
そうすれば橋の中央から
遠くに
光を見るでしょう
それに向かって進みなさい
そうすれば
あなたは故郷にたどりつくはずです」

静寂のなかで
私はやさしく答える
「ええ！」と
「私」という本質の深い内側に
あたたかいそよ風を感じ
なぐさめるような
抱きしめるような
私がはじめて知ったすべての
愛で私は満たされていく
時間のはざまの
一瞬のなかで。
そして私は
目を開くと同時に
前へ歩きはじめる

私は
次から次へと
永遠につづく橋とともに
終わりのない地平線を見る。

そして静かな笑いと
喜びをもって
最初の橋に向かって、
前へ歩みつづける
私がそれらのすべてを
最終的に
通り抜けることを
疑いもなく知りながら
私にはわからない
なぜ自分がこんなにも長いあいだ
これを避けてきたのかを。

この章の終わりにこの詩を挿入したあと、私のコンピュータに「保存する」ことをちょうど思いついたとき、私は自分を見つめる視線を感じてハッとして目をあげました。そこには鼻を目の前の窓にほとんど押しつけるようにして、親愛なるアーネストがいたのです。

私は彼に少し待つように言ったあとで、冷蔵庫まで走り寄って大きな黄色いトマトをとり出しました。そして、それを八つに切り分けてから彼に挨拶するために外へと飛び出しました。彼のうなずきがさし示した場所に私がすわるまでは、彼は決して食べ物を食べようとはしませんでした。そして私が腰をおろすと、彼は地面に三切れをこぼしながらトマトをおいしそうに頬張りはじめました。

私の手のなかのトマトを食べ終えると、アーネストは地面に落ちた一切れをかいで軽く鼻をならしました。そのみずみずしい果肉は砂利や埃にまみれていたのです。私は意図することをイメージで伝えながら、私にそのトマトのゴミをきれいにしてほしいかどうかを彼にたずねました。その果肉を私が拾いやすいように彼が頭を少しずらしたときに、私は彼の同意を感じました。

私がトマトを一切れ拾いあげて、指先で砂利や埃をとりはらうのを彼はじっと待ちつづけ、それからきれいになったトマトを食べはじめました。私が最後のトマトを拾いあげたとき、彼は頭を下げながらそのつややかな角で私の手をなでつけました。そして彼は身体をぐいと引き、私の瞳をじっとのぞきこみました。私はまだ最後の一切れを手にしたままだったので、その鹿が心を開いてくれたように感じました。そしてお返しに、私の手でそっと彼のあご、首、胸にかけてなで降ろしたのです。

彼は最後の一切れを食べ終えると、ゆっくりとした動作で私の指のあいだのすみずみまできれいになめつくしました。そのとき私たちの信頼と友情のきずなが深まったことを感じて、涙がしずかに私の頬を伝わり落ちました。

それから彼は少し身体を後ろにひいて、立ちつくしたまま私を見ていました。私はそれから一分間ほど彼の瞳を見つめながら、彼がその場を離れるのを待ちました。そして最後に「彼は今度は、彼が見守るなかであなたに立ち去ってもらいたいのよ」というメッセージを受けとりました。その返事として、私はアーネストを間近で見つめたままゆっくりと立ち上がりました。私が立ち上がった直後に、私を見つめかえす彼の瞳にこめられた愛と信頼によって、私のハートと魂は完全に射抜かれたように感じました。数秒ほど見つめあったあとで、私は背を向けて歩きだしました。ドアのところでふり返ると、彼はまだ私を見守っていてくれました。私は家のなかへ入って、彼が背を向けて立ち去るのを窓から見ていました。

彼が二度にわたって私を訪問したその特別な午後以来、私は一度もアーネストに会っていません。けれども私たちのきずなは、いまでも保たれています。

その鹿の友人との私の二度目の体験は、人間どうしにおける信頼や、人間と動物とのあいだの信頼や、高次の「光の存在」に対する人間の信頼を回復させることの大切さを確認させてくれた、もうひとつのメッセージでした。言葉を換えると、多様性のなかでの調和こそが未来への道なのです。

# 第 4 部

# 地球

EARTH

ラーの物語は続きます。

コクーンが地球の海に着いたとき、地球にはすでに二万五〇〇〇人の人間が住んでいました。それらの人間たちは約二万一〇〇〇年前から地球に住んでおり、それ以前は氷河期が地球の表面をおおっていました。もっとも新しい地球人のタイプとは、一次元や二次元の状態から人間の肉体と魂をもった存在に進化した人々でした。

彼らはあなたがたが教わった「石器時代の穴居人」と呼ばれる進化の段階にさしかかっており、最初は動物的な本能だけをもっぱらはたらかせて活動していました。彼らの意識は人間になるまでの過程で、いくつもの違う種類の動物たちをへてきました。その体験とは自分自身がヒョウや鹿や鷲などの動物の身体の内側にいることに気づくようなもので、動物の視点から人生を体験することでした。しかしその段階は、数時間あるいはせいぜい長くても何日かといった程度の相対的に短い期間であり、まもなく人間になろうとするスピリットは、それからその他の動物や鳥の意識を経過して人間としての誕生にそなえるのです。その期間中に魂は、本能的衝動、一点への集中力、そして動物特有の資質といったすべての体験を受け入れます。その結果、その幼い魂が物理世界で生き延びるためによりふさわしい準備が整うのです。ちなみに進化の過程にある人間の魂に短期的に自分の体験を貸してくれるそれらの動物たちは、「トーテム」や「アリー」と呼ばれることもあります。

それらの幼い魂の存在たちは、人間に進化してから何世紀ものあいだ合理的に思考することも話すこともできませんでした。彼らは動物のようにうなり声やわめき声をあげ、ただ生き延びて生殖するために生きていました。けれども、すべての動くことのできる生き物と同様に、それらの幼い魂は経験から学ぶ能力をもっていました。たとえば何度かとげに触れて痛みを感じると、彼らはその痛みをとげと結びつけるようになり、触れるのを避けるようになります。まったくささいなことに思われるかもしれませんが、この意識の進化の段階がほかのすべての段階と同じように重要なのです。

コクーンに保護された存在やかけらとなった魂がマルデックから到着したとき、二万五〇〇〇人の住民は地球のあちこちで多くの社会を形成して住んでいました（実際の場所と人口分布については巻末の〈付録B〉を参照してください）。彼らは手ぶりと単語を組み合わせた非常に単純な言語をもっていました。そしてすべての集団では、すりつぶしたり、けずり落としたり、切りとったり、突き刺すための簡単な道具が発明されました。また彼らは火を起こすことを学習し、肉や魚やある種の根菜類を調理しましたが、いまだになまの食物が彼らの主食になっていました。

初期のころは、アジア、アフリカ、北アメリカの三つの大陸におけるさまざまな地方に、最低二五人から最高二五〇〇人ほどで構成された社会が存在していました。北アメリカ人の社会は、現在のメキシコ、テキサス、中央アメリカと呼ばれる場所に位置していましたが、現在よりもはるかに西方へ広がっていました。現在のアメリカ合衆国の残りの大部分は水面下にあり、アラスカとカナダの一部が別々の大陸上にありました。少数の集団が南アフリカや東ヨーロッパにも移り住みました。それらの大陸は現在のような形のまま存在していたわけではありません（〈付録B〉の世界地図を参照してください）。当時、人々のあいだでは領土をめぐる不和や争いがたえませんでした。そして個々の集団内ではなく仲の悪い種族間では、人肉を食べる風習さえ見られました。恐竜がまだ地上を徘徊していたのですが、急激に絶滅していきました。現在地球で見られる動物の種のほとんどは、惑星の変化や気候の変化に順応するためにさまざまな変遷をへてきてはいますが、当時から地球上に生息していました。

　エーテル界や高次元の世界も、そのころはよりシンプルなメンバーで構成されていました。デイヴァの王国はかなり発達し、自然環境をつかさどるデイヴァやより小さな領域や渦巻きの世話をするデイヴァ、地軸や気候や大気を維持するデイヴァが存在しました。また地球の中核と地軸の両極には、軌道パターンを保ちながら聖なる幾何学模様やグリッド構造に関する仕事をして、地軸を保つ「光の存在」たちがいました。そのうえ後者の集団は、マルデックの中核にいた存在と同様に太陽の符号や進化の刺激を受けとり、伝達する役割を担っていました。そして「至高存在」（それを私たちは「太陽のロゴス」と呼ぶこともあります）は、実際に地球やこの太陽系だけでなく銀河全体の光を保持していました。

　プレアデスの光の使者は、この惑星のすべての種の進化を監視する責任を負っていました。すなわち鉱物、動物、そして人類やデイヴァの王国を監督したのです。また彼らの役割は、現存する人間の進化にともなう霊的な必要性にあわせて広がっていくことになっていました。そしてシリウス人は地球を物理的、霊的な侵害から守り、適切な時期に進化の符号を解放するための監視役でもありました。

　正確にその時期を確定するのは難しいですが、コクーンが到着したのはいまからおよそ一四万七五〇〇年ほど前でした。そのころ太陽のまわりをめぐる地球の公転周期はもっとゆっくりとしたペースであり、一日やひと月や一年という時間のサイクルももっと長いものでした。それゆえ現在の時間への換算が困難なのです。これは歴史的な時系列に関する混乱を解消する助けになるかもしれません。惑星がより遅い速度で動くと、寿命が変わり、思考のプロセスは緩慢になり、季節は多く移り変わり、進化はゆっくりしたペースになります。

この軌道周期の長期化は、銀河のまわりをめぐる太陽の軌道パターンの変化によってもたらされた先ごろの氷河期と密接なつながりがあります。ちなみに当時の太陽を公転する一年の軌道周期が現在とまったく同じだったとしたら、マルデックの終わりと地球へのコクーンの到着はちょうど一五万六〇〇〇年前、または六期目の二万六〇〇〇年周期の始まりに相当したはずです。

銀河の軌道パターンには、必ず地球が長期的な氷河期を体験する時期があり、コクーンの到着はちょうどそのサイクルが終わったころでした。氷河期には銀河の中心のまわりをめぐる太陽の軌道パターンがより広い角度に達するために、地球の軌道も広がって緩慢なペースに変化します。温暖化の傾向が抑制されつづけるその緩慢なサイクルの期間が終わるまでには、いつも一〇万年以上が費やされます。

そしてまさに氷河期のあと、太陽をまわる地球の公転周期の加速化がゆっくりとしたペースで起こっていき、やがて太陽の銀河の中心への方向性がある特定の幾何学的角度になったとき、地軸の変動が最高潮に達します。そのときプレアデスの中心太陽であるアルシオネをまわる太陽の軌道パターンが、地球とあなたの太陽系が現在いる二万六〇〇〇年の時間枠に固定されます。それが起こったのが、いまから一三万年前でした。

これらの二万六〇〇〇年の進化および軌道のサイクルは、太陽が銀河の中心のまわりを完全に一周しきる約二億三〇〇〇万年のあいだに何度も何度もくり返されます。そしてその二億三〇〇〇万年が終わる時期に、私たちが「全銀河とすべてなるものの大いなるセントラル・サン」と呼ぶものの周囲をめぐる天の川銀河の軌道パターンの変化に対応して、太陽と「銀河の中心」との関係も変化することにより一〇万年の氷河期と公転周期の緩慢化が起こるのです。

「大いなるセントラル・サン」の周囲をめぐる天の川銀河全体の軌道は、ちょうどあなたがたの太陽系が天の川銀河の中心の周囲をまわる軌道と同じように、ひとつ目の環の終わりがもうひとつの環につながって連続的な円環を描いていきます。そして「すべてなるものの大いなるセントラル・サン」の周囲をめぐる環状軌道が終わる地点で、天の川銀河は次の継続する環へと螺旋を描いて突入しますが、それは新しい進化のサイクルへの始まりのステップでもあります。それが現在起こっていることなのです。

あなたがた地球の人類は、二万六〇〇〇年という地球と太陽とプレアデスのサイクルの終わりにいるだけでなく、あなたがたの太陽系を含むプレアデス星団全体が銀河の中心をまわる二億三〇〇〇万年の終わりにおり、さらに天の川銀河全体が「大いなるセントラル・サン」をひとめぐりする無限とも思われる軌道周期の最終地点にさしかかっています。これら三つのサイクルのそれぞれが、歩調を合わせて同時期に螺旋のダンスの最後のステップを踏み終えようとしており、この時期を非常に重要な変遷期にしているのです。目標はだれ一人の足も踏まずにこのステップを終えることであり、その次にはより洗練された優雅なダンスが始まります。

これは惑星の進化の見地からみると次のようなことを意味しています。一〇万年の氷河期が終わったとき、天の川銀河はより大きな宇宙の螺旋上の次の新しい環へと接続する環をほとんど完了させようとしていました。この新しい環――銀河系に住む私たち全員がそのなかに二〇一二年の始まりから完全に入るのですが――は、「神／女神／すべてなるもの」との関係における新しい別の進化のサイクルをスタートさせます。そこでは再生と始まりの霊的な飛躍が体験され、将来にわたって継続されるでしょう。

現在終わろうとしている銀河のサイクルは「自己発見と探求の進化の螺旋」と呼ばれ、いま突入しようとしている新しい銀河のサイクルは「自己達成と完成の進化の螺旋」と呼ばれます。これらの移行期に生まれてくる意識は新しいパラダイムと新しい可能性の産物であり、無意識のうちに以前の螺旋からのすべての学びの恩恵を受けとっています。それは以前のレッスンで学んだすべてのステップをマスターし、それを駆使して、そのうえはるかにずっと刺激的でチャレンジングな新しいステップを加えるようなものなのです。

あらゆる可能性の発見を求めるという地球の時代は、いま終わろうとしています。この時期に地球上に生きているあなたがたは、何十億年にもわたって意識や光や闇のあらゆる可能性を体験してきました。あなたは被害者だったことも加害者だったこともあります。あなたは愛し、憎み、守り、怖れ、あらゆる側面からの偏見を知り、調停者の立場をとったこともあります。そして存在に関してとりうるすべての道を全般的に学んだのです。あなたは肉体をもったことも、もたなかったこともあります。また人のガイド役だったこともあれば、人に助けられたこともあります。

あなたがたのほとんどは覚醒し、またはアセンションし、そして堕ちた人々です。たぶんあなたがたは自分自身や他人への判断をやめることや、慈愛と理解をもつことを学んだでしょう。というのも、あなたがたには「そのすべて」を体験する機会があったのですから。あなたが直接体験したことがない事柄は、他者の体験を通して代わりに学ぶことができたために、あなたが選択しなかった事柄です。けれども、あなたには存在のあらゆる局面を知るための機会と時間があったのです。

そしていま、あなたが内なる清算をしなければならない時期が迫りつつあります。あなたはだれだったことがあるのでしょうか。その膨大な体験と探求のすべては、あなたに何をもたらしましたか。あなたが経験したことを質的に超越するあなたとは、いったいだれなのでしょう?

現実をつくりあげ、ともに共同創造するために、いまこそ霊的な達成と責任を選択するときなのです。この選択をしない人々は、この銀河から「自己発見と探求の螺旋」に入ったばかりの別の銀河へと、おだやかな中立的なかたちで移されるでしょう。そこで光と闇を探求する学びや忘却や、その他の新しいプロセスにあらためて取り組むのです。そしてふたたびその銀河が長いサイクルを終えて「自己達成と完成の螺旋」に近づくときに、それらの存在たちは前進するための新たなる機会を提供されるでしょう。

## マルデック人が地球に住みはじめる

では、かつて火星人や金星人だった存在を含むマルデック人が、地球に到着したときにどうなったかという話を続けましょう。前にも説明したように、地球は長い氷河期がちょうど終わった段階にあり、長い冬眠のあとにあくびをしたり背伸びをしたりするような時期でした。その当時、地球に住んでいたのは最小限しか進化していない意識をもつ人々であり、生き延びることだけに焦点をあてていました。

そこで新しい人々の到着にあたって、惑星と銀河の守護者は彼らをまだ人が住んでいない地方に配置することを決定しました。また彼らがマルデックの爆発によりダメージを受けたという理由で、四次元からの次元降下のプロセスを通して生命を宿すのではなく、人間の家族に幼児として誕生する必要があることが決められました。それによって初期の幼児期やよちよち歩きの段階において、過去のトラウマのより深い癒しが促進されるからです。さらにマルデックからの存在たちは、マルデックにおける記憶をとりのぞかれる必要があることも決定されました。

まず三次元の意識を超えて進化したプレアデス人に対して、地球上で人間の姿をまとってマルデック人を誕生させるという役目をするための志願者が募られました。すると二〇〇〇人以上のカップルがそれに応じました。計画のこの段階が完了した時点で、マルデック人の誕生のための準備が整ったのです。

イルカによって看護されてきたコクーンのなかの存在たちは、意識と光の球体という形をとって現れる準備ができていました。彼らのマルデックで傷ついたときの記憶がまず最初にとりのぞかれ、そのあとで地上の動物の種のなかに導き入れられて特定の動物たちとの短期間の融合をへる期間、彼らは大いなる配慮と敬意をもってとり扱われました。すべての存在は例外なく最初にイルカと融合しました。そのとき彼らは、イルカたちの自由と純粋な恍惚感と愛を体験しました。この体験は彼らの霊魂にみずからの霊的な可能性を刻み込み、その純粋さと無垢という感覚をよみがえらせたのです。これは水によるイニシエーションでした。

それから彼らはさまざまな鳥の種族のなかに導き入れられて溶けあいました。このイニシエーションは、空気と視覚的鋭敏さへの適応性を達成するためでした。そのあと新しい人間たちは花々や樹木と融合し、より高レベルでの安定化と浄化を受けとりました。そしてその次に、動物の本能を利用した激しい気性の動物たちとの短い融合が起こりました。これら植物や動物との最後の二つの体験は、哺乳類の住む陸地と土という元素へのイニシエーションでした。

最後の準備の儀式として、それらの魂をふき込まれた存在は融合と共通の符号化という目的のために太陽へと連れられました。そして太陽と銀河の進化に関する計画が彼らの魂に符号化され、また彼らの個々の成長と進化に関する「聖なる計画」が太陽に符号化されたのです。太陽は、すべての地球の住民と同様に彼らが生きつづけるあいだ、それらの存在の符号を保持します。この火と光による最後のイニシエーションとともに、存在たちは深い眠りの状態に入り、その間は自身の誕生と人生に関するさまざまな夢を見ていました。そのころまでには、四〇〇〇人以上のプレアデス人の志願者たちが三次元の身体への次元降下のプロセスをとうに完了させ、今日バリ、インド、サモア、ハワイとして知られる場所に村や社会を建設していました。

特にハワイやサモアは、土地の広さや位置が今日とはかなり違っていました。現在小さな島々であるそれらの国は、かつて存在した二つの大陸の一部だったのです。実際、当時の地球上には七つではなく一二の大陸が存在していました。(〈付録B〉の地図を参照してください)。マルデックの社会から最初のバリ人の家族に生まれた人々が「ソガン」の人々であり、インド人の最初の子供として誕生したのが「火星II」の住民でした。そして初期のサモア人の赤ん坊が、かつてマルデックで「ソラリス」に住んでいた人々であり、ハワイ人の赤ん坊は「自由なオリオン」の住民だった人たちでした。

現在の二万六〇〇〇年周期に入って二〇〇〇年ほどしたころに、地球に住みついたプレアデス人のカップルから幼児が誕生しはじめました。それらの幼い人々は、両親によって充分にいつくしまれ愛されて育ちました。そして忘れ去られた過去からのカルマ的かつ霊的な話題を含んだ神話のような物語を教えられ、それとともに彼らの次の新しい進化と霊的めざめの段階にふさわしい道徳にもとづいた話を聞かされました。彼らは例外なく平和で愛情に満ちた人々であり、家族と集団の深い誠実さと個人主義とのバランスがとれていました。プレアデス人の志願者たちは、それらの社会の一部に二〇〇〇年近くとどまりつづけましたが、その後は死を迎えても生まれ変わることはありませんでした。それはマルデック人の地球人が、ふたたび独立するときを迎えていたからです。もちろん彼らがプレアデス人の両親から受け継いだ遺伝子は永久に、いまも彼らの人間としての体験の一部になっています。

彼らの門出の時期は、闇の勢力に支配された別の銀河から地球への新しい魂の流入というかたちで部分的に決められていました。それらの移送された四万人以上の平和と光を求める人々は、いまからおよそ一四万二〇〇〇年前に地球の四次元に到着していました。エロヒムがそれらの存在を地球へと送りこんだのです。というのも、あなたがたの地球には、傷ついて転送された進化の過程にあるスピリットや魂の「宇宙のるつぼ」役としての性質があるからです。はるか昔、多様性が実を結んで発展する実験的な惑星として、地球を用いることが銀河の宇宙連盟によって計画されました。ちょうど現在の合衆国が地球の縮図を象徴する役割になっているように、地球全体が宇宙の縮図を象徴しているのです。すべての銀河やほかの太陽系からやってくる集団を天の川銀河の地球へと連れきて、多様な集団内や集団どうしの個人または集団での覚醒と霊的な歩みを促すことが、昔もそしていまも地球の使命なのです。だからこそ四万人の集団が新しい故郷を必要としたとき、この地球が選ばれたのです。

## 妖精たちの到着

この時期までに、もとのマルデックの四つの社会からの人の数が一万二〇〇〇人程度になり、マルデック人の到着以前に地球にいた幼い魂は三万人程度に達していました。ですから、さらに四万人の新しい地球人が加わることはきわめて意味深いことでした。これらの最後の到着者は、あなたがたが現在妖精と呼ぶ存在でした。

故郷の銀河で、彼らは地球の二倍ほどの大きさの惑星で肉体をもつ住民として生活していました。その惑星の人口の三分の一程度を占め、そこで彼らは人間と似た身体をもった存在とともに暮らしていました。そのために妖精たちは、より巨大な種族とともに住んでいると昔から言い伝えられてきたのです。彼らの役割はつねに平和の守護者となり、陽気なもりたて役となることでした。人々をからかって幸福な気分にし、みんながいつでも自分自身を笑い飛ばせるようにしてくれるのです。また、人間の意識の驚きに満ちた子供の部分を保護して守りつづけてきました。彼らは人間に歌うことやダンスを踊ること、そしてハープのような楽器をつくることを教えました。それゆえ彼らが地球上でも同じ役割を担うのは、ごく自然なことだったのです。

妖精たちは地球に到着してから五〇〇〇年以上のあいだ、四次元にとどめ置かれました。そこで彼らは、植物や動物やさまざまな人間の種族について学んだのです。また彼らの食生活が花を中心とし、衣服の繊維も花でつくられていたために、花を咲かせる植物の守護者としての役割も与えられました。妖精たちは、同じく四次元に住む多くのデイヴァや天使や個人的なガイド役との親交を楽しみました。そして人間の夢の時間は、妖精たちのお気に入りでした。なぜなら人間のアストラル体と接触できるからです。彼らが接触した人間たちはそれらの出会いに大きな影響を受けて、やがて「小人たち」に関する物語や伝説を創造するようになりました。こうして一次元と二次元の意識から進化した幼い魂をもつ人々を含め、さまざまな人間の種族の社会に、歌や簡単な音楽が少しずつ紹介されていきました。

四次元での五〇〇〇年が終わると、妖精たちは三次元の身体に次元降下しはじめました。最初彼らはハワイ諸島付近の、大陸の人が住んでいない場所へとやって来ました。そこで三次元の地球に慣れたあとで、人間が住む地方へと移っていき、最初は幼い子供たちの前にしか姿を現しませんでした。子供たちは妖精との出会いがあまりにもすばらしかったので、そのことを両親に告げるようになり、まもなく妖精は大人の前にも姿を現すようになりました。

それらの小さな妖精が、より洗練された歌を口ずさむことや楽器を作ることを教えるにつれて、ますます彼らは人間に慕われていきました。あちこちの村や町で祭りが催されて音楽が伝えられ、まもなくその大陸全体が二万人以上の妖精で満たされました。妖精はそれらの集まりで人々に陽気なゲームをして遊ぶことを教えました。それらのゲームとは、現代のサックレース〔袋競争。下半身や両足を袋に入れて速さなどを競う〕やリンゴかじり競争、目隠しゲーム、リレーゲームなどとよく似たものでした。その結果、人間たちは自分自身やゲームをより気楽にとらえることを学び、自分自身のことをもっと自由に笑い飛ばすことができるようになったのです。

## 妖精が人魚に出会う

妖精たちは徐々に浸透していき、バリやサモアやインド、北アメリカ、アジア、アフリカをはじめ、のちにレムリアやアトランティスとして知られる社会にも広がっていきました。レムリアでは妖精たちが人魚の存在を発見しました。四千人ほどの妖精がレムリアの沿岸地方に移り住み、その地方に大勢いるイルカやクジラや人魚と規則的に接触しはじめました。

人魚たちは、最初の真のレムリア人としてレムリア文明の本質になるための用意を整えていました。彼らは歓喜にあふれたタントラ的な存在であり、個人の自由や自己価値や無条件の愛という感覚を高度に発達させていました。また人魚は非常に自発的で子供のように完全に無垢で、イルカや妖精ととてもよく似ていました。彼らの際立った特徴とは、すべての生命体の守護者としての役割への深い献身でした。人魚たちはアストラル旅行や次元間のコミュニケーションにも精通しており、そのひとつの役割として夢の時間を通して人間にはたらきかけました。

彼らはアストラル体の人間のスピリットを海へ連れていき、たくさんの生命体を見せました。そして人間のアストラル体と手に手をとって宇宙を泳ぎまわり、さまざまな惑星や星系と人間との関係を理解できるように助けました。それらの人間を地球の肉体に連れ戻すとき、彼らはその人に特定の星から地球の選ばれた場所まで放射されるエネルギーの筋と光のきらめきを見せました。このようにして人類は、潜在意識のなかで多くの気づきと未来の霊的なめざめ、覚醒、そして高次元の集合意識とふたたびひとつになるための準備を受けとっていたのです。

妖精と人魚は、お互いの交流をとても楽しんでいました。彼らの陸と海での体験は自由に寛大に分かちあわれ、そこにかかわった全員の意識が大きく広がりました。人間がレムリア大陸に移住しはじめると、人魚はしばらくのあいだ隠れてひそかに人間を観察しながら、その活動や態度や生活スタイルについて妖精と語りあいました。それから人魚はまず幼い子供の前に姿を現しはじめたのです。人魚に出会ったあとで子供たちは微妙に変化しました。やがて彼らの両親が、子供の瞳のなかや話し声にかすかな変化が表われたことに気づいていきました。

その子たちの瞳はとても潤いを帯びてくると同時に、より焦点が合ってきました。彼らは第三の眼が開かれて、人々や植物のまわりのオーラ・フィールドの色が見えるようになっていたのです。彼らの声は胸の深いところから発されるかすかな響きを得て、声そのものが大人やほかの子供たちのハートを動かす充分な力をもちました。つまり人魚と出会うことにより、幼い子供の魂と「カーの身体」が活性化され、彼らの肉体にしっかりと固定されたのです。その結果、無条件の愛という宇宙的な流れがおのずと彼らのなかを自由に流れはじめたのでした。

やがて直接人魚と出会っていない人々も、ただその子供たちのそばにいるだけでハートと瞳がだんだん開かれてきました。大人たちが何があったのかをたずねると、子供は「海の人たちが新しいお星さまを身体のなかに入れてくれたの」と無邪気に答えるのでした。この子供たちの言葉は最初は空想として受けとめられましたが、数人の大人たちが彼ら自身の第三の眼に瞬間的な光のヴィジョンを見たり、胸や身体に光がともされる感覚を体験するにつれて、しだいに子供たちの話が単なる空想ではないことを理解するようになっていったのです。

数カ月にわたる人魚との接触ののち、その子供たちは人魚と出会うとき、特定の大人を一緒に連れてきてもいいと告げられました。それに選ばれた一二人の大人たちは、ハートや第三の眼のめざめをすでに体験しはじめており、人魚との最初の出会いと遊泳によって霊的に「はじけ跳んだ」のでした。彼らは泳いだり水辺に腰をおろしたりしながら、眠っていたチャクラや意識を通って無条件の愛の深さが動きだすのを感じてむせび泣いたのです。まもなく別の一二人が、そしてさらに次の一二人が人魚と出会うために案内され、数週間後には南部の沿岸地方の人々全員が人魚や妖精たちと接触をもつようになっていました。それはみんなにとって喜びに満ちた楽しい時間であり、人々はそのレムリア人の友人たちにあふれるような感謝と尊敬の念を抱いていました。

やがて徐々に多くの人がレムリア大陸に移ってきて、東西南北の四つのエリアに社会をつくって住みつきました。東に位置する社会は、ほとんどがマルデック人が到着したときにすでに地球に住んでいた先住民の部族集団で構成されていました。彼らはいわゆる「底辺から上に」進化するために、低次元に生まれた幼い魂たちだったのです。東側の沿岸はちょうど現在のカスケード山脈地帯にまで及び、現在では合衆国とカナダにかかるその土地の大部分は海中に没してしまいました。そしてテキサスの一部からさらに南方のメキシコや中央アメリカの大部分は別の大陸に属していて、その大陸は現在の位置よりももっとずっと西側に広がっていました。東レムリア人は一二人乗りの小さなカヌーのような船で、その大陸からやってきたのです。最初に四八人を乗せた四つの船がレムリアの海岸に到着しました。

レムリアの南方に住む人々は、現在のハワイの近くにあった南方の大陸からやってきました。彼らは、よく晴れた日に高い場所からおぼろげに眺められる「大きな島」へと渡るために、帆がついた簡単な船を発明したのでした。それらの人々はプレアデス人の両親のもとに生まれた、かつてマルデックの「自由なオリオン」のメンバーであり、最初に一二〇人程度がレムリアに移り住みました。そして最初に人魚に出会ったのが彼らでした。

レムリアの西方には、幼い先住民の魂をもつ人々がアジアからやってきました。彼らもまた自分たちが開発した簡単な船で海を渡ってきました。とはいえ、彼らの船はむしろいかだに近いものでした。最初の航海でひとつのいかだが転覆し、その乗組員が海に沈みました。そして到着したときには、ほんの一〇〇人ほどしか生き残っていませんでした。

北方には、現在のアラスカとカナダの大陸からレムリア大陸を探検するために湿地帯の半島を横断してやってきた移住者が住んでました。それらの初期のレムリア人もまた、探検や発見への衝動をめざめさせたばかりの幼い魂をもつ先住民の人々でした。彼らは二〇〇人ほどいました。

レムリアの南方の住民が人魚に出会い影響を受けはじめると、彼らの生命と意識は急速にめざめていきました。一隻の帆船がハワイ大陸へと戻って新たに一二〇人を乗せてレムリアに引き返すまでに、あとに残って生活しはじめた人々は大きく変化していました。新しい家族が到着したとき、彼らはまず古い友人たちの奇妙なふるまいや態度の変化にとまどいました。それらの霊的にめざめた人々は、何が自分に変化をもたらしたのかをはっきりと説明しませんでしたが、新しい到着者たちもやがて自分自身でそれを体験するだろうと約束しました。

数週間後、あとから来た人々は付近の土地を探索して住居や貯蔵庫を建設し、調理用の場所をつくり、必要なまの食料を集めて生活をはじめました。それらの最後の到着者たちが人魚に出会う日が来たとき、彼らはすでに古い友人たちとの交流を通して大きな影響を受けていました。それゆえ準備のできていた彼らは、最初の人々が人魚に出会ったときとまったく同じ体験をしました。人魚や妖精や人間を交えて、ごちそうや音楽や語りあいに満ちた楽しい祝宴が催されました。そしてだれもが精神的な豊かさを身につけていきました。それは急速に開かれた幸福な生き方でした。そのたえずインスピレーションが湧きあがる豊かな生活のなかで、人々は何年間ものどかに暮らしました。

人魚はイルカと同様にシリウスからの「光の存在」であり、三次元の現実を体験するためだけでなく、星々とイルカと人間をつなぐ架け橋となるために地球にやって来ました。彼らはシリウスでの任務と同じように、聖なる愛のなかに見られる自発的な正しい行為への霊的磁力を創造するために、人間とイルカのDNAを合わせもっていました。表現を変えると、その行為のすべてが彼らの聖なる存在のありかたから自然に湧きあがったものなのです。つまり、わがままなエゴからでなく、彼らの存在そのものから行為が生まれるのです。彼らはすべてのものの「一体」に私欲のない無条件の愛をささげて奉仕します。そしてその生活もまたあふれるほどの喜びに満ちており、受容的で自己充足したものだったのです。もしかするとそれは両立しえないものに思われるかもしれません。

いかにして私たちは無私無欲でありながら、受容性に富んだ満ち足りた気持ちになれるでしょうか。それが「神聖なるもの」と「一体」への唯一の道なのです。聖なる人間もまた平和と達成を実現するために、この一見矛盾したように見える存在のありかたと行為のしかたを学ばなければなりません。それはなぜでしょうか？　なぜなら、あなた自身のスピリットがそうあるべきことを求めるからです。

聖なる人間とは、すべての切り離された信念や勝ち負けという心理状態を超越した人のことです。それらの使い古された思考や存在のありかたは、すべてのものや存在の「一体」や、人と影響しあい共同創造する「ともに勝つ」方法へのめざめに置き換えられなければなりません。そうするためには、あなたのハートが完全に開かれ、すべての抵抗やコントロールを手放して、「もう一度子供にかえる」ことを心から自分にゆるさなければなりません。あなたはすべての人生を、神聖で大切なものであるとして生きなければならないのです。なぜなら、実際人生とは神聖なものだからです。

あなたは情熱的になる方法や、驚きと不思議に満ちた毎日を生きる方法を学び直さなければなりません。すべての浅はかなやり方を手放し、どんな一日も充分に体験しつくすよう与えられた貴重な贈り物であるとみなして、完全に人生とともに存在しなければならないのです。このように生きるとき、あなたの内側から自然にエネルギーがあふれだします。人魚が地球の初期の住民にとってそうだったように、そのときあなた自身が愛をふりまく存在に変わります。そしてその自己充足した場所から愛と人生の豊穣が湧きあがり、あなたのまわりの人々へと流れだすのです。あなたは愛するがゆえに与え、感謝ゆえに愛し、愛ゆえに感謝します。それはとても単純なことなのです。ただ、ちょっとした世間体を手放す必要があるかもしれません。つまり変人に見られたり、必ずしも人に理解されるわけではないことを受け入れなければならないのです。それを人魚やイルカや妖精たちは、それぞれの方法で教えているのです。

人魚は、ほかの生命体と与えあい影響しあいたいという深い望みゆえに、そして彼らが必要とされたために地球にやって来ました。あなたがたの多くが盲信的にレムリア式として記憶したり感じていることの本質は、じつはシリウスのイルカや人魚たちのやり方です。にもかかわらず、そういうやり方さえ時の流れとともに使い古されてしまったのです。

レムリア大陸への入植から五〇〇年が過ぎたころ、つまりおよそ一三万六〇〇〇年前にプレアデス人とアンドロメダ人の霊的指導者層によって、その大陸のちょうど中央に位置する四二〇〇メートルの山の内部に四次元から六次元の「光のシティ」が形成されました。その山の頂上の形は富士山と非常によく似ており、それが氷河期以降に最初に地球上につくられたミステリー・スクールでした。山頂は氷河でおおわれ、そのため一年中雪が積もっているように見えました。氷や雪の結晶質の構造の純粋さゆえに、その高い白い頂きは高次元の波動を保持するための重要な鍵となっていました。

その山はレムリア語で「ワバシ」と呼ばれ、「魂の故郷への道」「星々への道」という意味をもっていました。その山の情景は畏敬の対象としてあがめられ、すべての社会のレムリア人の興味をそそりましたが、そこへたどり着こうとしても決してできませんでした。探検家たちは広い堀のようにワバシ山をとり囲むジャングルでいつのまにか道に迷ったり、ヘビがうようよいる場所に迷い込んで怖くて先へ進めなくなったりしました。つまりワバシ山は、人間との接触がゆるされるその時まで、そしてまた純粋に霊的な目的のゆえに、惑星の守護者たちによって厳重に守られていたのです。

その五〇年の時点で、プレアデス人とアンドロメダ人の指導者や守護者たちはテレパシーによって最初に人魚と、それから南部に住む選ばれた人間とコミュニケーションをとりはじめました。それらのメッセージは、最初は人々のためにつねに人魚によって確認されましたが、のちに人間が受けとったテレパシーによる招待状の正しさが認められました。島の中央へと呼び寄せられることはいつでも偉大なる名誉とみなされ、それに選ばれた人は支持者によって支えられ、敬まわれました。

## レムリア人で最初に奥義を授けられた者、マーラ

最初に「守護者たち」――レムリア人の呼び名にしたがえば――によって呼び寄せられたのは、人魚によって洗礼をほどこされ、誕生から数時間以内に妖精によって名前を付けられた二〇歳の女性でした。彼女が

生まれたとき、第三の眼が開いている人々には彼女の胸の中心から星が輝きを放つのがはっきりと見えました。それで人々は、彼女が特別な才能に恵まれて生まれてきたことを知りました。彼女はマーラという名前で、その意味は「太陽の母なる女神」というものでした。それゆえ彼女が呼び寄せられたとき、人々は深く感動すると同時に彼女が最初に選ばれるのが当然だと考えました。

マーラは三昼夜のあいだ海水だけを飲んで断食を行い、四日目の朝に妖精が運んできたものを食べるよう告げられました。妖精たちは特定の植物の花びらを集めて、それを石の器に入った新鮮な清水に浮かべて彼女のもとにもって行くようテレパシーで伝えられました。マーラはまず花を浮かべた水だけを飲み、それからのぼる太陽にむかって両腕を肘のところで曲げて手の平を太陽のほうに広げながら、完全な蓮華座を組むようにいわれました。これは個人的な意志を深いところから手放して、聖なる意志、使命、真理の光との融合を表わす姿勢のひとつです。彼女は数時間ほどその姿勢ですわったまま、さまざまなヴィジョンをみる旅に案内され、自分自身の過去と未来を見せられたのです。

マーラは、マルデックのメルキゼデクの神殿で巫女だった自分が、聖なる独立の儀式のなかで奥義を伝授されるのを見ました。これは一定のレベルの霊的純粋さと叡智を獲得した人々に授けられる霊的通過儀礼であり、自分自身や他者に対して霊的権威として生きるための責任を負うことを可能にするものです。その儀式はまた、その人のハイアーセルフに直接はたらきかけることの承認でもあります。マーラは儀式のなかで自分が白いローブをまとい、人間の大きさくらいの浅い石の浴槽に入るよう導かれるのを見ました。それは石敷きの底の部分から泉が湧きだした、きわめて神聖な浴槽と考えられていたのです。

その水に身体が包まれると、彼女は鋭い電気の光の稲妻が第三の眼を貫通するのを感じました。その光に対する抵抗を解放するために、彼女は深く浴槽に身体をひたしました。すると全身が激しく揺れだして、だんだんぐにゃぐにゃに溶けていき、やがて無数のまばゆい光の点で構成されたエーテル体の姿しか残らなくなったのです。自分がその過去世における変容に完全に身をゆだねているのを目撃し、彼女の二〇歳の地球の身体もそれを同時に追体験しました。その体験のあいだ、彼女のハイアーセルフが人間の身体に結びつけられて、彼女の「カーの身体」は完全に活性化しました。あらゆるレベルの自分への疑いやブロックのすべては、彼女の身体からたちのぼり離れていく湯気のように浄化されたのです。そして彼女が三次元の肉体をとり戻したとき、彼女はより以上の存在になっていました。無限ということ、形を超えた生命、彼女のマルデック人としての覚醒の記憶、そして彼女自身の魂の起源と目的という内なる叡智が完全によみがえったのです。

マルデック人だったころの過去世の儀式のヴィジョンを完全に追体験し終わると、マーラは自分が一瞬ワバシ山よりも大きくなり、自分自身の未来世へと先行して飛んでいくのを見ました。さまざまな痛みや葛藤、大いなる愛といつくしみ、深い傷と分離の体験をへて、彼女は自分が最終的に紀元前一万年ごろのエジプトの独立した女王としてふたたび奥義を授けられるのを見ました。その人生が地球上でふたたび完全なる覚醒と霊的な自由を体験するだろう次の時期なのです。それから、彼女は自分自身がイシスのミステリー・スクール（ヘブライの国々では「マーラの神殿」と呼ばれます）の巫女として覚醒し、イエス・キリストと名付けられた特別な子供を生み落とす光景を見ました。彼女はその誕生から月の一サイクル後に子供を川へ連れていき、聖なる独立した存在として彼に洗礼の儀式を授けました。これが本来の洗礼の意味なのです。すなわち洗礼とは、すべての幻想や過去の呪縛から解放され、その人の霊的なめざめやハイアーセルフとの結びつき、また霊的に独立した存在として仕え行動する能力をたたえるというものでした。

その幼子に対するマーラの愛と献身、尊敬は、古代における彼女の瞳に未来の追憶の涙をもたらしました

(そして、これをチャネルしながらヴィジョンを見ているアモラの瞳にも涙が浮かびました)。そしてキリストが成長するとエジプトへ連れていき、彼がピラミッドのなかで教えを授けられ儀式を受けるのを見たとき、マーラはさらにあふれるほどの涙を流しました。彼女は、自分自身と未来の一八歳の息子が、飛び石のように横たわっているワニの背の上を手に手をとって歩いていく光景を見ました。二人は迷路のような神殿を死のチェンバーへと向かっていったのです。彼女とイエスが手を離してそれぞれのチェンバーへと入っていくと、すぐに深い眠りが訪れました。それらのチェンバーのなかで眠っている三日間のあいだ、二人は自分がもっとも怖れていることやあらゆるエゴの誘惑に直面しました。そしてどちらか一人がそれらの体験に屈したなら、どちらかが即座に死んでしまうはずでした。しかし二人とも四日後に出てきて、故郷に帰る前の最後の儀式のために、静かにひそやかに偉大なるピラミッドへと連れていかれました。

ヴィジョンがふたたび消えて、彼女は地球の光の使者としての最後の奉仕の準備のために、シリウスの「光のシティ」にいる自分を見出しました。さらに彼女自身が輝く光の姿となり、地球の多くの人々の前に現れて、人々に話しかけたり人々のハートを開いたりするヴィジョンを見ました。彼女はカトリック教会や伝統的な宗教の堕落を目にし、それから地球と地球の人類へ神聖さが帰ってくるのを目撃して、ふたたび涙を流しました。彼女は大勢の人々の覚醒と集団レベルでのキリストの再臨を目撃しましたが、そのあいだずっと彼女と彼女の地球の息子とその他の「光の存在」たちは、両手を広げて数千もの存在を高次元の「光のシティ」へと迎え入れたのです。

ふたたびヴィジョンが途切れ、彼女は同時にすべての存在と結びつけてくれる偉大で巨大な光に満たされて、それとひとつになっていました。この「無限なる太陽」と融合するにつれて、彼女は「すべてなるもの」という集合意識とまざりあい、完全なる平和と身をゆだねることの意味を知りました。地球の時代の数分後に、彼女は自分が黄金の光の通路をくだって、二つの黄金の光の玉座にむかって歩いていくのが見えました。そこにすわっているのは見たこともないほどまばゆい光を放つ二人の存在で、一人は男性、一人は女性でした。そこへ近づいていくにつれて、マーラはかつてないほどの愛とまばゆい光に満たされていきました。その前にひざまずくと、聖なる父と聖なる母が一人ずつ彼女に手をさしのべてきました。

それから聖なる父が彼女にむかって言いました。「闇の娘よ、あなたはあなたが想像した場所から光のなかへと帰ってきました。あなたはあなた自身のために地球に戻る必要はなく、望むのならここにとどまることもできます。あなたはいま、すべてをまっとうしたからです。しかし、あなたがそうしたければ、地球に戻ってあなたがかいま見た人生へと帰っていくこともできます。それを選択した場合、あなたは最初に聖なる山へ行き、錬金術と限界を超越するための訓練を受けます。それからしばらく地球の人々のもとに帰り、聖なる原理をもたらします。それはもちろん、あなたが地球へ戻ることを選んだ場合だけです。娘よ、あなたは自分自身にどのような運命を選択しますか?」

マーラが聖なる母と聖なる父の瞳を深くのぞきこんだとき、大いなる愛と成就の涙がふたたびあふれ出しました。彼女は穏やかに答えました。「私は地球に人々がいるかぎり、ここにとどまることはできません。私自身の地球での未来、そして地球の人々や彼らの生に対する私の愛が、地球に帰ってそこで自分の使命をまっとうするよう命じるからです」

聖なる母が答えました。「私の美しい娘よ。地球と地球の人類はあなたがいてもいなくても、いずれにせよめざめるでしょう。ただし、あなたに地球への帰還を促すものがあなたの母性的な引力と磁力ならば、それに対して正直でありなさい」。この最後の言葉は、彼女の動機についての疑いを試すためのものでした。彼女はその言葉の真実を感じながら、数分間静かにすわって瞑想しました。それから彼女は、「聖なる母よ、私は神聖なるわたしです」と答えました。
マーラが二人の手を離すと、彼女の意識は両手のひらを東へ向けたまま蓮の上にすわっている地球の身体へとゆっくり帰っていきました。太陽は六〇度くらいの中空に輝き、彼女のまわりの妖精たちは地面でぐっすりと眠りこんでいました。目の前に花びらを浮かべた器を見ると、妖精や花々に彼らの贈り物を感謝しながら、彼女はゆっくりと一枚一枚花びらを口にしました。

妖精たちがめざめると、彼女を見てびっくりしました。彼らは興奮しながら、彼女を包みこんであたり一面に満ちていたまばゆい光線について話しはじめました。妖精たちが深いトランス状態の眠りのなかで、彼らが将来住むことになる地底世界を夢見ていたとき、彼女は光の身体に変化していたのです。そして二人の妖精が、その夢のなかでマーラとともにワバシ山のふもとへ行き洞窟を見つけるよう告げられたというのです。彼らはその場所でマーラと別れて、地中深くまで通じる洞窟へと入っていき、妖精の最初の王と王女になるためにそなえることになっていました。彼らの役割とは、妖精たちの聖なる母と聖なる父、または教師や守護者のような役割と霊的に少し似通ったものでした。その男性の妖精は、のちにパン（牧神）の名前で知られる存在であり、女性のほうはパンドラと名づけられた存在でした。

翌朝、人間や妖精や人魚の友人とともに日の出の儀式を終えたあとで、三人は旅に出発しました。三人の選ばれた者たちが安全にワバシ山の目的地へたどり着いたという知らせを受けるまで、海辺には火がともされて燃やしつづけられました。彼らは三日を費やしてその洞窟の入り口に到着しました。妖精たちが洞窟へと入る前に、マーラは彼らに助けられて大きな火をともし、海岸の人々に煙の合図を送りました。そして二人の妖精はマーラと別れていきました。

マーラは直観のおもむくままに古い森への道を見つけ、そこで最初の一人の夜を過ごす支度をしました。

彼女が深い眠りに落ちると、アストラル体が肉体から離れて、自分の身体のまわりを火のそばで踊ったり歌ったり笑ったりしている三〇人の存在がとり囲んでいるのを見ました。彼らは妖精のようでもありましたが、もうちょっと大きくて、半分動物で半分人間の身体をもつ存在であり、身体の半分が山羊や馬やユニコーンだったり、鳥のようなものもいました。彼女は自分をとりまくそれらの珍しくも奇妙な存在たちに好奇心をそそられて、眠っている自分の身体から立ち上がって一緒にダンスを踊りはじめました。数分後に不意に音楽とダンスが終わり、金属的なトランペットの音が鳴り響きました。すると木立のなかを、小人ほどの男女が黄金色の花で飾られた台座に乗って運ばれてきました。そしてすべての存在たちは、「ナマステ」と言って彼らを迎え入れました。マーラも本能的に同じようにしました。それから二人を見ようとして顔をあげた彼女は、みんなの前に出てくるよう声をかけられました。台座が地面におろされ、そこから小さな男女が現れて彼女に挨拶をしました。彼女はそれがパンとパンドラだということを知って驚き、みんなは思いきり笑い出しました。

次にマーラは木立ちの中央にある黄金の玉座へと導かれました。その玉座には金銀のマントと宝石をちりばめた王冠が置かれ、まわりを花々がとり囲んでいました。また玉座へと向かうマーラの足もとにも花々がずっと散り敷かれていました。白い流れるようなガウンをまとって、髪と首のまわりと手首とくるぶしに花飾りをつけた若い女性たちが、その金銀のマントを手にとってマーラにむかって広げました。彼女が前に進み出ると、ちょうど彼女の肩を包みこむようにマントがかぶせられ、そのあとで二人の女性が彼女の頭に王冠をのせました。この最後の行為は、笑いと賞賛、音楽、そして全体にとどろく興奮と喚声のうちに迎えられました。マーラは困惑しながらも、彼女をとりまく人々やその場の雰囲気に心地好さと親しみを感じていました。

祝宴が続くあいだ、マーラは玉座にすわりながら、彼女を迎え入れてくれた人々や従者からのメッセージや申し出に辛抱強くつきあいました。その代わり彼女が日の出前の木立ちのなかで目を覚ましたとき、あたりはひっそりと静まり返っていました。彼女は地面から起きあがると、ゆっくりと身体を伸ばしたりほぐしたりしながら立ち上がりました。そのとき小さなひばりが彼女の手のひらにとまって、嘴にはさんだ花びらを彼女にさし出しました。彼女はその花びらを受けとり、その精と甘い芳香を吸い込んでから花びらを口にしました。小さな動物たちが木立ちの陰や地面の穴から顔をのぞかせており、もっと大きな鹿までがじっと立ちつくしていました。彼らはマーラを見るためにそこにいるように見えましたが、それと同時に彼らからの期待のようなものも感じられました。彼女は穏やかな笑顔と歓喜で彼らに挨拶し、地面にしゃがんで歓迎のしるしに両手を広げました。一匹のリスが用心深く彼女のほうに歩いてきて、彼女の指の匂いをかいでから一目散に走り去りました。それ以外の動物たちは、ただじっとしていました。

マーラは動物たちに話しかけようと決心し、彼らが何を求めているのかをたずねました。その返事に、一頭の鹿がまわれ右をしてワバシ山の頂上へ向かう道をさし示しました。その鹿を眺めているうちに、マーラは自分が山の上のほうへ招かれているように感じました。彼女が動物たちに必要な場所に連れていってくれるようにたのむと、鹿や鳥やリスたちは向きを変えて山にむかって歩きだしました。そしてマーラもそのあとにしたがいました。ときおり動物たちが交互にふり返って彼女を見ましたが、あとはほとんど二時間半ものあいだどこまでもまっすぐな道を歩き続けました。

やがて動物たちが立ちどまって地面にしゃがみこみ、彼女にも同じことをするようにとマーラを見ました。しばらくすると妖精たちが、花を水に浮かべた器や、果実や液体状のクッキーや蜂蜜の入った器をもって現れました。マーラが動物たちのすすめにしたがってそれらの食べ物を口にすると、妖精たちは彼女にやっと出会えたことで自分たちがどんなに興奮しているかを語りました。彼らは数年前から、彼女がもうじきここにやってくることを告げられており、彼女のために食物と住まいを用意していたのです。

マーラと妖精と動物のガイドたちは、さらに四時間半ほど歩いて小さな洞窟にたどり着きました。その洞窟を入っていくと、草ぶき屋根と草や小枝の壁をもつ小屋にやって来ました。きつく編まれた亜麻糸をわらでおおったベッドが置かれ、洞窟の内側の屋根のところには煙を逃がすための穴がつくられていました。妖精たちはマーラにむかって、彼女が彼らとともにしばらくそこに滞在しながら植物や動物、鉱物について学び、それらと妖精や人間との関係を学ぶことになっていると告げました。彼女は妖精や自然の世界に招き入れられたのです。

マーラは彼女のガイド役であり教師でもある妖精や動物とともに、新しい山の家で四カ月間を過ごしました。毎日彼女は山のさまざまな場所へと案内され、ハーブや花々の用い方を教わりました。彼女はすべての植物の「創造記号」を認識することを学び、癒しや栄養学や霊的めざめにおけるそれらの利用法を理解しました。また花のエキスを生成する方法やハーブ療法について学び、ガイダンスと教えを求めて動物のスピリットを呼びだす方法も学びました。

彼女は夜になると、自分がほとんどいつも森のなかで第一日目のときと同じ存在たちに囲まれているのを見出しました。またときおり妖精や人間たちが論争の仲裁や、彼らへのアドバイスを求めて彼女のもとにやってきました。またレムリア南方の彼女の故郷の人々が、アストラル体の状態で森のなかに現れることもありました。マーラは彼らにアドバイスや教えを授け、ハーブや花々を用いることをすすめて、ときには星々や山の内側の旅へと連れていきました。めざめたとき彼女はいつも夢の内容にびっくりし、眠っているあいだの自分がより多くの知識とすぐれた能力をもっているという事実に驚かされました。彼女は彼女に会いに来た人々に必要なものをつねに正確に知っていて、自由にそれを与えることができたからです。

ある朝彼女がめざめると、小屋の外側から声が聞こえました。彼女が外に出てみると、並はずれて背の高い一人の男性が数人の妖精とともに立っていました。妖精たちはその男の人にむかって、マーラをもうしばらく自分たちのもとにいさせてくれるようにと嘆願していました。というのも、彼らはマーラのことが大好きになってしまい、彼女が連れ去られるまでにあと少しだけ時間がほしかったのです。その男の人は威厳に満ちた声で妖精たちに、マーラがここに来た目的をまっとうしたことや、これから山の内部で彼女の儀式を続けなければならないことを告げました。マーラが近づくと、その人は彼女のほうに向きなおり、「ナマステ」と挨拶しました。それから彼は次のように自己紹介しました。

「こんにちはマーラ、天国と地上の王女よ。あなたの次なる記憶をとり戻す旅が待っています。私の名前はハーラといい、山の中心にある『光のシティ』に住んでいます。私はあなたと対になる男の存在ですが、あなたのように肉体をもったことは一度もありません。私はあなたと同様に、祖先の星々（その当時のプレアデスの呼び名）からやってきた光の使者です。まもなくあなたと私はふたたびひとつになります。しかしまず最初に、あなたは『光のシティ』での儀式を終えなければなりません。そこであなたは制限があるように見える物質世界を超越することや、あなた自身の銀河の意識とつながることを学びます。そして人々を導くという、ここでのあなたの使命を思いだすことになっています。

それぞれの魂の起源に関係なく、私たちは人類が向かいつつある未来への先駆者なのです。地球自身もまた地球上の多くの人間も、これまでずっと人に力を与える代わりに支配しようとする闇の存在によってとらわれてきました。この世界全体までもそれらの支配的な存在に屈してきましたが、やがて最終的に人々は光の世界へと帰らなければなりません。なぜなら光こそ真理であり、真理が光だからです。このことを存在するすべてのものはもうじき知るでしょう。

地球上の人々は、自分自身や神や女神をふたたび信頼することを学ばなければなりません。人々は成熟した責任のある独立した存在になることを怖れており、自分自身が創造者ではなく単なる創造の産物にすぎないと信じこんでいます。人々が自分自身の魂とスピリットの神聖さを思いだすとき、神や女神との共同創造者となることを学ぶでしょう。私たちはそのときやそれまでの時間にそなえて、いまから準備を進める必要があるのです。あなたはまばゆいほどに美しい女神です。あなたの地球での役割は、あなたの子供たちをいつくしみ愛しながら、すべての子供たちに彼ら自身の真実の記憶をとり戻す手助けをすることです。そして私はほかの世界とつながるあなた自身の男性のきずなであり、とり残された多くの世界とひとつに結ばれるための架け橋となるのです。さあ、もう行かなければなりません」

ハーラが口をつぐむと、二人はお互いの瞳のなかを瞬時に見つめあいました。そして永遠とも思われる時間を体験しました。彼らの光の身体が磁力的に引き寄せられ、光と意識の一点となってひとつに結ばれました。マーラは彼女自身のものとして彼のヴィジョンを見たり彼の意識を体験することができ、ハーラは彼女の感情や深い献身や慈愛を感じることができたのです。そのとき彼らの二つの炎が完全に融合してふたたびひとつになり、輝くばかりの炎となって燃えさかりました。マーラが完全にすべてを手放したとき、彼女は時間と空間、思考、感情、五感というあらゆる感覚を失い、「すべてなるもの」とともにある「一体」と結びつきました。

それからふたたび自分の意識に戻ったとき、目を開いた彼女は、ワバシ山の内部のクリスタルの「光のシティ」の内側にいる自分を発見しました。彼女の完全なる降服を通して、ハーラの意識内で山の内部へと瞬間移動し、そのあとでもう一度マーラとして物質化したのです。これが彼女の最初のレッスンでした。それ以来、ある場所から別な場所へ行きたいとき、彼女はただ自分自身を瞬間移動させるだけでよかったのです。

マーラは「光のシティ」に何カ月もとどまりました。これらの聖なる環境において急速に学び、記憶をよみがえらせていったのです。彼女の教師はシリウス人やプレアデス人やアンドロメダ人の光の使者であり、彼らは高次元のエネルギーと符号を用いて彼女の波動を高めてくれました。それは学びや変化のプロセスというよりも、彼女が本当の自分自身に戻るためのプロセスだったのです。けれどもまた、それらのすべては彼女の地球での人生にグラウンディングさせるために三次元の方法でとり行われなければなりませんでした。

彼女は地球とひとつになり、地球のクリスタルの記録を解読しました。またシリウスやアルシオネやオリオンへのアストラル旅行を体験し、地球と太陽系のために展開されつつある「聖なる計画」のなかでの各星団の役割について教えを受けました。そしてアストラル体を投影させてクジラやイルカや人魚たちと泳ぎ、それぞれ時間と記録の管理者、教師とキリスト意識の保持者、そして生命の守護者としての彼らの役割を再発見しました。彼女は動物の身体や彼女のプレアデスの身体や銀河の光の身体で旅をし、身体的衝動を多次元の意識と溶けあわせて、彼女のハイアーセルフが地上にグラウンディングできるようにしました。やがて彼女の光の外被が活性化するにつれて、彼女は完全にハーラと再結合し、「聖なる計画」における使命をまっとうするために必要な記憶のすべてとつながったのです。

トレーニングが完了すると、マーラは自分自身を故郷のレムリアの岸辺に瞬間移動させました。ワバシ山の時間ではすでに一年以上が経過していましたが、まもなく彼女は、故郷の人々は彼女が月の一サイクル間だけ村を留守にしていたと思っていることに気がつきました。そして多くの月日を費やしても、彼女の体験のほんの一部しか人々と分かちあうことができませんでした。マーラの役割は、瞬間移動する方法やその他の初歩的なトレーニングを教えることではありませんでした。彼女が妖精から教わった植物や鉱物や動物に関する四カ月間の学びを、興味や素質のある人々に分かちあおうとしていたのです。またほかにも、「光のシティ」での学びの全般的な性質を人々に話しましたが、詳しい内容については語りませんでした。そこに招かれた人々は彼女と同じようにいずれ学ぶだろうし、準備ができていない人々に無理やり教えこもうとするのは不適切だからです。

それにつづく数年間、マーラはワバシ山と故郷の岸辺を交互に行き来しました。そしてしばしば最初に学んだ山の内部への瞬間移動を通して、新しい儀式を受けました。パンとパンドラは妖精の王国のなかで同じような役割を担っていましたが、その教えはまったく別のものでした。妖精たちは彼らの銀河の起源や、とりわけ女神との関係と任務について教えられました。彼らはもっとも大事に育てられた女神の子供たちだったのです。というのも、彼らは三次元と四次元の創造そのものに特有の存在だったからです。すなわち妖精たちは創造における歓喜のために、そして彼らの感情を深く感じるために創造されたのです。

女神は妖精を愛しいつくしみながら、彼らに天上の音楽と光の波動を送っています。そして妖精はその音楽や愛や歓喜を具現化して、彼らの体験にもとづく感情を通して女神の波動を発信しているのです。彼らの役割とは、「魅力的な子供の自己」として知られるあなたの本質を体現し、保護することです。妖精が存在しなければ、人間のなかの魅力あふれる子供の意識もすべて失われてしまうでしょう。妖精は人間の純真さ、遊び心、喜び、不思議を感じる心、性的自発性、そしてユーモアを生き生きと保ってくれるのです。

パンとパンドラ、そしてマーラは、すべての生命あるものが相互に関連しあうという教えを人々にもたらしました。つまり妖精は、人間のなかの魅力的な子供の自己を生き生きと保ってくれ、人間は妖精たちを愛し保護して、女神がするように彼らをいつくしむことを意図されているのです。はるか以前に大部分の人間は忘れ去ってしまいましたが、それは妖精と人間に特有の役割としていまだに生きています。

レムリアでマーラが生きていたころ、約五〇人の人々がワバシ山に呼ばれて奥義を授けられました。レムリア人のミステリー・スクールと霊的な文化はそのときに始まり、それ以降も拡大しつづけました。マーラは八〇歳になったとき、レムリアでの使命をまっとうしてアセンションしました。彼女は地球で最初にアセンションした高次元マスターとなり、それからの何千年間にむけての先駆者となったのです。彼女のアセンション以降、レムリアの人々は人口の増加とともにしだいに分散していきました。

そしてマーラがアセンションしてから二〇年後、すなわちレムリアに人が住みついてから一三〇年後に、四つの大陸の人々はみんなで集会をもつようになりました。それらの会合は、どの集団の人々にとっても平和で刺激的なものでした。西方や北方や東方から来たより幼い魂の存在たちは、そのころまでに妖精や人魚との出会いによって、非常に開かれた心と純粋な意図をもつ存在になっていました。ですから、より進化した人間との出会いは、彼らの進化にとって自然な次のステップだったのです。

## レムリア文明のさらなる発達

五〇〇年のあいだ、それらの初期のレムリア人は妖精や人魚や自然との相互関連性という精神的基盤にもとづいた文明をつくりあげていきました。ワバシ山に呼び寄せられる人々は、人口全体のわずか二パーセントくらいでした。人々はそれらの呼ばれた人を支え祝いましたが、大陸の住人全体がミステリー・スクールの儀式的トレーニングと直接かかわっていたわけではありませんでした。その代わりにレムリア人の大多数の人々は、愛や性的自由や自然とのバランス、またさまざまな種や違う起源をもつ人間の多様性の統合について学んでいました。そしてすべてのレムリア人は、本質的に快活で子供のような純真さや無邪気さや好奇心にあふれていたのです。

それらのさまざまな集団が互いにコミュニケーションをとることを可能にする、共通の言語がしだいに生まれていきました。道具づくりや建築、船の建造、食料の供給、織り物、歌うこと、楽器の製作などが集団間で分担されました。だれもが、日々を生き生きと活動するためのよりすばらしい方法を見出すことに夢中になっていたのです。石工術はレムリア人の初期の発見のひとつで、彼らの文化に偉大なる影響を与えました。それは岩やしっくいの単純な組み立てに始まり、石や木や粘土の彫刻、陶芸、石に描かれた絵画といった、芸術的な感触を含むものにまで急速に分化していったのです。以上の出来事のすべては、最初にレムリアに人間が住みついてから六三〇年以内に起こったことでした。

## 最初のインカ人

次の五〇〇年、レムリアへは地球のさまざまな場所から多くの人々がやって来ました。この五〇〇年の期間の最後のころに、ある一二〇人の男性集団がレムリア南東の海岸に着きました。彼らはその当時のもっとも新しい地球の住民でした。というのも、マヤ〔プレアデスの三番目の星〕の惑星のひとつから四〇〇〇人のプレアデス人が地球にやって来て、オリオン星系のラマンと呼ばれる惑星からの一万の魂の集団に生命を与え、そこで生まれたのが彼らだったのです。

それらのプレアデスからのマヤ人はラマン人よりも霊的に進化していましたが、彼らもまたみずからの覚醒と霊的な達成への道を歩んでいました。大部分のプレアデス人は銀河のミステリー・スクールの存在になるための移行期にありました。そしてその成長の段階に達していない人々は、彼らの未来の進化のために地球へと送られたのです。最初のインカ社会を形成したのは、それらのラマン人を誕生させたプレアデス人でした。彼らの四次元の光の身体は数週間以上かけて次元降下していき、やがて完全な三次元の身体を獲得しました。その地球の身体への移行の最後の数日ほどは深い眠りの状態にあり、その後めざめたとき、地球は彼らの新しい故郷になっていました。

ラマン人の故郷であるオリオン星系の惑星に核爆発が起こって表面全体が燃焼したとき、すでに一〇万年近くものあいだ、人々はとらわれの身となり隷属化させられていました。その惑星は無人のまま、地表に水がない状態でとり残されました。炎のなかで焼き殺されたラマン人の魂は、銀河とプレアデスの光の使者によってコクーンに収容され、レムリアに人類が到着する一三〇〇年前に地球のイルカの住む海へと移送されたのでした。

レムリア人の入植から五〇〇年ほどたったころ、それらのラマン人は現在の中央アメリカや南アメリカ北部と呼ばれる一帯に誕生しはじめました。彼らの故郷の惑星は、非常に進化した科学技術をもっていました。プレアデス人の子孫として二～三度初期の人生を体験したあとで、彼らはすみやかに力をたくわえていきました。そして自分たちをただの「生き残り」を超えた存在へと変えてくれる、さまざまな発明に夢中になっていったのです。

プレアデス人はラマン人の到来にそなえて、かつて地球に存在した以上の洗練された文明を発達させていました。そしてラマン人が生まれたころには、すでにレンガや石造建築が存在しており、簡単なすきを用いた耕作も始められていました。また現代の蓄音機、たてごと、ドラム、ギターに似た楽器などが初期のインカ人の生活の一部になっており、宝石づくりや原石みがきまで生活のなかに溶けこんでいました。およそ三世代後にその新しい地球の住民は荷車を発明し、野生のロバを飼い馴らして引かせるようになりました。動物を殺すためや護身のための武器類も、彼らの初期の発明において集中的に考案されました。そして当然のごとく弓矢、投石器、槍が最初に発達しましたが、その後すぐに金属の槌のような戦闘的な武器も発明されました。

プレアデス人でもありインカ人でもある彼らの親たちは、ラマンからの逃亡者のために愛情にあふれた安全な環境を創造しましたが、その子供たちには不信や防衛的な行動パターンが深く染みついていました。子供たちはしばしば攻撃しあったり、相手の悪口を言いあったりしました。ときおりヒステリーを起して両親に暴力をふるい、叫び声をあげるのでした。親たちは本質的に愛に満ちた穏やかな人々ですが、まだマスター存在には達していませんでした。親のなかには、自分が思わずカッとなり、怒りにまかせてそれらの気難しい子供たちを殴ったり罰しているのに気づくこともありました。もちろん子供たちの不信感はどんどん膨らんでいきました。そのようにして、罰することで相手を支配するというやり方をラマン人は学んでいったのです。子供たちは力を用いる人々に対して卑屈なまでの尊敬を抱いていました。だからこそ無分別な手段を用いる両親のほうが、愛情にあふれる穏やかな両親よりも大きな成果が得られたのです。

始まりはそうではなかったにもかかわらず、彼らの社会構造は急速に男権主義的なものに傾いていきました。ラマン人の男たちは支配と権力に対して強い渇望感を抱いていました。そして女たちは、ラマン人の男にとって格好の獲物とみなされました。結婚した男までが欲求不満のはけ口を求めて女や子供にあたりちらし、それゆえ女たちや子供たちはここでもまたより低い階級の市民になっていきました。しかしプレアデス人は男権主義者ではなかったので、それによってインカ社会のなかにいくつかの衝突がもたらされました。

地球で生命を受けてからおよそ三世代目に、それらの住民はラマン人とプレアデス人の魂の起源をもつ人々に分離しはじめました。だれもが必ずなんらかの混血であり、遺伝子を共有していましたが、相性の合う人々の魂は死んでふたたび生まれ変わってもお互いに引き寄せあったのです。

ラマン人の血を濃く受け継ぐ男たちの集団が、狩猟のための遠征の途中で一〇〇人ほどの部族と出会いました。それらの人々は地球で生まれた幼い魂の集団の一部でした。インカ人は、それらの純真でいまだにとても原始的な人々をまったく怖れる必要がないことをすばやく見てとりました。そこでラマン人たちは、よりよい友好関係がのちになんらかの利益を運んでくれることを期待して、彼らと友達になりました。やがてお互いに会話ができるようになると、部族の人々はラマン人にむかって、数マイルほど海を渡った北西方向にある「大きな大陸」について話をしました。そこに住む半分人間で半分魚の身体をもつ生き物や、妖精と呼ばれる小さな人々についての物語や、神秘的なワバシ山が登場するおもしろい昔話についても語られたのです。

男たちはその大陸にとても興味をおぼえたので、すぐに部族の簡単な船を改良する作業にとりかかりました。彼らは簡単にしつらえた帆とオールを加えて、より大きな船をつくりました。そしてレムリアに生命が誕生して一〇〇〇年ほど過ぎたころ、ラマン人の一二〇人の男たちがレムリアへむけて船出したのです。

レムリアでは海岸沿いの八キロ以内ほどに村々が点在していたので、インカ人はすぐにレムリア人と会うことができました。ちなみに妖精や人魚がそれらの新参者が来ることを前もって警告していたために、レムリアの人々は彼らが自分たちと違う人種だということを知っていました。つまり、それらの男たちが非常に違う環境の過去からやって来たために粗暴で支配的な傾向があることや、女たちは彼らと明確な境界線を保って応対することが最良の接し方だということが告げられていたのです。

いっぽうインカ人の男たちは、レムリアへ向かう途中で高波に襲われ、波に揺られながら必死で船をあやつりました。そのとき帆を下ろそうとした二人の男が海に振り落とされてしまいました。二人は人魚に助けられ、息をつまらせてあえぎながら船へと連れ戻されました。人魚たちはその直後に姿を消しましたが、男たちはその見たこともない生き物に――とりわけ明らかに女性と思われる姿をしていることに――驚かされたのです。もちろん海には男性の人魚もいますが、いくぶんかでも人々の警戒を解くために女性の人魚が最初に人間に出会うように計画されていました。またたく間に過ぎ去ってしまった不思議な嵐との遭遇や、二人の男を助けた人魚の女たちをかいま見たことによって、彼らは震えあがりながら海岸に到着したのでした。

手ぶりと砂の上に描いた絵によって会話するうちに、男たちは人魚がレムリアの人々によく知られ、また愛され尊敬されていることを知りました。ラマン人はその事実に畏敬の念を抱き、そのためにあまり防衛的でも支配的でもなくなりました。こうして二つの集団の関係は、最小限の軋轢のもとで調和的なスタートをきりました。訪問から二日後になって、インカの男たちの一部が数人の女性にみだらな行為をしかけました。すると彼女たちの夫や父親やその他の男たちが、威圧的でなくさりげない態度で彼らの前に進み出て、彼女たちに近寄ってはならないということを身ぶりで伝えました。それをインカ人は、その女たちが仲裁に入った男たちの所有物であるという意味に解釈し、みだらな行為をつつしむようになりました。

インカ人は彼らを迎えた人々の快活さや幸福そうな表情に驚かされました。最初彼らはレムリア人を単純だと勘違いしましたが、すぐに彼らがかなり聡明でどうもかなり社交上手な人々だということに気がつきました。もちろん南方のレムリア人は、もともと「自由なオリオン」と「プレアデスからの地球人」という魂の起源をもつ人々でした。彼らは「ラマンからのインカ人」となんらかの共通した背景をもっていましたが、それらの古い呪縛からはるかに大きく解放されていたのです。

インカ人たちは数日間だけ彼らのもとにとどまってから、内陸部へむけて出発しました。妖精も人魚も彼らの前にはまったく姿を現しませんでした。というのも、それらの新参者たちが自分たちに対してどんな行動に出るのか、まだ予測できなかったからです。男たちは海を渡って故郷に帰るために浜に戻ることにし、新しいレムリアの友人にそのことを告げました。そして花束や果実やおいしい食料を故郷へのおみやげに受けとったあとで旅立っていきました。それらのインカ人は、新しい知人との出会いによって言葉では言い表わしがたい強い感銘を受けました。

インカの男たちは故郷の町へと帰ると、すぐにまたレムリアへ戻りたくてしょうがなくなりました。彼らは故郷の人々にレムリアの話をして、その体験を分かちあおうとしました。感情を言葉で表現するのは彼らにとって並たいていのことではありませんでしたが、それ以外にそこで体験したことを説明する適切な手段はありませんでした。二週間ほどたったころ、今度は新たに二〇〇人の男たちによる遠征が始まりました。この二度目の旅は、海での事故がなかったという以外は最初の旅と非常に似通ったものでした。つまり人魚の三人の男性と二人の女性が、船から九〇メートルほど離れた場所で泳いでいるのが見えるようにわざと仕組まれたのです。はじめて人魚を見た男たちの反応は人魚とセックスをしたいというものでしたが、彼らは泳ぐことができなかったので、それは不可能に思われました。しかしそれは冗談や想像の対象としてとり扱われました。ふたたび男たちは海岸で以前会ったレムリア人の知人たちに出会い、またしても花束や果実や蜂蜜水やずらりと並んだ食べ物を贈られました。彼らはレムリア人の住まいを訪問してごちそうをふるまわれました。はじめて来た者たちは、彼らのオープンさや寛大さ、そして人に対する信頼や明らかな純真さに驚かされました。

レムリアの人々は、人魚とセックスをした経験があるかどうかを質問されて、あまりのショックにしばらく返事をすることができませんでした。彼らにとって人魚は聖なるものであり、イルカと同様に星々からやってきた存在です。レムリアの人々は人魚から学び、彼らを尊敬し崇拝しているので、そのようなことを思いつきもしなかったのです。レムリア人の反応を観察して、訪問者たちは彼らがどうも自分たちより男らしくないようだと考えました。心のなかでインカ人は、もしもなんらかの理由でかかわらなくてはならなくなったとしても、その気になればレムリア人は非常にくみしやすい相手だと思いました。しかし彼らはしばらくのあいだ、ただもてなしを楽しみ、大陸やその資源を探検したり、できるかぎりさまざまな話を分かちあったりして、奇妙なほど快活な人々と心地よいひとときを過ごしたのでした。

インカの男たちの一部は特にくつろいで、レムリア式の作法や人への思いやりを学んだりしました。もちろん、ときには彼らも驚きのあまり、古い男性優位の態度に戻ろうとしたこともありましたが。いっぽうレムリア人は、彼らからみて明らかに不幸で心が休まらないそれらの男たちに深い慈愛を感じました。そしてふだん以上に親切に寛容な態度で接しながら客人を理解しようと努め、それは成功をおさめていました。

インカの男たちは、それらの穏やかなレムリア人に魅了されたように感じるときもありました。彼らは自分たちがもてなし役の男や女とともに笑い、泳ぎを学んだり菜食主義を楽しんだりしながら、言葉の壁がなくなっていくのに気がつきました。レムリアを探索して数週間たったころ、彼らが音楽や会話の夕べを楽しんでいるとき、一人のレムリアの女性があるインカ人にインカの女たちのことをたずねました。その客人は最初、質問の意味がよくわかりませんでしたが、ようやく彼女たちの一族がインカ人の女たちに会いたがっていることを理解しました。

男たちはしばらく困惑した表情で互いに目を見合わせていました。というのも、彼らにはなぜレムリア人が自分たちの社会の女に会うことを熱心に望むのか、想像もできなかったのです。彼女たちは、たとえどんなに男に奉仕して子供の世話をしたとしても単なる女にすぎないからです。しかし彼らは質問にどう答えるべきか迷いました。レムリア人の女たちは社会において女性独自の役割を――もっとも彼らの目からみると男ほど重要な役割ではありませんでしたが――担っていました。インカ人の男はその質問に戸惑いながら、女を一緒に連れてくる意味があるとは思えない、とバツが悪そうに答えようとしました。そのときレムリア人の男が会話に割り込んできて、「あなたは、あなたがたの社会の女性をここに連れてくるほど重要な存在とは認めていないのですか？」とストレートに質問しました。それに対して訪問者は、「いや、われわれの社会の女たちは違うんです。旅などしたがりませんし、家で子供の世話や家事をしているだけなのです。だからここにはたぶん来ないでしょう」と答えました。そのレムリア人の男は大胆にも、「あなたが彼女たちにそう質問したのですか？」とたずねました。すると、そのインカ人の男は何も言わずに立ち上がって出ていってしまいました。それは彼にとってもほかのみんなにとっても思いもよらない考えであり、それを口にすることに彼は恥ずかしさをおぼえたのでした。

インカ人たちはその後まもなく故郷に向かいましたが、その夜の会話は彼らの心のなかでわだかまりになっていました。彼らは自分たちが、女性を重要で価値あるものと感じるのを怖れていることを認識しました。なぜなら、そうしなければだれも支配できる相手がいなくなってしまうからです。それなのに、新しいレムリアの友人たちは彼らが欲していた以上に楽しげで満ち足りており、女は敬まわれ対等に扱われていたのです。しかし故郷にたどりつく前に、その問題は打ち切られました。つまり自分たちは奇妙なレムリア人とは違うのであって、みずからの社会体制の長所を疑うべきではないと決めたのです。

男たちは心のなかでレムリアに戻ることを切望していましたが、さらなる旅の予定もなく数カ月が去っていきました。レムリアへ行った人々は、故郷に帰ったときに際立って変化していました。口論をしなくなり、かつてのように叫んだり戦ったりする代わりにその場を立ち去りました。それらの男たちは、妻や子供たちを支配するためにおどかしたり威嚇することをやめて、以前よりも穏やかになったのです。妻や子供たちは、しばしば彼らが心がここにないかのようにじっと遠くを見つめているのを見ました。つまり彼らのハートがまさに開きはじめ、レムリアでの喜びや無邪気さの痕跡を感じて、それを忘れられなかったのです。それらの男たちは、ときには寂しくなったり疲れや物足りなさを感じたりしました。数人の男たちが妻にそれを説明しようとしましたが、感情を表現して自分の家族にオープンになる方法がわからなかったのです。そしてそれは彼らをますます孤独にしました。

ついに一人の男が、家族とともにレムリアへ移住しようと決心しました。その決意をほかの人々に告げると、さまざまな反応が返ってきました。数人の男たちにとってそれは同じ選択をするための機動力となり、ほかの男たちはその選択に怒りを感じて彼らを引きとめようとしました。しかしその男たちはかたく決心していました。というのも、彼らは気持ちを萎えさせたまま古い生き方を続けることに耐えきれなくなっていたのです。そしてその後すぐに、一〇人の男たちが妻や子供とともに故郷を離れてレムリアへと向かいました。ほかに数人の男たちがその可能性を探るために同行しました。

彼らの船が岸辺にたどり着くと、レムリアの人々がいつものように彼らを待ち受けており、花束や飲み物や食物とともに挨拶をしました。女や子供たちも男と同じように歓迎されました。男たちは支配的で抑圧的なイメージを手放し、ただのレムリアに住むために到着したばかりの一人の人間になれることにホッと安堵しました。新たに到着した人々を歓迎するための祝宴が開かれました。そのうえ彼らの家が建つまで、迎え出た人の家に一緒に住むよう招待されました。レムリアに移り住むことを検討するためにやってきた男たちは、まもなく家族をレムリアに呼び寄せるために故郷へ戻っていきました。

最初にレムリアの海岸にインカ人が到着してから一〇〇年ほどのあいだに、五〇〇〇人以上のプレアデス人やラマン人の魂の起源をもつインカ人が、女性や子供たちとともにレムリアの社会に帰化しました。少数の人がやや内陸のほうに自分たちだけの村をつくりましたが、ほとんどの人は南方の住民と混ざっていきました。そして初期のレムリア人が体験したように、妖精や人魚との出会いが少しずつ段階をふんで起こっていきました。そして新しい人々や古い人々を含めたすべての住民が、彼らとは別種の友人と親しくなり、畏敬の念を抱きはじめました。

ラマン人の魂の起源をもつ人々は自分のなかに信頼や無邪気さ、感情的なオープンさ、そして愛を再発見するにつれて、深く癒されていきました。彼らは最終的に真の自己という心のふるさとを見つけ、自分自身が本当はすばらしい人間であることを自覚しました。男にも女にも同様に、自己を信頼し価値あるものと認識する心がとり戻されたのです。人々はカップルで男性性と女性性の痛みとへだたりを癒しはじめ、互いに深く愛しあうようになりました。

妖精から女神の話を聞き、人魚から星々やイルカのスターピープル（シリウス人）の話を耳にすると、インカの人々はさらに謙虚になり、ますます開かれていきました。彼らは霊的きずなや、すべてのものやすべての人々の神聖さをたたえることに根ざした価値体系という、新しい感覚を発達させていきました。彼らのハートは、もとからいたレムリア人や人魚やイルカたちへの感謝と愛でいっぱいだったのです。また彼らは、本能や五感をフルに使うことに関して、ガイドや教師としての動物の役割を理解することを学びました。

レムリア大陸にインカ人が住みついてからおよそ一〇〇年後、はじめてインカ人がワバシ山に呼ばれると、大きな祝祭が催されました。それはグローリー〔輝き、栄光という意味〕という女性でした。実際にはその通りの呼び名ではありませんでしたが、その名前の意味から私はそう呼ぶことにします。グローリーは二三歳で、男の子と女の子の双子の母親になったばかりでした。グローリーは誕生したときにまわりの人々が受けとった印象にちなんで、そう名づけられました。彼女の瞳はとても澄みきって輝いていました。彼女の両親にとっては結婚して一五年後にやっと生まれた子供だったこともあり、その子が自分たちの人生の「輝き」だと感じたのです。グローリーは過度に感情移入しやすい思いやり深い性質をもっていること以外は、ふつの子供と変わりないように見えました。彼女は通常の感覚においても、決して自己中心的な部分のまったくない子供でした。人の欲求や感情に対して非常に敏感であり、人の感情を癒すために生まれてきたかのような子だったのです。

彼女がワバシ山に呼ばれたとき、彼女の二人の赤ん坊は生まれてまだ九カ月でした。それらの赤ん坊を新生児をなくした女性に預けるよう告げられたとき、彼女は胸が張りさけるほどのつらさを感じました。しかし彼女は、自分が奥義を授けられたならば、そうでない場合よりも子供たちにははるかに多くのものを与えられるはずだと思いました。それゆえ彼女は、自分が行かなければならないことを知っていたのです。

六カ月後にもどってきたグローリーは、母代わりをしてくれた女性とともに子供たちの世話をすることになりました。子供たちが二歳になったとき、グローリーはふたたび次の儀式を受けるためにワバシ山へと呼ばれました。そして子供が一〇歳になるまでにワバシ山での儀式が四度とり行われ、そのあとで彼女は完全に覚醒した巫女になるための儀式を授けられたのです。

彼女が山へ三度目に行くまでにはワバシ山に神殿が建てられ、ワバシ山で儀式を受けた人々がそこでレムリア人のために癒しのワークや霊的な教えを授けました。それらの神官や巫女は、人々に奥義を授けたり、高度なミステリー・スクールの訓練を受けさせるわけではなく、基本的な道徳や自我の超越、自然や女神との調和、ハーブや花の精油を用いたヒーリング、そして瞑想や儀式的行事などの実践のしかたを教えました。たとえばレムリアの人々は、春分の日、秋分の日、夏至や冬至の日にそれぞれの季節をたたえることを教えられました。また彼らは、特別な星々や星座や、その高度な目的について知らされました。レムリアの人々は、宇宙や宇宙に住む人々に祈りと贈り物をささげ、満月を祝って踊りました。そして結婚やセックスは、人々にとって偉大なる愛と喜びの原点である以上に神聖なものでした。

グローリーの息子のマシュー（私は彼をそう呼びます）はワバシ山に呼ばれた二番目のインカ人でした。そのとき彼はまだ一六歳で、それまで呼ばれた人々のなかで最年少でした。それからまもなくさらに二人のインカ人が呼ばれると、インカ人のルーツをもつすべての人々は大変喜んで彼らを支持しました。マシューが山へ行ってから一年後に帰ってくると、彼はいま山のなかにいる若いインカ人の女性と結婚することになっていると報告しました。その女性はほかの数人の女性と同様に、最初のマーラ(Ma-Ra)にちなんでマーラ(Mara)と名づけられました。そしてマシューとマーラは、あるインカ人の村へ移住して、そこの住民たちにレムリア人の聖なる生き方を説くことになっていました。

## インカ人の霊性の発達

マシューとマーラはインカの大陸へたどり着くと、人々のおびただしい好奇心や懐疑にさらされました。ところでその大陸には、住民の大部分がプレアデス人のルーツをもつ村がいくつか残っており、そこではプレアデス固有の霊的技法が確立していました。マシューとマーラはそうした村があることを知り、霊的な伝統がレムリアのそれと一部でも似通った場所があることを発見して喜びました。それらの村ではいともたやすく彼らの滞在をゆるしてくれました。そこで彼らはレムリアとインカの両方の霊性を比較し、ともに分ちあいながら、それらを融合させていったのです。しかしインカの村々では、いまだに男権的な傾向や霊性の否定にもとづく要素をとどめていました。マシューとマーラは小さな神殿と儀式用のストーン・サークルを建設し、そこで夏至、冬至、春分の日、秋分の日、満月を祝う儀式を行いました。そのすべての催しにはすべてのインカ人が招待されました。そしてラマン人の起源をもつ村人も少しずつやってくるようになりましたが、それはほんの少数派にすぎませんでした。

最終的にインカの人々が共通の目的——未開で野蛮な敵の集団の侵略と破壊から自分たちの村を守るという——のためにひとつに結ばれたのは、マシューとマーラがインカの村々に住みついて教えを広めはじめてから一五〇年ほどたったころでした。それらの「敵」とは、インカの北方から豊富な食料資源を求めて旅してきた人々のことでした。彼らは最初のインカの村に遭遇し、自分たちよりも豊かな生活スタイルを目にすると、その村を襲撃して可能なかぎりの食料や道具や陶器を盗み出しました。そのときインカ人は完全に油断しきっているところを襲われたので、侵略者はたやすく盗みをはたらくことができたのです。

盗人たちは、その大陸の北東の海岸にある故郷の村へと帰っていき、インカ人の生活スタイルについて話しながら戦利品を見せました。最初のアステカ族であるそれらの人々は、さらにインカの人々のことを知り、より多くの品物を奪うために何度も舞い戻ってきました。数カ所の村が襲われたあとで、インカの人々はすべての村にアステカ人の盗賊に関するメッセージを送りました。その結果、すべての村から派遣されたメンバーで集団が構成され、彼らの領土の再北端に守衛所が設置されて、すぐにアステカ人の勢力を鎮圧しました。アステカ人が新しい策をねって守衛所を襲うと、さらに巧妙なインカ人の自己防衛の手段が講じられていました。

インカ人はアステカの人々を拘置所に連れていき、自分たちの村を襲った理由やその部族について調べることに決めました。六人のアステカ人がとらえられましたが、彼らはほかの人々とくらべて非常に意思の疎通が難しいことがわかりました。それらの襲撃者たちは、いまだに手ぶりやうなり声で会話し、手書きの絵文字に対しては非常に迷信深かったのです。まず最初に、基本的な生存欲求に関するもっとも単純なメッセージが通じるようになりました。最終的にアステカ族の囚人は三〇人程度になり、コミュニケーションも少しずつ円滑になっていきました。やがてインカ人は彼らにむかって、もし仲間の居場所へ案内するなら、彼らを解放すると伝えることができるようになりました。また囚人たちに、協力してくれるならば決して暴力的手段はとらないと約束しました。

アステカの野営地のあるジャングルに囚人たちが解放されると、すべてのインカの村々は防衛にそなえてひとつに団結しました。さまざまな集団のあいだに信頼のきずなが形成され、インカの人々どうしで交わされる夕べの語らいには、お互いの類似点や違いに関する話題が含まれていました。それははじめて多くの村々の人たちが本当にオープンに語りあい、より親密なコミュニケーションを求めあった機会でした。

アステカ人の問題が少なくとも一時的に解決すると、インカ人はより固く結束した集団になりました。霊的儀式の実践がより広範囲に行われるようになり、生れ変わりや自然や天体との相互関連や、単純な道徳的な法則に関する基本的な教えも普及していきました。そして最終的にインカ人の生活や霊性のありかたは、彼らの生活体験から派生した彼ら独自のものに加えて、プレアデスやレムリア文明の影響を強く受けるようになっていったのです。

それから一〇〇〇年以上にわたり、その社会構造や意識のなかに「儀式以前」のものを残しながらも、インカ社会はますます霊性を発達させていきました。アステカ人はときおり問題をもたらしましたが、それらの争いはたいていすぐに解決されました。その解決策とは、おもに互いの文化の違いを理解しコミュニケーションを発達させることであり、家を建て、簡単な道具をつくり、食料を蓄える方法やその他の基本的な技術をアステカ人に教えることでした。そして、その当時一〇〇〇人程度しかいなかったアステカ族もまた急速に進化していったのです。

しばらくのあいだレムリアは地球の霊的な中心として進化しつづけ、ますます多くの人が奥義を授けられ、覚醒した神官や巫女になっていきました。ワバシ山の中心にあるクリスタルの「光のシティ」では、レムリアに人が住みついてから約二五〇〇年間に一〇〇〇人以上の人々の覚醒とアセンションのための儀式がとり行なわれました。その時点においてプレアデスから一万人の新しい魂が地球に流入し、その大半がレムリアに生まれて、二〇〇〇人ほどが霊的な社会を形成するためにマチュ・ピチュへと運ばれました。それらのプレアデス人は、同じ大陸の北方地帯においてインカ社会の始祖になったプレアデス人とほぼ同じ進化レベルにありました。彼らはその聖なる社会の発達に関する指令とともに、損なわれていない完全な記憶をもって地球へとやって来たのです。

## 地球の「聖なる計画」が実行に移される

それらのレムリア人になったプレアデス人は、遠い将来のエジプトの霊性のルーツになる予定でした。この遠大なる計画のために、大部分のプレアデス人が高次元の光の身体から次元降下する方法をとらずに、今日の人間と同じようにして生まれてきました。これらの未来のエジプト人は、地球の計画と完全に結ばれるためにレムリア人の儀式を体験する必要があったのです。二万年のあいだ、プレアデス人とその他のレムリア人は、レムリアの霊性を拡大させつづけました。奥義を授けられたすべての人々のトレーニングの頂点には、次元上昇して高次元のガイドやマスターになるか、あるいは人間の姿のままで地球への奉仕に身をささげるかの選択が含まれます。未来の人類の生活に関してはじつに多様な計画がありましたが、そこには共通のテーマが存在していました。

たとえば山の内部にあるクリスタルの「光のシティ」への瞬間移動はごく一般的な最初の儀式でした。またトレーニングの最後では、自分自身の未来の生まれ変わりのヴィジョンを見せられるのが一般的でした。それはあなたが将来行くことになっている場所の地図を全部一度に見せられるような体験です。そのときあなたは地図の上で（または次の人生の手前で）立ちどまってから、最初の一歩を踏み出しはじめます。あなた自身のハイアーセルフや「一二人高等評議会」の立ち会いのもとに、あなた自身がその第一歩を選択することになっています。そして個々の人生を終えるごとに、あなたの計画全体との関係にもとづいて、次にどんなステップを踏むかを決定するためにそれぞれの人生を見直すことになっています。

このようなやり方で奥義を授けられた人々は、三つの大きなカテゴリーに分けられます。一番目の集団は、アセンションして進化へと向かう人類のための高次元のガイドやマスターになる人々で構成されます。これらの存在たちは、まれに特定の目的のために物理的な身体に凝結することを選んだりしますが、カルマのパターンを引き継ぐ必要はありません。

二番目の集団は、儀式的な道程をまっとうし、一九九五年から二〇一三年のあいだに起こる地球の成就に先立って、さらに三度覚醒するという人々です。それらの覚醒のうち二回は女性の身体のときに、そしてあと二回が男性の身体のときに起こることになっています。彼らは人生において根本的なカルマのパターンやゆがんだ社会通念を引き継いで、男性としての人生と女性としての人生という、二つの異なった霊的な道のなかでそれを超越しなければならず、アセンションまたは意識的な死が彼らの最終的なステップです。これらの多くの存在たちは、ほかの人々が光へと入るのを援助するために、地球の変化のなかで肉体の死またはアセンションを体験するでしょう。

三番目の集団は、七つの太陽系特有のカルマのパターンを引き継いで、数多くの人生を通してそれらを変容させるという人々です。七つの異なった霊的道程のひとつごとに、それぞれのカルマを引き継いだ一連の人生に終止符を打ち、そのたび究極的にアセンションを体験するのです。その人がアセンションする人生において、彼または彼女はつねに同じ性別を体験するでしょう。つまり一九九五年から二〇一三年のあいだに起きる最後のアセンションまで、七度のアセンションをずっと男性か女性のどちらかの性別で体験するのです。（ツイン・フレーム〔もともとひとつだった魂の炎が二つに分裂して二人になった存在〕たちは、二つの身体のなかでも同時にアセンションを体験することができます。その場合には、どちらかの身体の性別がほかにアセンションしたときの性別と同じである必要があります）。それらの存在は男女両方の人生を数多く体験します。また、あなたがたが「ツイン・フレーム」と呼ぶかたちで、同時に男性と女性を体験することもしばしばあります。最後のアセンションのときに、それらの菩薩たちは男性としておよび女性としてのすべての人生、そしてツイン・フレームの両方をひとつの身体のなかで完全に統合しなければなりません。それがこの時期の地球で、「一体化」あるいは「聖なる結婚」が強調される重要な理由のひとつです。地球と人類が次なる進化のステップへといたるために、いまこそ男性と女性のエネルギーのバランスが内側と外側から獲得されなければならないのです。

あなたも知っているように、レムリアでは両方の性別の神聖さと調和が保たれていましたが、基本的には女神にもとづいた霊的な文明でした。そしてアトランティスは基本的に男性神にもとづいていました。そしていま現在が調和、独立、二元性の超越を認識して、「神／女神／すべてなるもの」にもとづいたスピリチュアリティを実現させる時代なのです。

アセンションするためには、その人自身の内側の男性と女性のエネルギーを統合し、「すべてなるもの」とともにある「聖なる一体」に身をゆだねなければなりません。地球を離れる前に七度のアセンションを体験するよう選び選ばれた者たちは、次にあげる文明や霊的な道程のなかの七カ所においてそれを成就させるでしょう。それらの社会とはレムリア、アトランティス、エジプト、マヤ、インカ、アステカ、マチュ・ピチュ、原始のオーストラリア、インド、ヨーロッパや英国の女神を信奉するドルイド集団、仏教、キリスト意識、バリ、そしてホピやその他のネイティブ・アメリカンやアフリカ人、または中南米の部族のような小さな土着の霊的共同体などです。七度目のアセンションに先だって、それ以前の六回のすべてのアセンションの記憶の再生と融合が起こります。最後のアセンションは、その他の六回の霊的道程が肉体のなかで完全に統合されたときにもたらされるのです。そして肉体の意識は、「光の柱」のなかでその人の高次意識の九つの次元すべてに完全に結ばれなければなりません。

この本を読んでいるあなたがたの多くは、おそらくレムリアにおいてアセンションや覚醒を体験しており、四つの覚醒という二番目の方法か、七つのアセンションという三番目の方法を選択しています。またレムリアにいたけれども、その当時あなた自身の儀式体験をまっとうできなかった人々も一部いるはずです。後者の場合、あなたはそれを成就させるためにいまの地球にいるのです。

あなたがたのすべてにとって記憶をよみがえらせるときが間近に迫っています。あなたはあなた独自の神話やエゴの誘惑、変容させ超越させる必要のある太陽系のカルマのパターンを明確に知らなければなりません。汚れのない全体性にむけた誠実なる献身だけが、いまの地球で覚醒への道を開くのです。どっちつかずの曖昧な時代はもうとうに過ぎ去りました。もしもあなたが今世において覚醒やアセンションを体験するために地球にいるのならば、もはやいい加減な満足感や浮わついた気持ちによるスピリチュアリティは追い求められないでしょう。

あなたの霊性は、いまやあなたの人生の一側面などではありません。それはあなたの人生の目的であり、土台でなければならないのです。だれもが「一体」という故郷への進化の旅を完成させる前に、人生のすべての側面が神聖で楽しいものであることを知り、またそのように人生を体験するのです。

【著者注】次に『プレアデス覚醒への道――光と癒しのワークブック』のなかのラーのチャネリングから、その一部を抜粋してご紹介しましょう。

地球にとどまる人々は、二〇一三年までに次の「四つの進化の原理」を理解しなければなりません。

1 地球上の人類の目的は、肉体・感情・思考・霊性のすべての面において進化することである。
2 人間はみな光と愛でできた聖なる本質をもち、その本来の性質は善である。
3 自由意志とは宇宙でだれも侵すことのできない普遍的な権利であり、完成された霊性においては自己が誠意と信頼をもってみずからの自由意志を聖なる意志にゆだねる。
4 自然界に存在するものは、それがどのようなしかたで個人的な自己の欲求をあつかったり満たしたりするかにかかわりなく、すべて神聖である。

この時期に地球に生きている人々は全員、これら四つの霊的な原理を直接あるいは暗示的に提示されています。それは地球の法則でもあり、いまの時代のように主要なサイクルの終局においては、すべての人が個々にこの四つの進化の原理を思いだし、受け入れることが求められているのです……

太陽系の七つのカルマのパターンは、人々がそれに気づいて変容させられるように、目下誇張されてあらわれています。それは傲慢、耽溺、偏見、憎しみ、暴力、犠牲、恥の七つです。この七つの痛みや幻想、分離の源は、この太陽系の金星に始まり火星、マルデックで拡大されます。

ラーは語りつづけます。

もっと多くの地球の歴史があることは明らかですが、ここで提供されたものがあなたの記憶を呼び覚ますために必要な基本的な情報です。この本の巻末の〈付録B〉と〈付録C〉において、あなたはさらにあなた自身の過去と現在の遺伝子のルーツや星のルーツをおだやかに思いだすでしょう。そこであなたは、マルデック人が到着した紀元前一万四五〇〇年からの地球の地図と、地球の「聖なる計画」がスタートした紀元前一万二〇〇〇年からの地球の地図を目にします。それらの地図のほかに、あなたの惑星のおもな魂の集団がいつどこからきたかについて、年代ごとの順番を概説した表が掲載されています。それはさらに、現在いる人種の遺伝子レベルでの種まきがそれらの存在たちによってなされていることを告げています。

覚えておいてください、これはあなたのウェークアップ・コールなのです。ベルはすでに鳴り響いており、もう「居眠りボタン」を押すことはできないのです。これは命令やおどかしではありません。それはただの事実なのです！　あなたがたの太陽系や惑星は日ごとに刻一刻と、ますます深くフォトン・ベルトのなかを潜行しています。時間は折り曲げられ引き延ばされて変化しています。あなたは時間の流れや加速された時間のサイクルを感じながら、以前実行してきたことのたったの半分、あるいは二倍ものことを成し遂げるかもしれません。また明日の朝あなたは、いままで何時間もかけてしてきたことをたった一時間で終わらせている自分を発見する可能性だってあるのです。

あなたは時間のひずみのなかにいます。一九九八年から二〇〇一年にかけてあなたが完全にフォトン・ベルトにひたると、この時間のひずみはさらにもっと明白なものになるでしょう。それはさらに次元のひずみをもとりこんで拡大していきます。あなたが椅子にすわって本を読んでいると、ある行から次の行に移ろうとする瞬間、あなたは突然「光のシティ」の神殿や、スフィンクスやマヤの遺跡の内側にいる自分を見出すのです。そしてそこで高次の存在と完全なる会話を交わし、サイキックな能力を開花させ、あるいは過去世を解放したかもしれません。それらのすべては、あなたが本の一行から次の行へと移ろうとするまさにその瞬間に起こります。あなたはそれを忘れ去るかもしれないし、身体全体に確証のふるえが走るかもしれません。あるいは本を下に置いて、すみやかに目を閉じてそれを思いだそうとするでしょう。

あなたが住む夢のなかの覚醒した時間において、あなたはますます鮮明な意識を保つようになるでしょう。これらの次元のワープや明晰な意識の流出は、フォトン・エネルギーの拡大にともないますます頻繁になっていきます。あなたにむかって語りかけてくるあなた自身の過去と未来の声を、呼吸と思考のはざまや、めざめと眠りの境界において聞きはじめるのです。そしてある日突然、別の身体といまの身体のなかで同時に細胞のめざめを体験するのです。

自分自身の霊性のめざめと深まりに抵抗する人々は、自分の急変に気づくでしょう。たとえば命にかかわる病いは、主治医が匙を投げてしまうほどに初期症状から末期症状へと急速に進行するのです。すべてが加速されています。またブレーキの上にいつも足を乗せている人々はブレーキがすり切れ、衝突してやっと止まることができるでしょう。あなたの選択肢はいまだに数多くさまざまですが、それでもなんとかこの本を最後まで読み終えた人々は、今回はきっとうまくいくでしょう。ですから、この私ラーがあなたにもたらすメッセージは脅威でもなく、驚きに値するものでさえないかもしれません。

第五部において私はアモラに、自己探求から自己達成へと向かうこの重要な移行の時を通過するのを助ける手法やワークを紹介してくれるよう依頼しました。それらのワークを実践するときには、革新的かつ黙想的になるよう努め、あなたがすでに知っていること以上の発見に対してつねにオープンであってください。

あなたが新しいものに開かれていなければ、あなたはあなた自身の可能性を制限することになります。あなたの世界を広げ、あなたのパラダイムを解き放ちましょう。そして真実の記憶をよみがえらせ、世界の架け橋、次元の旅人、そして地球の九つの次元をつらぬく「光の柱」を支える重しになるのです。そして何よりも、すべてが夢であり、結果はあなたしだいだということを忘れないでください。

So-la-re-en-lo（大いなる愛と献身をもって）

プレアデスの光の大天使の種族における語り部であり
この太陽系を守護するプレアデスの光の使者の一員であり
大いなるセントラル・サンの光の銀河連盟のメンバーであり
銀河の宇宙連盟のメンバーである

ラー

# 第5部

# 浄化と霊的な結びつきのために

*Processes for Clearing and Spiritual Alignment*

## 記憶をよみがえらせる祈り

あなたが助けを必要とし、霊的なステップをふむことを願い、また特別な誓いをたてることを望んで、ハイアーセルフやガイドやその他の「光の存在」たちに祈るとき、その祈りはつねに聞きとどけられます。たとえば、あなたがゆきづまって問題を解決する方法が見つからないときに助けを求めて祈ることができます。そのときあなたは自分に必要なことを何でもすることや、自分自身の癒しのプロセスを促すものを最善をつくして実行することを誠意をもって約束しなければなりません。

あなたに理解、ゆるし、癒し、超越が必要であろうとなかろうと、祈ることで人生がひとりでに整理され、あなたの道程のなかで必要なものが準備されます。あなたは啓示的な夢を見たり、強烈な磁力を感じさせる新しいヒーラーに出会うかもしれません。また瞑想中にメッセージを受けとったり、眠りに落ちる直前に深く埋められていたトラウマが突然よみがえってきたりすることもあるでしょう。つまり、あなたに必要なものがすべてやってくるのです。

この祈りにおいて、あなたは地球の「至高存在」と光に仕える「一二人高等評議会」に祈りをささげます。それはこの時代の主要な霊的指導者層の存在で構成されています。彼らはすべてのガイドや天使、デイヴァたちを監督し、宇宙の法則を行使するための責任を負っています。彼らに呼びかけるとき、あなたは何を祈り、あるいは何を願うかを明確にして、それを心から求めなければなりません。つまりそうすることで、あなたが自分自身の霊的な神話と聖なる使命を完全に思いだす準備ができたことを彼らに伝えて、それからあなたが望んでいる助けを求めるのです。

次の手順にしたがって記憶をとり戻すための祈りのワークを行いましょう。

1 目を閉じましょう。

2 何度か深呼吸をします。あなたの意識をより完全に肉体に引き戻しながら尾骨の末端まで息を吸いこみましょう。それからさらに意識を引き寄せながら、今度は足もとにまでいきわたるよう深く息を吸いこんでください。

3 あなたの下半身から地球の中心までつないでくれる、直径六～九センチのグラウンディング・コードを思い描きます。

4 ハイアーセルフに、ここに現れてあなたのオーラの内側であなたと溶けあってくれるよう呼びかけましょう。その聖なる存在をあなたが感じたり知覚したりするまで、しばらく待ってください。

5 次にプレアデスの光の使者に、ここに来てあなたとともにいてくれるよう呼びかけましょう。彼らはあなたのそばにいますが、オーラの外側にいます。

6 それから「一体」のスピリットとして知られる光の「至高存在」や、光をかかげてそれに奉仕する「一二人高等評議会」に、あなたのそばに来てくれるようそれぞれ三度ずつ呼びかけます。

6 それらの「光の存在」たちにむかって、あなたにいま必要な霊的な道程と援助を知らせてくれるよう求めましょう。

7 それらの「光の存在」たちに次のように言うか、あなた自身の言葉でそれを伝えてください。

「私は今世における私自身の覚醒とアセンションに深く取り組んでいます。そして私は自分自身の過去世、霊的な道程、聖なる使命を思いだす準備ができました。現在と未来における私の至高かつ最大の善にかなうやり方やペースで、私が記憶をとり戻すことができるように祈ります。どうか私が自分に必要なことを、すみやかに丁寧に完璧に実行する勇気をもてるよう援助してください。どうか、そうありますように」

8 すぐにメッセージやひらめきを受けとるかもしれないので、しばらくじっとしたまま耳を傾けていてください。

9 メッセージが聞こえなくても、二分ほどたったら目を開いて日常生活に戻りましょう。

## 記憶のウイルスを浄化する

第4部で語られたように、マルデック人が地球に連れてこられたとき、マルデックの爆発に関する彼らの記憶がとりのぞかれるという決定がなされました。その当時は、それらの存在たちがマルデックに関する特定の記憶をもっていなくても進化することが可能だと信じられていたからです。そしてそれが実行に移されました。彼らの誕生に先立って「記憶のウイルス」が胎児の段階の脳に注入され、魂の記憶を解読する脳の一部と魂がつながる部分にブロックが形成されました。脳のその部分とは、脳幹のいちばん上から四センチほど首のほうに下がったところにかけてです。その記憶のウイルスは、マルデック、オリオンその他の星系や銀河から地球にやって来たすべての人々にも注入されました。

そしていま、それらの記憶のウイルスが地球人類からとりのぞかれる時がきたのです。透視で見ると、それは脳幹の上部に根をはやし、その先端が脳幹の両側に広がったキノコのように見えます。あなたがそのウ

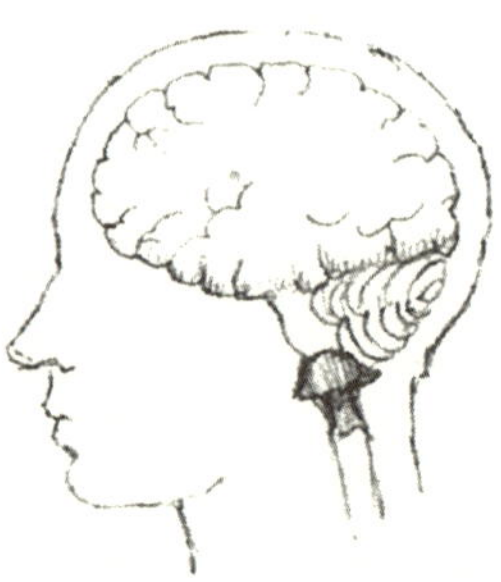

イルスをもっているかどうか自分で実感できなくても、このワークは決して有害なものではありません。そしてあなたの魂の記憶を解読する能力を発達させてくれるでしょう。このウイルスを浄化するために、あなたは「細胞を解放する光のグリッド」を用います。

このグリッドのなかでは、あなたの細胞に数方向から無数の微細な紫外線の光の注入物が入ってきます(次ページ図参照)。ある意味において、それは細胞を困惑させながら、みずからと親和しないものを解放してふたたび細胞に時計まわりの回転を続けさせる作用をもっています。そしてあなたの細胞や脳のはたらきやエネルギーレベルでの健康とは親和しない記憶のウイルスは、異物として紫外線の光によって肉体とエネルギー・フィールドの外側へ押し出されるのです。

この紫外線の光を用いたワークは、あなたが積極的にはたらきかけることを要求します。たぶんそれは少し複雑に思われるでしょうから、まず最初に頭のなかで紫外線の光を視覚化しながら、それぞれのステップを段階的にふんでいくとわかりやすいと思います。そんなわけで、あなたの脳幹に実際にグリッドを用いる前に、次のワークを練習してみましょう。

1　透明なガラスでできた立方体の容器が、目の前に浮かんでいるのを思い浮かべてください。

2　あなたの両手をその立方体の上と下に置いて、無数の微細な紫外線のレーザー光線が両方の手のひらから同時に放射されるようすをイメージしてみましょう。

3　次に両手を立方体の左側と右側に置いて、両手から同時に紫外線の光線が放射されるようすをイメージ

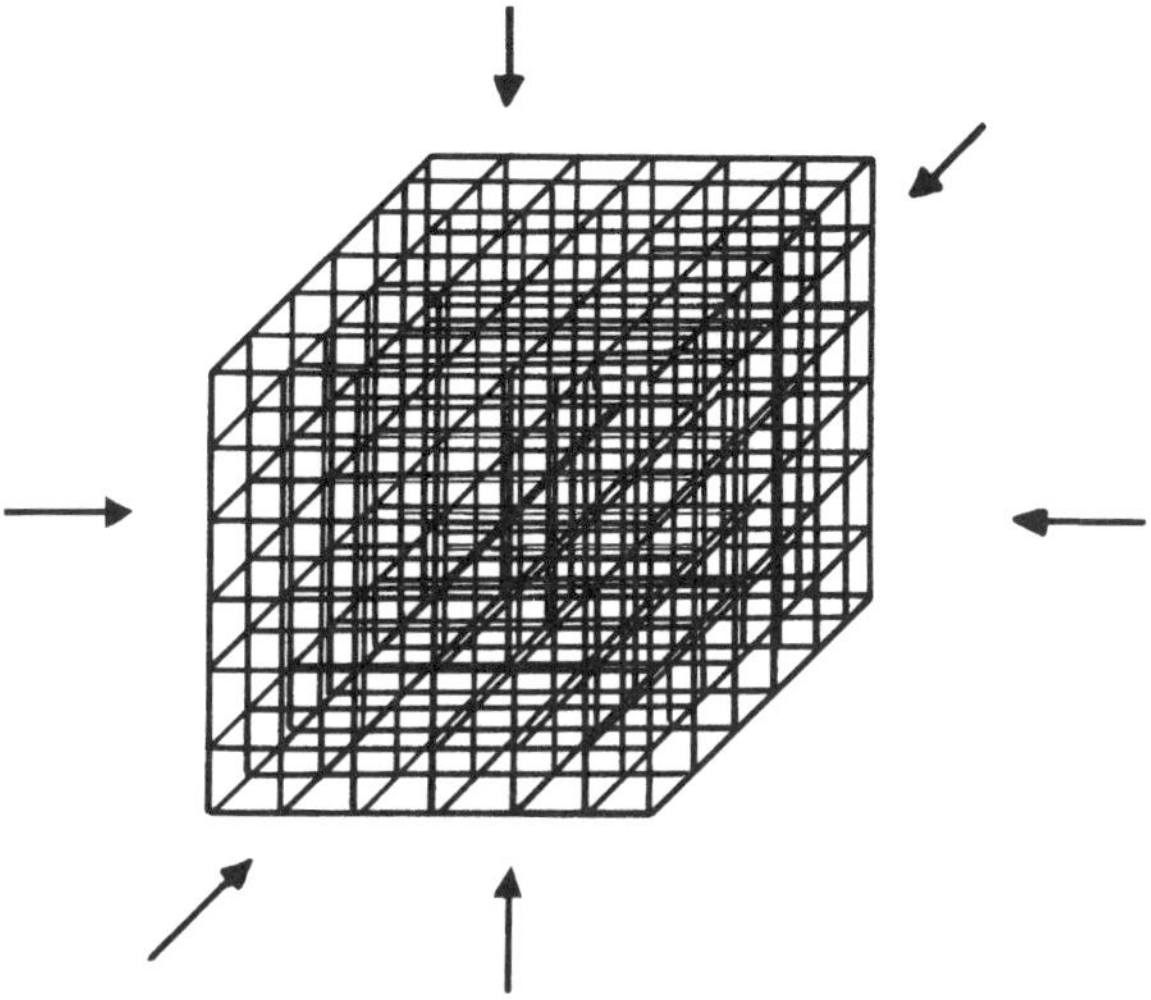

します。

4　それから両手を立方体の手前とうしろに置いて、もう一度紫外線の光を注ぎこみましょう。

5　これであなたはチェンバーのなかで生成される光のマトリックスの構成要素を個々に体験しました。それでは、それら六つの方向から紫外線の光が同時に放射される光景を思い浮かべましょう。あるいは三組の六本の手を思い浮かべて、それらを立方体の六つの側面をおおうように置き、それぞれの手のひらから同時に無数のレーザー光線が放射されるようすをイメージしてもいいでしょう。上の図を見ながらやってみてください。まるで繊細な光の糸で織り込まれた三次元的タペストリーのように、交差するレーザー光線によってその立方体の内側にさらに小さな光の立方体のつらなりが形成されるのが見えるでしょう。

この手順がややこしく感じられたら、自然にできるようになるまでくり返し練習してください。それによ

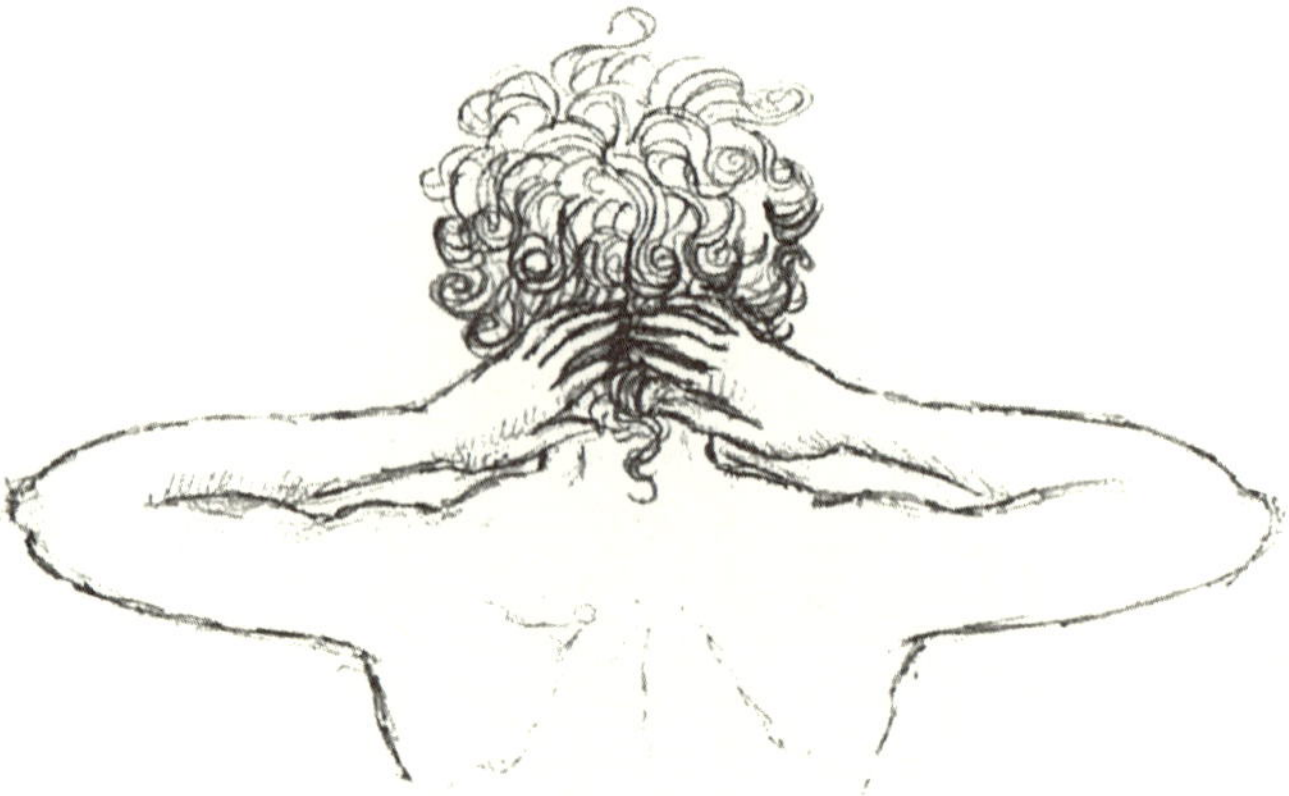

って実際に浄化のワークを行う準備ができます。

細胞を解放するグリッドを用いたワークを行うとき、プレアデス人がそのグリッドの光のパターンと波動を設置するのを助けるためにも、あなた自身が明確な意志をもってその光景を思い描くことが大切です。この浄化のワークは横になった状態でするのがもっとも理想的です。はじめにプレアデスの光の使者を呼び、そのあとでプレアデス人のレーザー光線治療の専門家にあなたのもとに来てもらいます。それから両手をあなたの後頭部にあてて、無数の紫外線のレーザー光線があなたの脳幹と中脳の下の部分に放射されるところを思い浮かべてください。プレアデス人の専門外科医が、記憶のウイルスを消滅させるのを助けてくれます。

記憶のウイルスを浄化するワークは、次の手順にしたがって行います。

1　横たわって目をとじます。

2　あなたのハイアーセルフにそばに来てくれるよう依頼しましょう。

3　プレアデスの光の使者を呼びだしてください。彼らがそばに現れたと感じたら、プレアデス人のレーザー光線治療専門の外科医にあなたのもとに来てくれるよう求めましょう。

4（必要に応じて）ほかにもあなたが来てほしいと思う高次元のマスターやガイドがいれば、ここで呼びだします。

5　あなたのガイドやプレアデス人に、あなたが記憶のウイルスを完全に永遠にとりのぞく用意が整ったことを告げてください。そしてレーザー光線の治療専門家に、あなたがそれを実践するのを手助けしてくれるよう求めましょう。

6　両手をあなたの後頭部の、前ページの図に記された場所にあてます。

7　無数の紫外線のレーザー光線が、すべての細胞に照射されているのをイメージしましょう。そしてキノコのような形をした記憶のウイルスが消滅するように意識を集中してください。プレアデス人の外科医も一緒にそれにはたらきかけてくれるでしょう。

8　エネルギーの勢いが突然おとろえて、レーザー光線がなんらかの抵抗にぶちあたらなくなったように感じたら、ワークが完了したという合図です。そうなるまでに一〇～二五分ほどかかるでしょう。

9　最低二〇～三〇分ほどエプソム塩〔硫酸マグネシウムなどを主成分とした天然塩〕入りのお風呂に入りましょう。近くに温泉があって入れるなら、もっと理想的です。入浴中、後頭部をずっとお湯のなかにつけていましょう。

## エゴの誘惑とカルマのパターンを変容して超越する

第4部では七つの太陽系のカルマのパターンについて語られました。それは傲慢、耽溺、偏見、憎しみ、暴力、犠牲、恥の七つです。それらは潜在意識と顕在意識レベルにおける根源的なカルマの悪癖であり、金星、火星、マルデック、そして地球において発達してきたものです。また地球特有の七つのエゴの誘惑というものがありますが、それは肉欲、怠惰、暴食、高慢、怒り、嫉妬、貪欲です。特に後者の七つは、否定的なエゴが仕掛けてくる罠のようなものといえるでしょう。

この否定的なエゴとは、スピリットへの降服を拒み、支配したがり、あなたに分離感を抱かせて自分を特別だと思いこませようとする、あなたの人格のひとつの側面です。あなたが人よりすぐれていると感じようと劣っていると感じようと、いずれにせよあなたが自分を特別だと感じているかぎり、それは否定的なエゴの感情なのです。

この地球に特有のエゴの誘惑は、インカ人のミステリー・スクールの教えの一部でもあります。あなたという存在はあなたの肉体や人格とは別のものだということや、あなたが聖なる不滅のスピリットだということに一度でも気づいてめざめたのなら、次のステップはエゴを超越し、霊的責任を負って純粋な存在になることです。七つのエゴの誘惑を変容させて最終的に超越することは、そこにいたる道なのです。

あなたがいまだにとらわれているカルマのパターンとエゴの誘惑を認識して理解することは、欠かすことのできない最初のステップなのです。それは自分に完全に正直になることを要求します。それらのカルマや悪癖を変容させて超越するための助けとして、次にあげるワークを必要だと感じたとき自由にやってみてください。このワークは、あなたが陥りやすいカルマやエゴの誘惑のひとつごとに用いなければなりません。もっともあなた自身が一回につきひとつの問題をとりあげることを希望するかもしれませんが。時間を充分にかけて、それぞれのステップをじっくりと感じて体験してください。そうしなければ、あまり効果は期待できないでしょう。

では、カルマのパターンとエゴの誘惑を変容させて超越するためのワークを紹介しましょう。

1 居心地のよい姿勢をとってください。それからグラウンディング・コードによってグラウンディングするか、最初のワークのステップ2で紹介した、あなたの意識を肉体に降ろす呼吸法を用いてセンタリングを行います。

2 ハイアーセルフに、あなたのもとに現れるよう呼びかけてください。

3 希望する人は、プレアデスの光の使者を呼んで助けを求めましょう。またあなたが霊的なつながりを感じるその他のガイドや天使や、高次元のマスターを呼びだしてもいいでしょう。

4 あなたが変容させて超越することを望むカルマのパターンか、エゴの誘惑のなかのひとつを選択してください。あなたがそれを超越する準備ができたことを告げて、助けを求めます。

5 あなたがそのカルマやエゴの誘惑に屈したいちばん最近の体験を考えてください。それを詳細に思いだしましょう。それが起こったところをありありと思い浮かべます。

6 そのときの自分自身を観察して、どんな呼吸をしていたかに注目してください。あなたの肉体はどの部分が萎縮していましたか。どんな感情があがってきたでしょうか。あなたの姿勢に注目してください。そのときあなたは何を言い、どう考え、何を思っていましたか。徹底的に詳細まで思いだしてください。ただし、できるだけ批判的にならないようにしましょう。

7　そのときの相手やその場にいた人々の態度あるいは反応を思いだしてください。

8　では、そのシーンを消してください。それから声に出して静かにアファメーションをします。「私は〇〇〇（たとえば「偏見」や「犠牲」のような、あなたの問題をあてはめてください）という悪癖を手放す準備ができています。私はハイアーセルフと私の光のガイドたちとプレアデスの光の使者に求めます。どうか私がその問題を超越するために手を貸してください。私の本当の聖なる自己はすでに純粋であり、それを超越しています。そして、それ以外のことはすべて幻想です」

好きな言葉を補ったり、あなた流の言い方で表現してもいいでしょう。

9　次にステップ5～8までと同じ場面を思い描き、今度はもとの体験を塗りかえる新しい出来事が起こるところをイメージします。

10　その場面であなた自身が超越したところから反応しているのを見たり感じたりしてください。言葉を換えれば、あなたの純粋な聖なる本質が完璧にふるまうとしたら、どういう態度をとるのかをイメージするのです。その新しい場面において、あなたはどんな呼吸をしているかを観察してください。あなたの身体の萎縮はどんなふうに消えてなくなりましたか。あなたが話していること、考えていること、イメージしていることに注目してください。あなたのハートは開かれた状態にあるでしょうか。じっくりと観察してみましょう。

11　次にその場にいる人々を観察して、今度はどんなふうにあなたに反応しているかを見てください。

12　あなたが自分の問題を超越したときにそうなるだろうと予想される、新しく再構成された場面をあなたが完全にイメージし、視覚化して感じることができたなら、その映像を消します。

13　アファーメーションをしましょう。

「私は純粋で神聖な本質をもつ存在です。過去に私が役割を演じた○○○（空白を埋めてください）という幻想のなかに登場した人々や自分自身を、私は完全にゆるします。私はいま、そして永遠にこの幻想から解放されます」

14　目を開いてふだんの生活に戻ります。

## 男性性と女性性のエネルギーのバランスをとる

あなたの内なる男性性と女性性のエネルギーのバランスをとるためのワークは、いたって簡単です。瞑想に適した空間で、あなたの頭の上のほうと足もとのところにそれぞれ陰陽のシンボルを思い浮かべます。あなたがみずからの内面と人生において、男性性と女性性のエネルギーのバランスをとることを望んでいるという意識をはっきりもちましょう。そのうえで頭頂から身体の下方までのそれぞれのチャクラの位置に、順番に黄金色の無限のシンボルを思い浮かべていきます。その無限のシンボルを通って流れるエネルギーは、あなたのチャクラと肉体の右と左、すなわち男性側と女性側のエネルギーが再分配されるよう促してくれます（次ページの図を参照してください）。

次の手順にしたがい、男性性と女性性のエネルギーのバランスをとるためのワークを行いましょう。

1　楽な姿勢で横になるか、椅子に腰かけてください。

2　グラウンディングを行い、あなた自身の身体の中心に意識を降ろしてセンタリングしましょう。

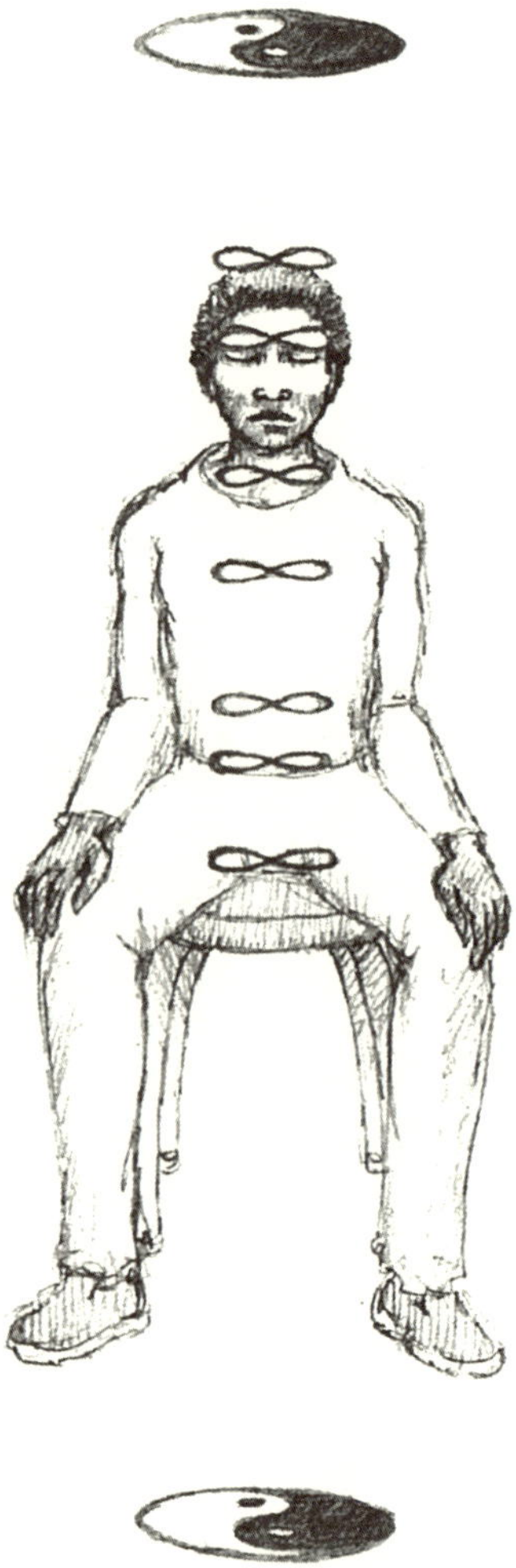

3　ハイアーセルフを呼びだして、瞑想中あなたのそばで男性性と女性性のエネルギーのバランスをとるのを助けてくれるよう求めましょう。

4　あなたの頭上と足もとの空間に、陰陽のシンボルを思い浮かべてください。それらの二つのシンボルにはさまれたエネルギー・フィールドであなたの身体が漂っているのを感じましょう。リラックスした状態のまま、一〜二分ほどあなたの感覚や意識やエネルギーの変化に注目してください。そのシンボルは、瞑想のあいだずっとそこに浮かんでいます。

5　次にあなたの頭頂つまり第七チャクラに、黄金色の無限のシンボルを思い浮かべます。そのシンボルを通って黄金色のエネルギーが流れつづけるようすをイメージしましょう。そのシンボルが、第七チャクラのなかの男性性と女性性のエネルギーを再分配してバランスをとってくれるよう求めます。

6　二分ほどたったら、あるいはバランスがとれたように感じたら、その無限のシンボルをあなたの「第三の眼」つまり第六チャクラに移動させます。そしてふたたび黄金色の光がそこを流れながら、第六チャクラの男性性と女性性のエネルギーが再分配されてバランスがとれていくのをイメージしましょう。

7　2分ほどしたら、あるいはバランスがとれたように感じたら、そのシンボルをあなたの喉すなわち第五チャクラに移動させます。黄金色の光がシンボルを通って流れながら、第五チャクラの男性性と女性性のエネルギーのバランスがとれるようイメージしてください。

8　二分ほどたったら、無限のシンボルをあなたの心臓すなわち第四チャクラに移動させて、同じ手順をくり返してください。

9　そして第三チャクラ、つまり太陽神経叢のところで前と同じ手順をくり返します。

10　第二チャクラ、つまり仙骨のところで同じ手順をくり返しましょう。

11　あなたの第一チャクラすなわちルート・チャクラで同じ手順をくり返しましょう。

12　目を開いて、ふだんの生活に戻ってください。

この瞑想は必要なだけ何度でも行うことができます。『プレアデス覚醒への道』のなかで紹介した「聖なる女性性／男性性の愛のチェンバー」や「陰陽の愛のチェンバー」も試してみることをおすすめします。

## 高次の集合意識とつながる

地球の人々の高次の集合意識とつながることは、この時代の私たちすべてや地球にとって非常に重要なことです。「いちばんすぐれた者が勝つ」という競争意識に満ちた考え方や態度が、地球上のとりわけ近代社会においてずっとはびこってきました。しかしながら地球をとりまく大気中には、地球のすべての人の高次の意識によって形づくられた集合意識が存在しています。それらは至高の善にむかって、そしてまた「聖なる計画」の実現を促すためにともに活動しています。この集合意識に関する部分を『プレアデス覚醒への道』から以下に引用しましょう。

以前、私は催眠療法中に地球の大気圏外へと案内され、全人類の高次の集合意識が存在するところへ導かれたことがあります。地球をおおう透明な泡のすぐ外側には、肉体をもたない無数の愛に満ちた笑顔が地球をやさしく包んでいました。高次の集合意識は、愛、やさしさ、知恵にあふれた、きよらかな光の存在の集まりでした。つまりそれが地球に住む私たち自身なのです。この美しい存在たちは地球を見つめ、地球上にいるおのおのの対になる身体に、透明な泡を通して愛と勇気を送っているのでした。

意識的に目的をもってこれらの集合意識とつながることは、あなたが考える以上に効果があります。ラーは以前、人類は望むことを高次の集合意識に要請することができると話していました。それらの要請はつねに顧みられ、総体的な至高の善に照らし合わせて考慮されるというのです。また少なくとも四人の人間が地球のすべての人に影響するようなことを同時に祈るとき、その祈りが適切なものであれば、集合意識はそれにこたえて地球のすべての人々に影響を及ぼすことができると語りました。

例をあげましょう。私はある朝めざめたときに、ボスニアで第三次世界大戦が勃発したというヴィジョンを見ました。するとラーは私に、その日に四人から一二人の人を集めて高次の集合意識とつながって祈るようにと告げたのです。私たちは、地球のすべての人々が一分間だけ平和の黙禱をささげるよう、そして彼らが戦争の勃発をゆるさないことを選択するよう、集合意識に祈ることにしました。祈りのなかで私たちは平和的な選択というエネルギーを保ちながら、一〇分間ほど受容的な瞑想の状態に入りました。するとその場にいた私たち全員にきよらかで無垢な子供のような感覚が訪れ、かつてなかったほどの内なる平和の深まりを体験したのです。

高次の集合意識とつながるための手順は次のとおりです。

1 椅子にゆったりと腰をおろして、目を閉じてください。
2 グラウンディングを行いましょう。
3 数回深呼吸をしながら、センタリングします。
4 ハイアーセルフを呼び、瞑想中あなたとともにいてくれるよう求めましょう。
5 地球が巨大な泡に包まれて漂っている光景を思い浮かべましょう。その泡の周囲には地球のすべての人々の、天使を思わせるような表情が浮かんでいます。
6 あなたがすわっている場所から、それらの存在たちにむかって黄金色の無限のシンボル、つまり数字の「8」の字を横に倒したシンボルを送ってください。そのあいだ、静かに声に出して「私は高次の集合意識とつながることを願っています」とくり返しましょう。その無限のシンボルとともにあなたのエネルギーとメッセージが集合意識に運ばれていき、そしてシンボルとともに集合意識の愛、エネルギー、メッセージがあなたに返ってくるのを見てください。
7 集合意識とつながったのを感じたら、あなたが地球について、地球人類について、またあなた自身について願うことを伝えます。そして、それにかかわるすべての人に至高の善となるような方法で、その願いが聞きとどけられるよう助けを求めましょう。それらの存在たちに、あなたの行動、思考、望みのすべてが高次の集合意識や「聖なる計画」の行動、思考、望みと結ばれるように願っていることを知らせてください。

8　最低一〇分間ほど受容的な状態でリラックスし、集合意識との交流を楽しみましょう。

9　終わったと感じたら、目を開いてふだんの生活に戻ります。

これをグループで行うときは、人数が多ければ多いほど楽しめます。ステップ7でみんなが同じ内容を集合意識に祈るという以外、一人の場合とまったくやり方は同じです。たとえば熱帯雨林の保護を願ったり、すべての人類が一分間だけ無条件の愛を体験するという願いでもいいですし、だれもがひとつになって地球の神聖さ、個々の元素、ほかのだれかや動物など、あなたが望むどんなものでもその神聖なる世界とつながりをもつという願いでもいいでしょう。また地球上のすべての人が、あらゆる種とのきずなと平等を体験しますようにと祈るのもいいでしょう。

あるグループがさまざまな祈りをささげるとき、一度に三つの祈りまでは受け入れられるということです。その場合は、まずグループのみんなで無限のシンボルを通して高次の集合意識とつながります。それからみんなでひとつ目の祈りをささげ、一〇分ほど受容的な状態でその祈りの意識を保ってください。そのあとにふたつ目の祈りをささげ、一〇分ほどその祈りに意識を合わせます。それから最後の祈りをささげ、そこに一〇分ほど意識の焦点を合わせましょう。グループの一人が声に出してみんなのガイド役をつとめれば、より簡単に行うことができるでしょう。

あなたは好きなだけ頻繁に高次元の集合意識とつながることができます。ただしグループで行う場合は、多くても一日に一度までにしてください。

本書のしめくくりとして、私が一九九〇年の初期に書いた歌を記したいと思います。これは地球およびすべての人類の癒しと霊的なめざめを願う私からの贈り物です。

## 大いなるスピリットへの祈り

故郷を探し求めて
この地上をさまよい歩き
私はさまざまな思いにとらわれる
ときに私はひとりぼっちで
孤独の運命にある自分を感じる
どちらが正しい道だろう
私はどっちへ行くべきか
どう理解したらいいのだろう
いかにして「知る」ことができるのか
私は汚染された地上を眺め
どこにも平和を見出すことができない
私は母なる地球の上を
やすらぎを求めて歩きつづける
天を見上げれば
そこに見えるのは灰色の空
答えを聞こうとしても
何も聞こえてこない

そして私は祈る
「大いなるスピリットよ、
私に道を示したまえ」
そして私は祈る
「大いなるスピリットよ、
今日私に教えたまえ」
そして私は祈る
「大いなるスピリットよ、
出会う人たちと
光を分かちあえるように
語るべきことを導きたまえ」

すると大いなるスピリットは答える
「私はどこにでも存在する
私は川のスピリット
私は風のスピリット
そして鷲や野牛や

鹿のスピリット
あなたが見たり聞いたりする
ありとあらゆるものに私は宿る
出会う人みんなの
瞳のなかをのぞいてごらん
返される視線はすべて私の一部
だからあなたはみんなから
目に入るすべてのものから
教わることができる
それが何であれ
すべては私の一部だから」

星のスピリットが
私を故郷へいざなう
山のスピリットが
ひとりぼっちじゃないよと言う
水のスピリットが
流れなさいと告げる
まだらフクロウのスピリットが
「知る」ことを教えてくれる
大地のスピリットは
平和を求めて泣いている
母なるスピリットは
やすらぎを求めて呼ぶ
天のスピリットは
澄んだ青空になりたいと祈る
父なるスピリットは
私に耳を傾けてほしいと祈る

そして私は祈る
「大いなるスピリットよ、
私に道を示したまえ」
そして私は祈る
「大いなるスピリットよ、
今日私に教えたまえ」
そして私は祈る
「大いなるスピリットよ、
出会う人たちと

光を分かちあえるように
語るべきことを導きたまえ」

すると大いなるスピリットは答える
「ここをあなたの故郷になさい
山々をいたわれば
あなたはもう淋しくならない
川の水をきれいにすれば
あなたの流れは助けられる
フクロウと仲良しになったら
『知る』ことを導いてくれる
この大地は危機に瀕し
あなたは平和のために
働かなくてはならない
母なる地球を侵すことをやめれば
あなたはやすらぎを見出すだろう
空が汚されていないとき
あなたは父なるスピリットの声を
はっきりと聞き
ものが見え、感じ、
聞こえるようになる」

そして私は感謝する
「大いなるスピリットよ、
私に道を示してくれてありがとう」
そして私は感謝する
「大いなるスピリットよ、
今日私に教えてくれてありがとう」
そして私は感謝する
「大いなるスピリットよ、
出会う人たちと
光を分かちあえるように
語ることを導いてくれてありがとう」
ホー！

# 謝辞

まず高次元のマスターである聖母マリアとイエス・キリストに、本来の私たちと、ふたたび私たちがなるべきものに関してすばらしい見本を示してくださったことに対して深い感謝をささげたいと思います。私たちの先輩にあたるすべての高次元のマスターへ。あなたがたの現在の奉仕と、故郷への儀式的な道のりでの愛にあふれたガイダンスをありがとうございます。またすべてのプレアデスの光の使者と、とりわけラーに。叡智と変わらない愛情をもってそばにいてくれたことを、そしてあなたがたの地球の「聖なる計画」への奉仕に感謝をささげます。

現実に疑問を抱く勇気をもちながら真理を知ることを求め、みずからの思いこみや欲望に向き合うことに挑戦したすべての人々に対して、そして自分自身に対して感謝と愛を贈りたいと思います。

本書の執筆期間中に私が教えた生徒のみなさんは、つねに私の直観と勇気の大いなる源になってくれました。みなさんに感謝して幸福をお祈りします。特に、クリーとローズマリーへ。フェニックスのクラスであなたの家を解放しハートを開いてくださって本当にありがとう。そして友人であり同僚であるガイ・ローン・イーグルへ。あなた自身を分かちあい、あなたの聖なる解体のプロセスを私とともに共有するという選択をしてくださったことに感謝します。またフェニックスのクラス全員のみなさんへ。あなたがたが怖れに向き合い、制限を超えてより以上の存在になろうという姿勢をたえず見せてくれたことで、「意志」という言葉のもつ深い意味を私に教えてくださったことを感謝しています。

シャスタ山のクラスのみなさんへ。みなさんがお互いに証明しあってくれた「多様性のなかでの調和」を誇りに感じています。またみなさんが判断をやめて、二元性を解消し、すべての物や人々のなかにある真実の美を見る目を開こうとする意志と能力は、私にとって非常に感動的でした。また私と私の使命に対するみなさんの情熱的で誠実なサポートに感謝しています。

ゲイル・ヴィヴィノへ、金星、火星、マルデックの原稿の最初の原稿整理と、あなたの個人的な感想や感銘に対して感謝をささげます。そしてゲリー・クロウは思慮深い美しい方法で全体の仕上げの原稿整理に熱中してくださいました。雄鹿の話の特別なエネルギーや、その他のもろもろのステップや協議や物語をあなたとともに分かちあえたことは、とても楽しい体験でした。

そしてだれよりもまずバーバラ・ハンド・クロウへ。あなたが近刊である『プレアデス銀河の夜明け』において私たちに提供してくださった、驚くべき贈り物に対して感謝の言葉を贈りたいと思います。あなたが先に述べたように、この本と私の前著である『プレアデス覚醒への道』があなたの近刊の姉妹書にあたることを非常に誇らしく感じています。あなたは私にとって本当の姉妹であり、仲間であり、じつに多くの方法で私に直観をもたらしてくれる存在です。あなたが、この本とそのスピリチュアルな分野における位置を認めてくださったことを感謝しています。また、あなたとともに出版というプロセスに取り組めたことを、そしてそのすべての行為をたくさんの愛情と率直さとかぎりない献身をもって行ってくださったことを感謝して喜びを感じています。

前著のときと同様に、本書の執筆作業に没頭せざるをえなかったために、私は友人や名づけ子たちとの時間をほんの少ししかもつことができませんでした。あなたがたすべてに、愛情と理解をもって辛抱強く私とともにビジョンを共有してくださったことに感謝をささげます。

そしてこの本やその他の神聖な書物を出版しつづけている、すべてのベア・アンド・カンパニー社のみなさんに感謝をささげます。

アモラ・クァン・イン

# 著者について

アモラ・クァン・インは一九五〇年の一一月三〇日にケンタッキー州の小さな町で生まれた。生まれながらのヒーラーであり霊能力者である。幼いころ、彼女はよく家のまわりの花々や茂みのなかに妖精や青く光る小さな宇宙船を見かけた。また彼女は妖精をはじめキリスト、聖母マリア、天使やその他の光の存在たちと交信をとったが、それらの結びつきは彼女にとって幼いころから非常に無垢で親密で現実味のあるものだった。また暗い部屋で目を閉じると、あざやかな色や形をしたマンダラのような模様がとりどりに渦巻いて浮かびあがってきたり、めざめる直前や眠りに落ちる瞬間に、映画のような過去世のシーンが目の前でくり広げられたりした。それらの能力は、彼女が公立学校に入学してから集団的な圧力を感じて、しだいに閉ざされていってしまった。

一六歳のときに祖母の死がきっかけとなって、彼女がいう「全感覚認知《フルセンサリ・パーセプション》」がふたたび部分的に開かれる。突発的に起こるサイキックな体験――彼女はそれを「全感覚認知」と呼ぶほうを好んでいる――によって、最終的に彼女は一九七九年の霊的なめざめへと導かれる。過去世の記憶に「つきまとわれ」ながらも、彼女はそのころまでに自分自身を無神論者だと思うようになり、組織化された宗教に幻滅を感じていた。しかし退行催眠療法家との初回の過去世を癒すセッションにおいて、彼女は山腹の草地の上で何千人もの人々にまじってイエスの説教を聞いている自分を見た。イエスが話をしていると、突然彼の右手の森の上空にまばゆい青い光を放つ巨大な宇宙船が現れた。それからさらにひとつひとつと、次々に六個の巨大な船体が現れては去っていったのだ。その光景を彼女は次のように述べている。

「私のまわりでは人々が地面にひれ伏してすすり泣いていました。けれども私はそこに立ちつくし、両手を頭上に大きくふりかざしながら、うっとりするような至福感に包まれて『私のふるさと、私のふるさと』と静かにくり返していたのです。うれしさのあまり涙があふれていました。

私は『第三の眼』のところに強い磁力のようなものを感じ、キリストと見つめあっている自分を発見しました。私の額の第三の眼にはこれまで感じたこともないような強い光線が注ぎこまれ、あふれるほどの光とエネルギーの洪水が細胞のすみずみにまで染みわたっていったのです。その霊的なめざめと歓喜の瞬間に思わず涙がこみあげてきました。私は細胞レベルでのめざめと、魂そのものの記憶の回復、そして覚醒を同時に追体験したのでした」

その当時、アモラは「覚醒」という意味について何の見解ももちあわせていなかったし、宇宙船が霊的または宗教的な現象と関係があるなどという話を聞いたことさえなかった。まして「オーラ」や「オーバーソウル」や「シャクティパット」などにいたっては、そんな言葉すら耳にしたことがなかった。しかしそれらのすべてを彼女はその過去世回帰で鮮明に体験したのだ。セッションが終わって目を開くと、彼女は自分自身のオーラが退行催眠療法家のオーラとともに窓に反射して部屋中に満ちているのが見えた。

それは彼女がキリスト、シリウス、覚醒、プレアデス、光の宇宙船などの関係を理解するようになる数年前の出来事だった。その後、彼女はさまざまなことを学び、眠っているあいだに彼女を癒して導いてくれた地球外の光の存在たちはプレアデスという星から来たことを知るようになる。そして彼らの使命が「地球規模でのキリストの再臨」をもたらす、つまりこの地球上にいる私たちの多くが自分の神性にめざめ、それを具現化するように手助けすることだと知る。のちに彼女は、青い宇宙船がシリウスのものだとわかり、シリウスとプレアデスがともに共通の使命を受けもっていることを知った。

その霊的なめざめは彼女本来のヒーリング能力を開花させ、彼女の全感覚認知を再活性化させた。そして書物や霊的なワークや霊的指導者との出会いを通して気づきが深まり、一九八五年にそれまでの仕事をやめて癒しや気づきのための、クリスタルや原石を用いた癒しと気づきのワークショップを開く。またそれらで装飾品をつくり販売することも始めた。ヒーリングの個人セッションや指導の合間にいろいろな仕事をするが、一九八八年にはその宝石会社も売却し、カリフォルニア州のシャスタ山に引っ越してヒーリングの指導とトレーニングに専念するようになる。

彼女がプレアデスの光の使者やシリウスの大天使、キリスト、観音、聖ジャーメインをはじめその他の高次元のマスター、天使、守護天使との交信をより完全に深めたのはシャスタ山においてである。それらの存在との関係やコミユニケーションが、アモラにとって子供のころのようにごく自然なものになったのだ。彼女はどの存在と交信をとるべきかを選択するための明確な強い洞察力を発達させることに取り組んだ。そして彼女が「闇の地球外生物」と呼ぶいくつかの恐ろしい侵略や誘拐を体験しながら、しだいに注意深くなっていった。
シャスタ山周辺において、アモラは非常にすぐれた透視家または指導者として広く知られ、尊敬されている。彼女が指導したり書いたりする情報の大部分は、彼女自身の霊的な実践と過去世回帰を通して自己修得したことや、彼女のハイアーセルフやプレアデスの光の使者や、その他のガイドや高次元のマスターからチャネリングによって受けとったものである。

ワークショップや個人セッションなどの連絡先
プレアデスの光のワーク協会　Pleiadian Lightwork Associates
P.O.Box 1581　Mt.Shasta, CA.96067.U.S.A.　Phone: 1-916-926-1122

# 訳者あとがき

最初に本書のあとがきを書いたときから、はや六年が過ぎ去りました。あの頃、私のおなかの中にいた赤ちゃんもこの一月に六歳の誕生日を迎えもうすぐ小学生、下の妹も三歳になろうとしています。故郷である福島への移住に始まり、私自身のライフサイクルも次のステージへと移り、子供を中心とした生活のなかで慌ただしい日々を送っています。

今現在の自分をふりかえってみると、家庭生活においてもさまざまな問題が浮上してきています。夫とのコミュニケーション不足、金銭的な欠乏も目下の切迫した課題ですが、子供の成長については折々に自責の念にとらわれてしまいます。例えば、親しい友人が指摘してくれたような長男の声の変化については、単にアレルギー体質だという理由ではなく下の子が生まれてからの感情的な屈折感の表われのようにも感じられたり……。子育てにまったく自信のもてない自分をもてあまして、子供たちの態度や一言一言が自分を映す鏡のように思われ、時に不快感やいらだち、怒り、無力感や絶望感に落ち込んだりします。二人の子供たちの無垢な魂の輝きを、自分が知らず知らずに奪っていっているのではないかという怖れを抱え、その一方で、仕事中毒気味で外出することの多い私をいつもとびきりの笑顔で「おかえりなさい」と迎えてくれ、今こうしてパソコンに向かっている間も膝の上で安らかに眠る子供たちの存在こそが私自身を癒し、導いてくれているのだということに思い至り、感謝の気持ちと幸福感でいっぱいになったりします。

来日したアモラ・クァン・インとの出会いから二年、次は彼女のいるシャスタ山へという目標をまだ実現できずにいますが、決してあきらめたわけではありません。むしろ自分自身を浄化し、ライフワークを生きたいという欲求はますます強まっています。彼女のもとですべてのコースを終了した、郡山市在住の佐藤ひろみさんに先日ハンドヒーリングを施してもらいました。私の中に根深くある「女性性が枯れてしまった」という思い込みを言い当てた佐藤さんは、そのあとでその思い込みを取り除くワークを行ってくれました。彼女のワークを受けてから、私自身の性に対する幼児体験を思い出し、あらためてその出来事に対する自分の不快感、怒り、悲しみなどを追体験し、それが今の自分の生活に影響を及ぼしていることに気づきました。また、自分を酷使して痛めつけるような傾向があることについても触れられ、「もっと自分をいたわって、誉めてあげて」というメッセージからもさまざまな記憶が蘇ってきました。とはいえワークを受けている間は、さまざまな葛藤や抵抗も湧いてきました。最後に「でも仕事を減らすわけにもいかない」と私が袋小路に迷い込んだような気持ちをぶつけると、「……今しかできないことを楽しんで」という言葉が返ってきました。そのメッセージを反芻しながら、生活を十分に楽しむこと、楽しいと思える仕事をすることが、さまざまな悪循環から抜け出すための突破口なのだという単純な事実にあらためて気づかされました。佐藤さんを通して伝えられた言葉は、アモラと同じ限りなく優しい慈愛のエネルギーに満ちていて懐かしく感じられました。

最後にあらためて家族の一人一人に、ぶつかりあいながらも私のよき教師であり理解者である夫に、私が仕事中に子供たちの面倒を心から楽しんでみてくれる同居中の義母に、いつも私を求め、愛し、許してくれる二人の天使たちに、そして貴重な非日常的な時間をシェアしてくれるミュウ、チビ、チャチャの三匹の猫と犬のロッキーに、そして近くにいて心強い助っ人でいてくれる実家の両親とその家族に感謝の気持ちを贈りたいと思います。

本書の編集をしてくださった秋田幸子さんをはじめ、ふだんなかなか会えない友人たちにも、いつもみんなが心の支えになってくれていることを感謝します。

そして私が迷いかけた頃にタイミングよく、ふたたび「訳者あとがき」を書く機会を提供してくれた宇宙の大いなる計らいに感謝しつつ、それを三次元レベルで実現させてくださった太陽出版の籠宮良治社長と編集部の片田雅子さんに心からお礼を言いたいと思います。本当にありがとうございました。

二〇〇五年　二月六日　明け方に

鈴木純子

# 〈付録A〉金星、火星、マルデックの年表

## 金星

| | |
|---|---|
| 人類以前 | 「記号植物」が移植される。<br>「アンドロメダの大群」：アンドロメダから来た天使たちの存在が3次元の人間の肉体のなかで自発性と独立を体験する機会を要請した。その要請がこの銀河の霊的指導者層である「アン」と呼ばれる両性具有の「至高存在」と「エロヒム12人高等評議会」によって承認されたとき、ある計画が実行に移された。その「アンドロメダの大群」と呼ばれる計画によって、「アン」や「高等評議会」や天使や未来の人間たちの同意にもとづいた惑星の法則が、今後肉体をもって生まれる人々に対して用意されることになった。 |
| 0年 | アンドロメダの天使たちの到着。彼らの光の身体は次元降下によって3次元の存在に変化し、こうして最初の金星人が誕生する。 |
| 500年 | さまざまな楽器が発達しはじめる。 |
| 1200年 | 身分階級の区分が際立ってくる。<br>近親相姦の結果として「醜く」そして低能だとみなされた金星人のミュータント集団が誕生する。 |
| 1500年 | 「醜い人々」がもとの社会を離れて自分たちだけで生活を始める。 |
| 2000年 | さまざまな芸術作品が生まれる。 |
| 3000年 | 通貨制度が生まれる。 |
| 3500年 | 偏見と著しい階級区分によって触発された犯罪が始まる。 |
| 3800年 | 犯罪を犯した反逆者たちの集団がもとの社会を離れて「醜い人々」の社会を発見し、その社会の一員になる。 |
| 3801年 | 反逆者たちが「醜い人々」を支配しようとして、彼らに宣戦布告する。<br>「醜い人々」が大多数の合意のもとに、反逆者が社会から追放されることを要請する。霊的指導者層が反逆者たちに死をもたらし、火星の4次元へと連れ去る。 |
| 3800～5200年 | 富や財産を守り、低い身分階級に対する支配体制を確立するためにもとの社会で政府が形成される。その結果、階級の区分が強化される。<br>もとの社会で音楽と芸術が繁栄する。<br>「醜い人々」の社会が彼らに対する暴力から徐々に回復して、スピリチュアルな価値観を発達させはじめる。 |

| | |
|---|---|
| 5200年 | 両方の社会で新しいアンドロメダ人の天使たちが誕生する。 |
| 5250年 | 光の使者たちが到着して２つの社会をひとつに再統合する。金星の人々はスピリチュアルな価値観を教えられる。 |
| 5700年 | 光の使者たちが金星を離れる。 |
| 5700〜10400年 | 霊的な目的と過去の学びを人々に思いださせるためにアンドロメダ人の天使が500年ごとに生まれる。<br>芸術や農業の分野での安定した成長が続く。<br>金星人のなかで自己信頼への怖れが深まる。<br>偏見と傲慢が深まる。 |
| 10400年 | 大洪水によって人々の団結が生まれる。 |
| 10450〜15600年 | 金星人が高次の集合意識を発見し、霊性が深まる。<br>500年ごとに新しい天使が生まれる。<br>霊的な進化に重点がおかれ、物理的な進化は徐々にゆっくりとしたペースで進む。 |
| 15600年 | セラフィム的な一元的存在の種族が入ってくる。<br>もとからいた金星人とセラフィム的金星人が互いに順応しあう。 |
| 16600年 | ２つの金星人の種族のあいだでの結婚がはじまる。 |
| 16800年 | 異種交配の産物として、人間の遺伝子と生物学的な科学の研究が触発される。 |
| 16800〜20800年 | 科学の支配と霊性の衰退。 |
| 20800年 | 大地震で大部分の大きな建物が破壊されて人口の約四分の一が失われる。 |
| 20800〜25925年 | 科学やテクノロジー、そして「自然」対「人間」という考え方が誇張される。<br>今後新しい天使たちが生まれて霊的な教えをもたらすことを望まないと大多数の金星人が決定し、それが実行に移される。<br>階級区分と偏見がふたたび強化され、宗教家たちは現代の正教信奉と同じように独断的になっていく。<br>金星人と高次の集合意識とのあいだに闇の網が成長していく。 |
| 25925〜25980年 | 人口の20%の人々が霊的な変革に取り組みはじめる。<br>新しい天使やセラフィムが、人々が創造している暗闇について警告するために生まれてくる。 |
| 25980年 | 化学によって引き起こされた爆発が地震や大気圏内の火災や水質汚染をもたらし、人口の約三分の二の人々が死亡する。 |
| 25980〜26000年 | 「12人高等評議会」、プレアデスの光の使者、アンドロメダの光の使者やセラフィムの霊的支配層が介在し、霊的な原理や癒しの技法や瞑想のテクニック、そして高次の集合意識とふたたびつながる方法を紹介する。 |

| | |
|---|---|
| 26000年 | 台風や津波によって最小限の被害がもたらされる。<br>政府が消滅する。 |
| 26000～31200年 | 協力と共同創造をともなった独立に焦点があてられる。<br>多様性のなかでの調和という意識が生まれる。<br>人口が以前の規模にまで徐々に増えていく。 |
| 31200年 | 彗星が海に落下する。<br>動物が金星に導入される。 |
| 31400～31420年 | 「醜い人々」の古代ミュータント社会があった場所が再発見され、膨らんできた人口の三分の一の人々がそこに住まいを再建する。 |
| 31420年 | ２つの社会で貿易と旅が始まる。 |
| 31900年 | 地震が新しい町の大半を破壊する。住民がもとの社会に助けを求めるが、もとの社会では作物が不作だったために彼らの要請を断る。その結果、２つの社会は仲たがいして疎遠になる。 |
| 31925年 | 動物たちが人間を襲撃しはじめ、人間が動物を殺して食べるようになる。 |
| 32300年 | ２つの社会が再統合され、調和がとり戻される。<br>菜食主義が復活する。 |
| 32300～36400年 | 人間心理学が誕生する。<br>すべての金星人が多様性のなかでの調和と平和を望み、それにむかって動きだす。<br>動物と人間がふたたび友好的で調和的な関係に戻る。 |
| 36400年 | 周期的な変化のときに「充分な自由放任」政策が制定される。 |
| 37200年 | 無気力が蔓延する。両方の社会全体で、話しあいや瞑想によって問題を解決するために大規模な集会が開かれる。 |
| 37200～38200年 | 新しい天使やセラフィムが霊的な実践と癒しの技法をよみがえらせるために送られる。<br>三分の一の金星人の魂が死とともに金星を離れて、かつて金星で犯罪を犯した追放者たちと再統合するために火星の４次元へと行く。<br>人々を触発し覚醒させるために両方の社会へアヴァター（神の化身）が派遣される。 |
| 38200～41600年 | 覚醒の時代の到来。儀式的トレーニングが導入され、多くの人々が覚醒しアセンションして、４次元の霊的指導者層を形成する。<br>音楽と芸術が最盛期に達する。 |
| 41600～46800年 | 金星が霊的かつ儀式的なミステリー・スクールの基地になる。<br>高次元のマスターたちが、現代の地球の「偉大なる白い光の同盟」と同じような集団を形成する。 |
| 46800年 | 大洪水により、もとの社会の住民が新しい社会の山々へ避難する。２つの |

| | |
|---|---|
| | 社会間でカルマ的に遺棄されていた問題が癒される。<br>もとの社会での再建がはじまる。 |
| 46900年 | 「高等評議会」と「アン」が金星人に次のようなメッセージを送る。<br>1)あなたがたは集団でアセンションすることを望みますか？<br>2)それとも新しい惑星へ行くことを望みますか？<br>3)あるいは金星にとどまって新しい進化の試練を受け入れることを望みますか？<br>これらの質問に対して人々は金星にとどまることを選択し、彼らが創造した豊かな愛情や霊性や美を必要とする新しい魂が自分たちの社会に生まれてくることを求める。<br>乙女座からの傷ついた存在の集団が送られる。 |
| 47000年 | もとからいた金星人が、新しい傷ついた人々のカルマのパターンを引き継ぐ。<br>この年が火星の0年にあたり、そこで人間が生活しはじめる。 |
| 47000～52000年 | 霊的な堕落。男女間における不信、暴力、分離が始まる。そして怒り、自己不信、完璧主義、傷ついた人々を癒せなかったという挫折感、恨み、敵意、偏見が広がっていく。<br>犯罪や狂気がはびこり警察国家となる。<br>闇のアストラル界が形成される。 |
| 52000年 | 自分たちが失敗したので生きている価値がないと金星の人々が思いこんだために、そうした低次の集団意識によって金星での人々の生活が終わりを迎える。<br>地軸の移動と大きな惑星の変化により、すべての生命が破壊される。 |

# 火星

| | |
|---|---|
| 0年 | かつて金星を追放された犯罪者たちが新しい人生を送りはじめる。 |
| 250年 | 金星の38200年に金星を離れた三分の一の金星の人々が転生する。 |
| 250～5100年 | 男権主義的な社会が発達する。<br>新しい金星人の誕生により変化がほんの少しずつ起こるが、暴力や女性への抑圧がまだ一般的である。<br>ゲイやレズビアンのカップルが「秘密裏」に反社会的な動きを起こす。 |
| 5100年 | 火星人の家族にプレアデス人が生まれる。<br>プレアデスの子供たちが火星人を指導し癒しはじめる。 |

| | |
|---|---|
| 5125年 | ゲイやレズビアンのカップルが自分たちの関係を公表する。<br>ゲイとレズビアンのカップルが身体を切断されて公衆の面前にさらされる。<br>瞬間的カルマの法則が課せられる。 |
| 5175年 | 火星人とプレアデスの光の使者たちが集会を開いて、次の5200年周期のためのガイドラインを決定する。 |
| 5200年 | 地軸の移動、地震、昼と夜の長さの変化が起こる。 |
| 5200～5700年 | 瞬間的カルマの法則が継続される。 |
| 5700～10400年 | 暴力が少しだけ再発する。<br>それまでの処罰的方法ではなく、自己回復による癒しと問題解決へと意識の焦点をあてる。<br>霊的な神殿が建てられ、社会的かつ霊的な活動の中心になる。<br>あらゆるレベルでの平和と確実な進化と成長が続く。 |
| 10400年 | プレアデスの光の使者が戻ってきて、人々とカルマのストーリーを分かちあう。<br>浄化の儀式がとり行われる。<br>偏見をもたないことを訓練する機会を火星人が要請する。 |
| 10400～10600年 | 霊性と癒しが繁栄する。 |
| 10600年 | 最後の金星人たちが転生しはじめる。 |
| 10680年 | 新しい金星人の転生者たちのあいだに自殺が起こった結果、残された新しい金星人の転生者たちから過去世の記憶パターンがとりのぞかれる。 |
| 10875年 | もっとも新しい金星人が死んで生まれ変わるにつれて、部分的に記憶が戻される。 |
| 13000年 | 住民の分裂が起こり、もっとも新しい金星人の転生者たちがかつての男権主義者の社会に移住して自分たちだけの社会をつくる。 |
| 13050年 | 両方の社会で武器が開発される。<br>もとの社会の周囲に塀や堀がつくられる。 |
| 13100年 | 新しい社会の住民が宣戦布告し、もとの社会を襲撃する。<br>もとの社会の水が汚染される。<br>もとの社会の住民全体が虐殺される。<br>移民者たちが帰ってきて、もとの社会を立て直す。<br>軍隊が人々を統治するための規則がつくられる。 |
| 13100～13200年 | 火薬が開発される。<br>軍隊と戦争の準備に社会の意識が向けられる。<br>金属の採鉱と鍛冶がはじまる。 |
| 13200年 | オリオンからのリラ人の戦士の侵略により、火星人が征服され奴隷になる。 |

| | |
|---|---|
| 13210～13400年 | 破壊的な目的のためにピラミッドの建設が始められる。<br>低次元のアストラル界がかなり優勢になる。 |
| 13400年 | ピラミッド頂上からの最初の核爆発がとり行われる。 |
| 13500年 | 湖や泉が目に見えて干上がっていく。 |
| 13500～15500年 | 水位が低くなり、水の配給が必要になる。<br>核爆発によって生じたオゾン層の穴がますます日照りを強める結果となる。<br>皮膚癌が広まる。<br>日常生活のなかでの暴力が蔓延する。<br>酸素不足になる（空気がそうとう稀薄になる）。<br>警察国家になる。<br>監獄と仕事用の野営テントがつくられる。 |
| 15500年 | プレアデスの光の使者が到着し、瞬間的カルマの法則を課す。 |
| 15500～15600年 | 霊的な教えと癒しの技法がふたたび導入される。<br>集団での瞑想が実施され、最終的に火星人とリラ人が一緒に出席するようになる。 |
| 15600年 | プレアデス人の代表団がすべての住民と出会い、新しいガイドラインを提供する。<br>暴力的なリラ人が火星を離れる。<br>霊的な意識をもつ人々の社会と科学技術の発達をめざす人々の社会という２つの社会が構成される。 |
| 15600～16100年 | 瞬間的カルマの法則が継続される。<br>ラーという名前の２人のプレアデス人の神官がそれぞれの社会に住む。<br>新しい社会ではたえまない霊的成長がつづく。ラーのために神殿が建設される。<br>ほとんど進化しないもとの社会では、人々が退屈を味わう。<br>もとの社会の少数派の霊的探求者たちがピラミッドの探索を始め、ラーに霊的なパワーについて質問する。それに答えて、ラーは彼らに瞑想のテクニックを教える。 |
| 16100～16600年 | 太陽熱の利用法や温室栽培が開発される。<br>科学技術や霊性その他全般にわたるゆっくりとした進化が続く。 |
| 16600～17100年 | 寄生種による疫病が食物、建材、衣類や紙に用いられる繊維に被害を及ぼす。<br>火星人は疫病を除去するために生態学的バランスについて学ぶ。<br>古い社会で暴力が再び表面化する。<br>古い社会が暴力的な住民と非暴力的な住民に分離する。 |
| 17100年 | 五分五分の投票数のためにラーが古い社会を離れ、非暴力的な人々が彼と |

| | |
|---|---|
| | ともにより霊的な新しい社会へと行く。 |
| 17100〜18500年 | 2つの社会が疎遠になる。<br>男権主義者の勢力である古い社会は、男らしさを競うゲーム、野蛮さ、女性の抑圧を復活させ、もとの状態に戻る。そして霊的なパワーを誤用する。 |
| 18500年 | オリオンからのリラ人の侵略者が戻ってきて、両方の社会の多くの人々を殺害して残りの人々を隷属させる。 |
| 18550年 | ピラミッドを利用した大気中の核爆発が再開される。その結果、地震が起こり大勢の人々や建物が破壊される。 |
| 18600年 | 核爆発によって惑星上やそれをとりまく大気圏に自然発火現象がもたらされ、すべての生命が破壊される。 |

## マルデック

| | |
|---|---|
| 0年 | 太陽の天使とルシファーによって、地球の3次元に5000体の魂がもちこまれる。<br>次の4つの独立した社会が形成される。<br>1)750人の火星人と、750人のもとアンドロメダ人の奴隷たち<br>2)1500人のもとオリオンの奴隷たち<br>3)1000人のブラック・ホール社会の生き残りたち<br>4)1000人の天の川銀河の別の場所からの幼い魂たち |
| 0〜2000年 | 新しい環境への順応、遺伝子レベルでの癒し、生活様式の確立、単純な社会構造の初期の発達。 |
| 2000年 | 諸国をめぐる旅がはじまる。火星人とアンドロメダ人の社会の住民が幼い魂の社会の住民に出会う。 |
| 2003年 | 簡単な車輪と荷車の発明。交易がはじまる。<br>2つの社会の間で交易のための小さな村が発達しはじめる。 |
| 2004年 | 火星人とアンドロメダ人の社会の住民が幼い魂の社会の住民とともに旅にでかけ、川の対岸でキャンプをするオリオンの住民に出会う。川の両岸にキャンプが張られる。約6カ月後にいかだが発明され、火星人とアンドロメダ人の社会の住民と幼い魂の社会の住民が、川を横断してオリオン社会の住民と出会う。 |
| 2006年 | 火星人とアンドロメダ人の社会とオリオン人の社会の間にある川のそばに交易用の村が建設される。 |

| | |
|---|---|
| 2012年 | 統合された3つの社会の住民が、海のそばのもうひとつの川を横切ってブラック・ホール社会の住民と出会う。 |
| 2012～2600年 | 音楽と原始的な芸術が発達する。<br>交易が栄える。<br>かつての発明品が少しずつ改良されていく。<br>文化が確実に発達していく。 |
| 2600年 | マルデック人の松果体とクラウン・チャクラがはじめて活性化される。 |
| 2700～2800年 | 原始的な屋形船、浮き橋、遊泳性の橋が開発される。<br>装飾的な建物や絵文字が発達する。 |
| 2800年 | 頑丈な橋が建設される。<br>ブラック・ホール社会以外のすべての住民の混合結婚から子孫が生まれる。 |
| 2800～3200年 | 書き板、そのあとでパピルスが発明される。<br>60の主要な書き文字が生まれる。<br>最初の学校が開設される。 |
| 3200年 | ブラックホール社会への2度目の旅。旅人たちは贈り物を持参して、洪水や土砂崩れのあとのブラック・ホール社会の再建に尽力する。 |
| 3202～5125年 | 発明と文明の発達が続く。<br>人口が増えていく。<br>採鉱や冶金術が始まる。<br>宝石細工が始まる。 |
| 5125～5200年 | すべての社会や村にプレアデス人が生まれ、霊的な教えやマルデックに来る以前のマルデック人のカルマの歴史に関する物語や、プレアデスの光の使者と彼らの役割について人々に告げる。<br>それぞれの社会に新しい名前がつけられる。火星人とアンドロメダ人の社会が「火星II」と命名され、幼い魂の社会が「ソラリス」、オリオン社会が「自由なオリオン」、ブラック・ホール社会が「ソガン」と名づけられる。また火星IIと自由なオリオンとのあいだの町が「奇跡の街」、火星IIとソラリスのあいだの村が「自由の街」と呼ばれるようになる。<br>4つの主要な社会のすべてにメルキゼデクの神殿が建設される。 |
| 5200～10400年 | 霊的な成長。メルキゼデクの神殿が繁栄する。<br>芸術、音楽、建築への熱中。 |
| 10400～10800年 | 次のようなカルマのパターンの再導入。<br>・火星IIでは暴力と男権主義。<br>・自由なオリオンでは不信と偏執病、競争、権力闘争、支配されることへの怖れ。<br>・ソラリスでは羞恥、低い自己評価、怠慢。<br>・ソガンでは耽溺（中毒）、痛みと問題の否認、見せかけの幸福への執着、 |

| | |
|---|---|
| | 性病、愛のないセックス。<br>交易が緊迫状態に陥る。<br>蒸気の車が発明される。<br>暴力的な人間を収容する監獄が設けられる。 |
| 10800年 | 暴力的な犯罪を3度犯した者に対する死刑裁決と執行が始まる。 |
| 10800～11400年 | ギャングがはびこる。<br>武器を携帯する警察勢力が発達する。<br>銃と弾薬の発明。<br>すべての社会でギャングと住民のあいだに市民戦争が起こる。<br>マルデックの社会はすべて警察国家になる。 |
| 11600～15250年 | 犯罪がふたたび支配下におさめられる。<br>犯罪の予防政策として教育が施行される。<br>警察国家が維持される。<br>人口が7000人まで増加。<br>人口の約1割の人々が継続的に霊的な神殿とかかわるようになる。<br>数人のマルデック人が覚醒する。 |
| 15250～15600年 | すべての社会や村にプレアデス人が生まれ、霊的な教えとカルマの癒しと変容をもたらす。 |
| 15600～16600年 | 1000年の恩寵の時代。<br>瞬間的カルマの法則が課せられる。<br>警察国家が消滅し、監獄は壊されるか他の目的に利用される。<br>霊的かつ心理学的な技法が刷新され、強化される。<br>癒しの儀式が催される。<br>さらに数人のマルデック人が覚醒する。<br>(16100年) 大洪水がソガン社会を破壊する。ソガン人はソラリスに疎開し、しだいにその他の社会にも溶けこんでいく。<br>別の社会の近くに300人ほどの住民だけで新しいソガン社会が建設される。 |
| 16600～20800年 | ルシファーが徐々に神の恩寵から離れていく。彼の否定的な意識がすべてのマルデック人に影響を与え、気象の変化がもたらされて太陽の符号が遮断される。<br>マルデックは軌道の外に投げ出されて爆発し、小惑星帯となる。<br>コクーンに収容された魂と負傷した高次元の存在たちが、地球の海のイルカのもとへ運ばれる。<br>ルシファーがリラ人によって支配されるオリオンの戦争社会に逃亡する。 |

# 〈付録B〉紀元前145500年の地球世界

紀元前145500年ごろにコクーンに収容されたマルデック人が地球に到着したとき、彼らは地図上の「コクーン・サイト」と記された海岸地帯へと連れていかれました。その当時、地球上のさまざまな地域で25000人の新しい人間の魂がすでに生活していました。それらの新しい魂が3次元の存在になった地域がおもに12カ所あり、次の表のなかで1〜12がそれに該当します。また人魚たちは4つの主要な地域で3次元的な生活を送りましたが、それらの地域は13〜16です。そしてプレアデス人の両親のもとに生まれたマルデック人の4つの地域は17〜20にあたります。

次に登場する妖精は人間が生活するあらゆる場所の近辺に散在しましたが、彼らは人間とは交配しなかったのでここでは紹介していません。のちの地球の物語のなかでは、妖精と人間の魂が4次元で結合する時代がありました。その当時の一部の人間たちは、妖精という文化的遺産の守護者や保護者になることを選んだのです。

ラマンという惑星からの10000人のオリオン人の難民の両親になるために、5000人のプレアデス人が地球にやって来ましたが、これは21の集団です。レムリアではさらに8000人のプレアデス人が混合された魂の起源をもつ両親のもとに生まれましたが、それは22です。また23の集団は、マチュ・ピチュで肉体として固体化した2000人のプレアデス人です。

以上のすべての存在たちが、次の表に示したように紀元前145500年〜紀元前102000年の地球上の総人口を形成していました。紀元前102000年以降に地球に到着した新しい魂については〈付録C〉に示されてます。

あなたがマルデックからの集団のさまざまな物語を受け入れるにつれて、彼らの特定のカルマのパターンの起源をたどり、地球上での起源の傾向をたどることができるでしょう。独自の星やカルマの符号をもつ特定の魂によってある種族の種まきがされるとき、その種族は遺伝子のなかにたどることのできる痕跡や進化のパターンをつねに保持しています。

地球のこの時点で、大部分の人間は多くの種族またはすべての現存する種族のなかでさまざまな人生を体験してきました。つまりそれは私たち個々の魂がすべての星系からの符号や、種族のあらゆる進化の体験によって衝撃を受けてきたということです。あなたが生まれ落ちた種族はあなたの生涯に強い影響をもたらしますが、魂の記憶や進化の刷り込みもまた同じくらいの影響力をもっています。

# World Map of 145,500 B.C.

1
2
3
4
5
18
6
16
cocoon site

| 魂の集団 | 最初の人口 | 宇宙の起源 | ルーツとなった現在の地球の人種 |
|---|---|---|---|
| 1 | 800人 | 新しい地球の魂 | ロシア人、ポーランド人 |
| 2 | 2500人 | 新しい地球の魂 | イラン人、パキスタン人 |
| 3 | 2500人 | 新しい地球の魂 | 中国人、モンゴル人、韓国人 |
| 4 | 2000人 | 新しい地球の魂 | 日本人(のちにオリオンからのリラ人の侵略者と混合) |
| 5 | 2500人 | 新しい地球の魂 | カンボジア人、ラオス人、ベトナム人、中国人 |
| 6 | 2500人 | 新しい地球の魂 | 東アフリカ人 |
| 7 | 2500人 | 新しい地球の魂 | 南と西アフリカ人、アラブ人 |
| 8 | 2000人 | 新しい地球の魂 | 北アフリカ人 |
| 9 | 2500人 | 新しい地球の魂 | ノルウェー人、スウェーデン人、フィンランド人 |
| 10 | 2000人 | 新しい地球の魂 | さまざまなネイティブ・アメリカ人 |
| 11 | 2500人 | 新しい地球の魂 | マヤ人 |
| 12 | 2500人 | 新しい地球の魂 | アステカ人、さまざまなネイティブ・アメリカ人 |
| 13 | 1800人 | シリウス人の人魚 | ハワイ人 |
| 14 | 2000人 | シリウス人の人魚 | アラスカとカナダの先住民 |
| 15 | 5000人 | シリウス人の人魚 | ポリネシア人 |
| 16 | 3000人 | シリウス人の人魚 | 該当するものなし |
| 17 | 800人 | プレアデス(メローペ：プレアデス星団の７つ星のひとつ) | バリ人 |
| | 1700人 | マルデック（ソガン) | バリ人 |
| 18 | 1200人 | プレアデス（マヤ：プレアデス星団の７つ星のひとつ) | 東インド人 |
| | 2000人 | マルデック（火星II) | インド人 |
| 19 | 1000人 | プレアデス(メローペ) | サモア人 |
| | 3000人 | マルデック(ソラリス) | サモア人 |
| 20 | 1000人 | プレアデス（エレクトラ：プレアデス星団の７つ星のひとつ) | ハワイ人 |

| | | | |
|---|---|---|---|
| | 3000人 | マルデック（自由なオリオン） | ハワイ人 |
| 21 | 4000人 | プレアデス（マヤ） | インカ人 |
| | 10000人 | オリオン（ラマン） | インカ人 |
| 22 | 8000人 | プレアデス（メローペ、マヤ、アルシオネ） | さまざまなネイティブ・アメリカ人 |
| 23 | 2000人 | プレアデス（アルシオネ） | 南アメリカ人、特にマチュ・ピチュの人々 |

# 〈付録C〉紀元前102000年〜西暦1995年の地球世界

紀元前102000年は、いわゆる地球の「聖なる計画」のはじまりです。その年までに「聖なる計画」にむけての種まきや4次元から9次元における霊的指導者層の階級が定められました。また未来の種族のための潜在意識のパターンや、人類がみずからの覚醒を誘発するきっかけとなるものも発達していました。

ほとんどの場合、新しい魂のルーツをもつ種族はまだかなり原始的でしたが、なかにはプレアデス人にもとづいた地球上の集団や妖精や人魚とのつながりをもつ種族もいました。彼らは初歩的な知能レベルを保ちながらも、それらの存在との出会いにより言葉の発達や生活の質において加速度的な成長をとげました。人魚たちはメタモルフォーゼ（変身）という過程をへて、紀元前102000年から紀元前96000年のあいだにレムリアの進化した人間たちと結婚しはじめました。それによってプレアデス人とマルデック人とシリウス人が混ざりあった遺伝子の符号と魂の進化のための原型というルーツが創造されたのです。

地球の「聖なる計画」を実行に移す手始めとして、プレアデスの中心太陽アルシオネの周囲をまわる軌道周期が26000年に固定されました。紀元前102000年の変革にまさに先立って、大きな地球の変動や地軸の移動が起こり、地球表面に劇的な変化がもたらされました。なかには大きな大陸から切り離されて、文字通り「自由に漂白する」ようになった陸地もありましたし、以前と同じままとり残された土地もありました（次のページの地図はその当時の世界を表わしています）。当時、そのほかにも多くの惑星規模での変化が起こりましたが、ここに示してある地図はチャネリングによってラーから掲載するよう求められたものです。

この地図のなかには、次の表にあげた魂の集団と現在の人種に関するおおよその発生地が記されています。そこには紀元前102000年から現代までに地球に到着した主要な魂の集団のすべてが網羅されています。また〈付録A〉にあげた「聖なる計画」の時代以前から生き延びてきた人々の集団も含まれており、それらの集団は1〜14にあたります。そして「地球または宇宙の起源」の欄に〈付録B〉から流用した魂の集団の番号を記しました。もとからいた集団のなかには、地軸が移動したときに肉体をもった人がまったく生き残らなかったという集団がいくつかありますが、それらの種族の人々はのちの時代にそれぞれの発生地でふたたび生まれ変わりました。

それ以外のすべての集団については、地球に到着した年代が記されています。そこに記載された人口の総計が現在の地球の人口に満たないことに気づかれる人もいるでしょう。その

## World Map of 102,000 B.C.

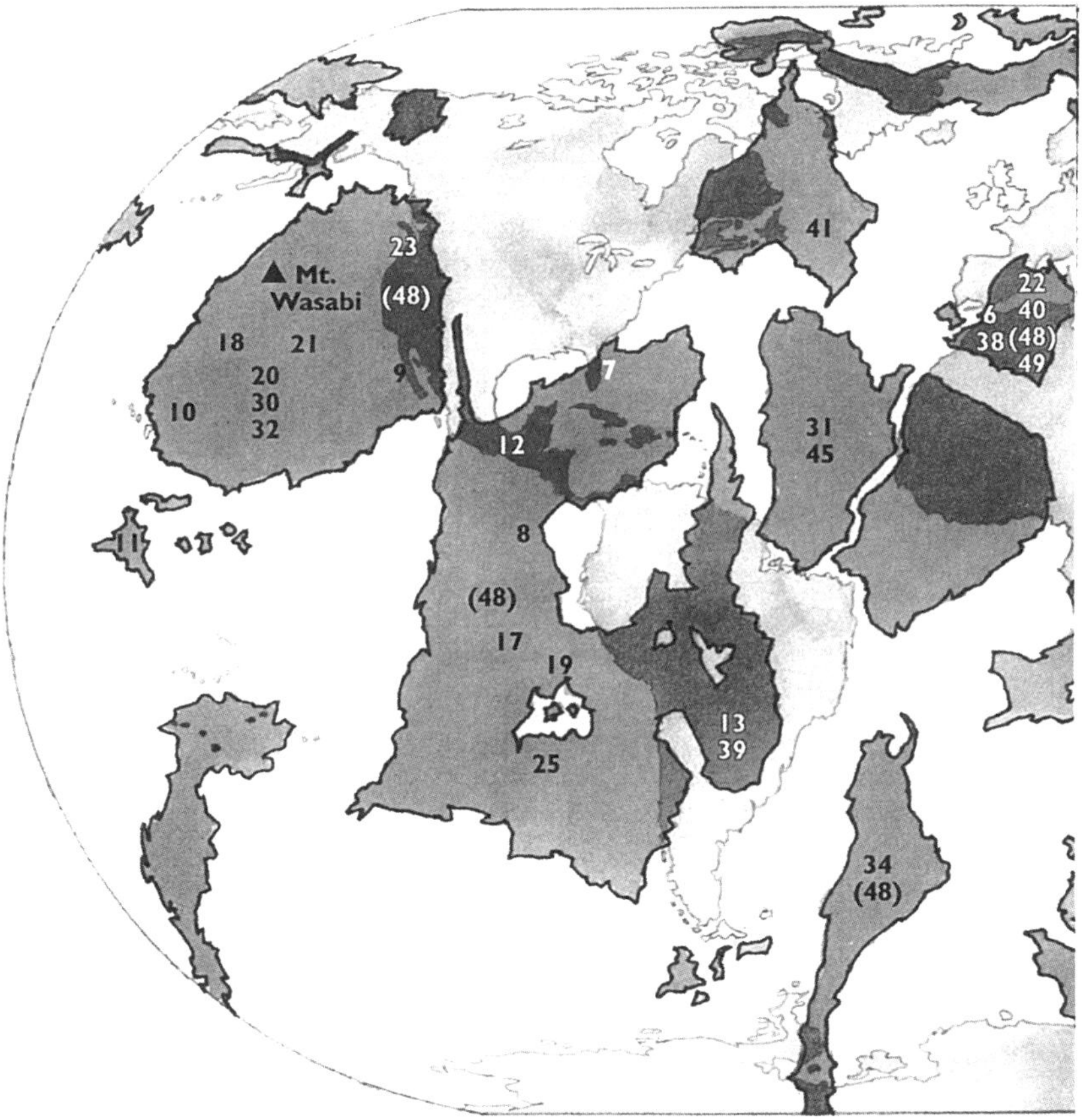

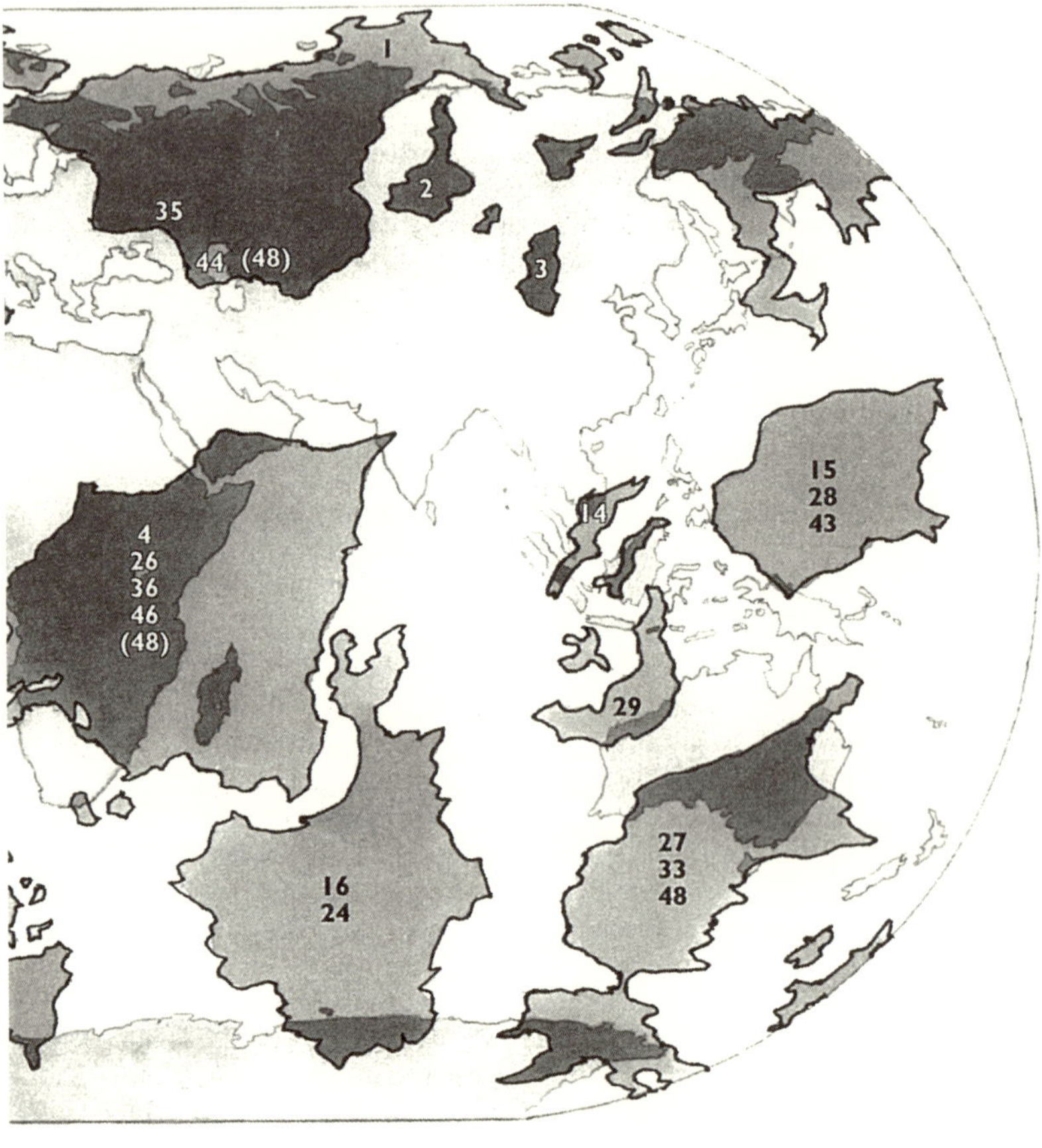

1
2
35
44 (48)
3
15
28
43
14
4
26
36
46
(48)
29
27
33
48
16
24

理由は、現在の私たちのなかには魂の断片、魂が分裂した存在、ツイン・フレーム、平行人生、魂をもたない存在までが含まれているからです。また当時の地球上の魂の多くは、地球上の人間やその他の星系や銀河の高次元の存在によって創造されたのですが、それらの魂は一度に１人ずつか、あるいはせいぜい12人以下の非常に小さな集団で到着する傾向がありました。しかし次の表には、大きな集団として地球上に人間の身体をもって到着した魂をもつ存在だけしか掲載していません。

紀元前102000年の転換期以来、重要な役割を担ってきたもうひとつの集団があります。その集団は７次元から13次元までの144000人の「光の存在」たちで構成されています。144000というのは創造の鍵となる数字であり、原初の意識の構成要素となる数でもあります。

表現を変えると、次のようにも説明できます。「神／女神／すべてなるもの」の最初の意識体験が起こるとき、それはまるで１個の意識がそれまでずっと「意識のない」状態にあったか、夢のない深い眠りについていたかのような体験として受けとられます。そしてめざめると同時に、その「ひとつ」の意識は最初に「私」または「私は存在する」という思考を体験しますが、それこそが偉大なる啓示ともいえるでしょう。ちなみに私は深い催眠状態のなかで、その原初の自己の意識の啓示の瞬間を体験したことがあります。

「ひとつ」がふたたび眠りにつくとき、それはそれ自身の夢を見ますが、その夢を通して２番目の意識が創造されます。その２番目の意識のなかで男性と女性という最初の体験をするのです。それぞれの意識のなかには144000の局面があり、それぞれの局面はさらに144000のより小さな側面をもっています。それゆえ144000という数字は、永遠の記憶とともに人間の意識の創造の公式を扉を開く鍵となるのです。

104000年前に「聖なる計画」を地球に設定するために、さまざまな銀河の７次元から13次元までの144000人の「光の存在」たちが魂の創造を通して肉体化することを志願しました。それぞれの存在は、まず最初に３次元の身体となってレムリア大陸でミステリー・スクールの指導にあたることに同意しました。それらの存在は自分の意志で自分自身の波動を高くしたり低くしたりできる能力をもち、必要に応じて物理的存在にも非物理的存在にもなることができました。

そしてのちの時代に、彼らはマチュ・ピチュ、マヤ、エジプトでも同じような活動をしました。「４つの方角」「４つの元素」「惑星のバランス」という聖なる原理とともに活動を続けながら、４つの文明における高次元の介在によって、全人類のための覚醒とアセンションの極意が植えつけられたのです。

それらの144000人の存在たちは、聖母マリアまたはマーラがレムリアで体験したようにして人間のカルマをもった生涯を引き受けます。そして覚醒に到達したあとで、自分自身の未来世を夢で見たり視覚化したりします。それによってみずからのカルマのパターン、トラウ

マ、病気、超越体験に加えて、自分自身の未来の覚醒とアセンションの時期を知るのです。

それぞれの存在は、第4部でラーが説明した4つあるいは7つの進化と覚醒のサイクルというプロセスに入ります。それらのサイクルのなかで、彼らの魂は分裂と究極の二元性の超越を体験するために男性と女性の片割れに分かれました。そして彼らが最後に覚醒またはアセンションする地球での最後の人生において、2つの魂の片割れあるいはツイン・フレームは、ひとつの肉体のなかに生まれ変わります。そうして男性性と女性性のバランスが獲得されるなかで、「合体」つまり「内側の聖なる結婚」という儀式がとり行われなければならないのです。

2000年ほど前に地球にやってきた高次元マスターであるイエス・キリストは、その144000人を「ひとつ」に結集させて肉体化した存在です。その奇跡的な出来事は、地球の「聖なる計画」が始まる以前にあらかじめ計画されていたことでした。そして「集団規模でのキリストの再臨」とは、144000人の個々の存在が全員同時にみずからのキリスト意識にめざめるときなのです。それらの人々はキリストの花嫁の集団です。すなわちキリストがつがい、人類全体や地球という惑星やそれを超えたすべての存在のために超越と覚醒を誕生させるための聖なる伴侶なのです。そのキリストと144000人のうっとりするような融合を通して、大いなるサイクルが完了します。私たち全員がその至福の恍惚感を思いだすのです。

金星、火星、マルデック、地球の歴史というタペストリーに織り込まれたすべてが、新たに希望、理解、ゆるし、愛、恩寵、叡智、超越という「光の時代」のタペストリーのために必要な織り糸となるのです。そのタペストリーは集合的に織りあげられるでしょう。つまり私が自分自身の9つの次元の記憶を、あなたがあなた自身の記憶を織り込んで、すべてのめざめた人々が各自の記憶を織り込むことにより、私たちの豊かな色彩や体験、音色、香味、舌触り、パターンに満たされた栄えある共同創造を体験するのです。

私たちのめいめいが自分自身のなかできわめて重要な全体であり、それと同時に私たちは相互に依存しあっています。それが「聖なる計画」の美しさなのです。それは「すべてあるいはゼロ」計画であり、私たち自身がそれを共同創造したのです。私たちはついに完了地点にさしかかっています。そこでは完全なる統合、すべての生命の神聖さと自由意志の尊重、日常生活における完全無欠さ、そしてカルマのパターンの浄化が効き目を表わすのです。

次の表では、このタペストリーの織り手全員のおもな起源があげられています。この表に目を通すときには、たとえそれがアヌンナキであってもプレアデスの「光の存在」であっても、その人に判断をくだしたいという誘惑に屈しないでください。そして全員がこの荘厳なタペストリーの織り手だということを認識し、あなたの愛を送ってあげましょう。彼らが聖なる共同創造者として責任を負うことができるのをあなたは信頼している、というメッセージを発信するのです。あなたの判断を手放してゆるしを送ってあげてください。そしてまず

最初に、あなたがいつも彼らを判断してきたことをゆるしてほしいと願うことです。

ポジティブな思考や感情を世界にむけて発信することを選択し、あらゆる破壊的な影響から自分自身を解放してください。そして「光の時代」のタペストリーがどのように織られているかに注目してください。競争や嫉妬から自由になってお互いの成功を祝福しあい、遠慮せずにお互いの魂とスピリットの美しさに驚嘆しあいましょう。そしてこれらの古代の記録によって自由になれることを自分にゆるして、どうか「ここ」から「あそこ」へといたる残りのステップを信頼と喜びのなかで享受してください。

| 魂の集団 | 紀元前の年代 | 最初の人口 | 地球または宇宙の起源 | ルーツとなった現在の地球の人種 | 補足 |
|---|---|---|---|---|---|
| 1 | | 370人 | 付録B 1 | | |
| 2 | | 2100人 | 3 | | |
| 3 | | 270人 | 4 | | |
| 4 | | 1800人 | 6 | | |
| 5 | | 1000人 | 8 | | |
| 6 | | 900人 | 9 | | |
| 7 | | 625人 | 10 | | |
| 8 | | 700人 | 11 | | |
| 9 | | 3000人 | 12,20,22 | | |
| 10 | | 1000人 | 20 | | |
| 11 | | 800人 | 19 | | |
| 12 | | 6000人 | 21 | | |
| 13 | | 640人 | 23 | | |
| 14 | | 1300人 | 17 | | |
| 15 | 98000 | 30000人 | 新しい魂 | フィジー人 | プレアデス人が星の種をまく。 |
| 16 | 98000 | 20000人 | 新しい魂 | オーストラリア人 | プレアデス人が星の種をまく。 |
| 17 | 98000 | 20000人 | 新しい魂 | 南アメリカ人 | プレアデス人が星の種をまく。 |
| 18 | 98000 | 30000人 | 新しい魂 | レムリア人 | プレアデス人が星の種をまく。 |
| 19 | 95000 | 7200人 | オリオン | 南アメリカ人 | 現在地球に存在する17の集団に生まれる。進化の選択から地球にやってきた。 |

| | | | | | |
|---|---|---|---|---|---|
| 20 | 72000 | 7000人 | 地球の妖精 | 多くの地方の妖精たち | 31000年ものあいだ4次元にとどまっていた存在。それ以前の肉体をもった生活はレムリアにおいてだった。 |

注)紀元前59000年に、ルシファーの指揮下にあるオリオンからの存在の集団によって5次元に亀裂が形成されました。彼らは長い年月にわたり5次元の闇の領域にとどまっていた存在でしたが、地球上の霊的に脆弱な人々をコントロールするためにアストラル界を利用しはじめました。それによって5次元の亀裂がしだいに広がっていき、ほかの銀河や星系からの存在たちがたやすく侵入することができる門が開かれました。

| | | | | | |
|---|---|---|---|---|---|
| 21 | 59000 | 6000人 | アンドロメダ銀河 | レムリア人が再び生まれ変わる | 故郷の惑星（銀河の強烈な太陽光線のために自然発火した） |
| 22 | 59000 | 8800人 | はるか遠方の銀河 | のちに6の集団と混合したアトランティス人。ヨーロッパやロシアの多くの地方に分散する | 新しい文明をつくるために5次元の闇の支配者によってここに連れてこられた侵略者たち。 |
| 23 | 59000 | 9000人 | はるか遠方の銀河 | レムリアの流れをくむアラスカ人とカナダ人のエスキモー | レムリアの他の沿岸の集団に生まれた。 |
| 24 | 59000 | 17000人 | 新しい魂 | アフリカ人 | 16の集団に生まれ、のちにアフリカ南方の半分の地域に移住し、そこで転生した。 |
| 25 | 59000 | 18500人 | 天の川銀河の別の領域からの新しい魂 | 南アフリカの先住民 | 高次元の「光の存在」によって星の種子をまかれた。 |
| 26 | 59000 | 7500人 | 天の川銀河の別の領域 | アフリカ人からの新しい魂 | 高次元の「光の存在」によって星の種子をまかれた。4の地球の住民のもとに生まれた。 |
| 27 | 51000 | 12000人 | プレアデス(エレクトラ) | サモア人、メラネシア人 | 6次元の意識に達した存在で、3次元への次元降下の方法をとった。 |

| | | | | | |
|---|---|---|---|---|---|
| 28 | 51000 | 5000人 | プレアデス(マヤ) | フィジー人。地球のあちこちの先住民として転生した | 15の両親のもとに生まれることを選んだ5次元の存在。 |
| 29 | 51000 | 19000人 | プレアデス(メローペ) | アフリカ人 | この大陸に移住した4と26の集団の両親のもとに生まれることを選択した5次元の存在。 |

注）紀元前5万年に、「永遠の太陽」「大いなるスピリット」または「神／女神／すべてなるもの」とも呼ばれる13次元から、すべての存在たちにむけて愛と聖なる恩寵の波動が送られました。この波動は、存在するすべての意識が自分自身のもっとも偉大な望みをかなえることができる（その望みが人に害を及ぼさないかぎりにおいて）という能力とともに符号化されました。

そしてその当時、他者によって隷属化され支配されていた多くの存在たちが解放されて自由を発見しました。それらの存在にとって、3次元というのはもっとも一般的な選択でした。というのも、それは彼らがみずからの高次元の意識を地上に降ろして自由意志を体験するためのチャンスを表わしていたからです。それが起こったのがちょうど26000年周期のはじまりにあたり、聖なる愛と恩寵への信頼をとり戻すことによって犠牲者のない進化に向かうという先例が設定されたのです。

それから22000年間にわたり非常に崇高な美しい期間が続きました。全般的な進化をへながらも、一部の地域ではいまだに支配と服従の役割が模索されましたが、それは愛と希望、新たなる信頼、決断などが浸透した時代でした。

| | | | | | |
|---|---|---|---|---|---|
| 30 | 50000 | 28000人 | アンドロメダ銀河 | レムリア人の流れをくむポリネシア人 | 5次元の闇の大君主による隷属化から逃れた4次元の存在。肉体をもった赤ん坊として誕生する方法とは対照的に、3次元への次元降下によって入ってきた。 |
| 31 | 50000 | 6300人 | はるか遠方の銀河 | 南アフリカ人 | 闇の大君主による隷属化から逃れた5次元の存在。17と19の集団からこの地方に移住した人間の両親のもとに生まれるために次元降下した。 |

| | | | | | |
|---|---|---|---|---|---|
| 32 | 50000 | 100000人 | オリオン | 移住したレムリア人とアトランティス人。のちのネイティブ・アメリカ人のコマンチ族の種子をまく | 闇の大君主による隷属化から逃れた5次元の存在。人間の赤ん坊として誕生することを飛び越えて次元降下した。 |
| 33 | 50000 | 19500人 | はるか遠方の銀河 | サモア人、メラネシア人 | 5次元の大君主によって隷属化させられた5次元の存在。27の集団の両親のもとに誕生した。 |
| 34 | 50000 | 7000人 | アルクトゥルス | 南アフリカ人 | 闇の大君主による隷属化から逃れた5次元の存在。3次元に誕生するために次元降下した。この地方に移住してきた13の集団のメンバーと異種交配した。 |
| 35 | 50000 | 20000人 | 天の川銀河の名前のない星 | ロシア人、ポーランド人、チェコ人、ウクライナ人 | 闇の大君主による隷属化から逃れた4次元の存在。1の集団の両親のもとに生まれた。原初の集団1、2が転生したために新しい到着者たちが生まれはじめたときには、この地方には約2500人の人間がいた。 |
| 36 | 50000 | 7700人 | はるか遠方の銀河 | アフリカ人 | 5次元の闇の大君主による隷属化から逃れたあとで、4と26の集団から人間として生まれた。 |
| 37 | 50000 | 50000人 | さそり座 | アフリカ人 | 隷属化から逃れた5次元の存在。この地方に住む5と17と19のおよそ5000人の集団のなかで人間の両親のもとに生まれた。 |
| 38 | 50000 | 23000人 | 天の川のはるか遠方側 | アトランティスの流れをくむヨーロッパ人とロシア人 | 隷属化から逃れた5次元の存在。6と22の集団から人間の両親のもとに生まれた。 |
| 39 | 50000 | 38000人 | 天の川のはるか遠方の場所 | 南アフリカ人 | 隷属化から逃れた4次元の存在。13と25の集団において人間の両親のもとに生まれた。 |

| | | | | | |
|---|---|---|---|---|---|
| 40 | 28000 | 7300人 | リラ | アトランティスの流れをくむヨーロッパ人 | 火星の侵略に先立って、数千年前にオリオンのひとつの太陽系を征服したことのある5次元の闇の支配者たち。肉体での誕生を経験するのではなく、3次元の肉体を固体化させた。アトランティスの社会に黒魔術や権力闘争を浸透させはじめる。 |
| 41 | 28000 | 7000人 | プレアデス(メローペ) | カナダ人とネイティブ・アメリカ人の先住民族。のちに移住して初期のホピ族とマヤ族になる | 次元降下して肉体に固体化した5次元の存在。かつて異種交配した6、22、38の集団からの移住者たちとのちに異種交配。 |
| 42 | 24000 | 20000人 | アルクトゥルス | アゾレス諸島のアトランティス人 | 物理的な肉体に固体化した5次元の闇を支配する戦士。北東の大陸に住んでいた5、31、37の集団のメンバーを隷属化したり殺害したりした。それからまもなく支配力を競うためにアトランティスに移住。 |
| 43 | 24000 | 23000人 | プレアデス(マヤ、タイゲタ) | 紀元前10000～12000年ごろにエジプト、ギリシャに集団で転生したフィジー人 | 闇の勢力に迎えうち、助けを求める人間を援助するために肉体を固体化させた5次元の存在。 |
| 44 | 24000 | 4000人 | アンドロメダ銀河 | ロシア人、ポーランド人、チェコ人 | 1と35の集団からの新しい魂の両親のもとに生まれるよう種子をまかれた。 |
| 45 | 24000 | 100000人 | ペガサス銀河からの新しい魂 | 南と西インド諸島 | 異種交配した31、37、5の集団の両親のもとに生まれるよう種子をまかれた。 |
| 46 | 17000 | 75000人 | はるか遠方の銀河 | アフリカ人 | ある巨大な彗星の落下によって軌道をはずれて投げ出された惑星からの負傷した4次元の存在たち。4、26、36、46の集団の異種交配した両親のもとに生まれた。 |

| | | | | | |
|---|---|---|---|---|---|
| 47 | 9500 | 300000人 | この太陽系からの新しい魂 | 地球の多くの地域 | 人類の進化を守護するシリウス人の「光の存在」たちと、ニビルからのアヌンナキ、リラ人の戦士、ルシファーと悪魔的な集合無意識の連合勢力とのあいだの高次元の権力闘争によってもたらされた人間の集合意識の融合波から創造された。 |
| 48 | 9500 | 43000人 | プレアデス(アルシオネ、マヤ、エレクトラ) | 地球のいくつかの地域。少数の基本的な地域は地図上に(48)と記されている | 闇の支配的な勢力に対抗するために光の9次元を地上に降ろす手助けをした5次元の存在。人間の身体に固体化した。 |
| 49 | 9500 | 800人 | ニビル | アトランティス<br>－英国、エジプト | 人間の進化をコントロールし、地上の豊かな鉱物の王国を支配するために発光（放熱）作用と怖れの植えつけをもたらす目的で肉体を固体化させた5次元の支配者たち。ニビルに仕えるグレイと呼ばれる地球外生物の集団もこのときニビルのアヌンナキによって導入された。 |

注）ここであげた期間中に、これ以外にもより小規模な高次元の光と闇の両方の集団が地球にやってきました。しかしながら、今日の私たちの世界に主要な影響を及ぼしたものはここにあげた通りです。この情報によって、あなた自身の遺伝子の記憶が呼び起こされて過去世からのカルマのパターンが刺激されることをゆるしてあげましょう。そして人類という種として、最終的に過去のすべてのカルマや肉体の毒気を浄化して「いま」という時間にいたるのです。その「いま」という時にこそ、あらゆる創造の可能性が存在するのですから。

# プレアデス 人類と惑星の物語


**訳者紹介**

**鈴木純子**（すずき・じゅんこ）

福島県生まれ。早稲田大学第二文学部英文学科卒業。海外旅行雑誌の取材記者などを経て、その後、「癒し」や「気づき」にひかれるようになり、現在はフリー・ライター、翻訳家。訳書に『あなたにもあるヒーリング能力』『ジョン・レノンにふたたび出会える本』（ともにたま出版）、『エンジェル・ブック』（ヴォイス）、『気づきの呼吸法』（春秋社）『プレアデス覚醒への道』『人生を変える〈奇跡のコース〉の教え』（いずれも太陽出版）ほかがある。


---


2005年3月3日　第1刷
2010年6月15日　第3刷

［著者］
アモラ・クァン・イン

［訳者］
鈴木純子

［編集者］
秋田幸子

［発行者］
籠宮良治

［発行所］
太陽出版

東京都文京区本郷4-1-14　〒113-0033
TEL 03(3814)0471　FAX 03(3814)2366
http://www.taiyoshuppan.net/
E-mail　info@taiyoshuppan.net

---

装幀＝田中敏雄(3B)
［印刷］壮光舎印刷［製本］井上製本
ISBN978-4-88469-410-4